Bill Rebiger

# Jüdisches Berlin

## Kultur, Religion und Alltag gestern und heute

Mit Fotografien von Günter Schneider



Jaron Verlag

*Abbildungen*
S. 6: Neue Synagoge, Oranienburger Straße
S. 232: Siddurfeier in der Lauder Beth-Zion Schule, Rykestraße

Erweiterte Neuausgabe
1. Auflage dieser Ausgabe 2017

www.jaron-verlag.de
Umschlaggestaltung: Bauer+Möhring, Berlin, unter Verwendung eines Fotos von Günter Schneider (Laubhüttenfest in der Jüdischen Gemeinde zu Berlin vor dem Gemeindezentrum in der Fasanenstraße)
Satz und Layout: Prill Partners | producing, Barcelona
Lithografie: Bild1Druck GmbH, Berlin
Druck und Bindung: Westermann Druck Zwickau GmbH, Zwickau

ISBN 978-3-89773-427-2

# Inhalt

# Zu diesem Buch

Das jüdische Berlin in einem kleinen Reiseführer vorzustellen ist sicherlich ein verwegenes Unterfangen. Zum einen ist es der Versuch, nicht nur Orte und Personen vorzustellen, sondern vor allem Zusammenhänge und Entwicklungen aufzuzeigen. Namen, Daten und Adressen zusammenzutragen ist mit gründlicher Recherche zu erledigen. Beziehungen, Begründungen und Interpretationen vorzulegen erfordert dagegen Studium, Methodik und Feingefühl. Zum anderen ist ein solcher Reiseführer immer nur eine Auswahl und eine Momentaufnahme, ein Fokussieren auf das vermeintlich Wichtige und ein Innehalten im dynamischen Wandel steter Veränderung. Im Idealfall paaren sich somit judaistische Kompetenz und die Intuition für das Wesentliche und Bleibende. Aber es bleibt naturgemäß vieles, was für das jüdische Berlin spannend und vielleicht sogar entscheidend ist, unberücksichtigt. Dazu zählen inner- wie außergemeindliche Gruppen, Initiativen und Netzwerke, die nicht so weit institutionalisiert sind, dass sie von dem außenstehenden Interessenten jederzeit aufgesucht werden könnten. Die zahlreichen Israelis, die sich für längere Zeit hier in Berlin niedergelassen haben, gehören ebenso zum jüdischen Berlin wie die vielen Juden aus aller Welt, die die Stadt als Touristen besuchen, um die Spuren ihrer Geschichte und ihrer Familie zu erkunden.

Wenn dieses Buch die Erkenntnis vermittelt, dass es weder *das* jüdische Berlin noch *die* Juden gab und gibt, dann hat es ein Ziel erreicht. Ein weiteres liegt in der beschämenden Einsicht, dass Antisemitismus und Fremdenhass in Berlin nicht nur der Vergangenheit angehören.

Zwar kann ein Reiseführer in das jüdische Berlin einführen und hinführen, es muss aber betont werden, dass dieses letztlich und wesentlich nur *bei* und *mit* Juden in Berlin zu erleben ist. Wer beispielsweise in der Synagoge mitbetet, zu einem Schabbatabend eingeladen wird oder sogar einer jüdischen Hochzeit beiwohnt, weiß genauso wie jemand, der Schoa-Überlebende und ihre Nachfahren aufsucht und mit ihnen einen Stolperstein für die Ermordeten verlegen lässt, was hiermit gemeint ist.

Es ist mir eine besondere Freude, dass dieser Reiseführer nach vier Auflagen nunmehr als wiederum aktualisierte Neuausgabe erscheint, die zudem mit wesentlich mehr und vor allem farbigen Fotos ausgestattet ist. Das anhaltende Interesse an Geschichte, Gegenwart und Zukunft der Juden in Berlin hat diesen Reiseführer zu einem Standardwerk reifen lassen. Für die wohlwollende, kritische und hilfreiche Resonanz bei den Leserinnen und Lesern möchte ich mich von Herzen bedanken.

Gebäude, von denen heute keine historische Bausubstanz mehr vorhanden ist, sind mit einem Sternchen (*) kenntlich gemacht. Die stark vereinfachte Umschrift hebräischer Begriffe verzichtet auf diakritische Zeichen und orientiert sich an der

Aussprache durch den deutschen Leser, das heißt, unterschiedliche hebräische Buchstaben werden bei gleicher Aussprache gleich wiedergegeben. Entgegen dieser Regelung wurde bei eingebürgerten hebräischen Begriffen – wie Pessach oder Klezmer – die vertraute Schreibweise beibehalten.

Um die Orientierung zu erleichtern, nennen wir zu allen Objekten die alten, bis zur Bezirksfusion (1. Januar 2001) gültigen Bezeichnungen für die Bezirke.

*Bill Rebiger, Berlin-Moabit im Juni 2017*

# Kommentierte Zeittafel zur Geschichte der Juden in Berlin

## Von den Anfängen bis zur Hinrichtung des Münzmeisters Lippold

| | |
|---|---|
| Erste urkundliche Erwähnung von Juden in der Mark Brandenburg. Dass sie sich in dieser Zeit auch schon hier angesiedelt haben, ist nur wahrscheinlich, aber nicht durch weitere Zeugnisse gesichert. | 10. Jh. |
| In Spandau, das damals noch nicht zu Berlin gehörte, wurde ein jüdischer Friedhof, genannt Juden-Kiewer, angelegt, auf dem auch die Berliner Juden bestattet wurden. Wahrscheinlich besaßen die Juden in Berlin in dieser Zeit keinen eigenen Friedhof. | 13. Jh. |
| Jahreszahl des ältesten Grabsteins, der vom Juden-Kiewer gefunden wurde. | 1244 |
| Im Innungsbrief der Wollenweber von Berlin wurde das Verbot für Zunftmitglieder, bei Juden Garn zu kaufen, ausgesprochen. Juden konnten nicht Mitglieder der Handwerkszünfte werden. Mit diesem Brief wollte man die unliebsame Konkurrenz ausschalten. Er ist zugleich der älteste urkundliche Beleg für die Ansiedlung von Juden in Berlin. | 28.10.1295 |
| In Stendal wurde die erste Judenordnung der Mark Brandenburg erlassen. Sie garantierte den Juden das Recht auf Niederlassung, allerdings nur bei eigenem Vermögen, von dem sie jedes Jahr hohe Schutzgelder an den Markgrafen entrichten mussten. Die Juden waren vor allem im Fernhandel und Geldgeschäft tätig. | 1297 |
| In einer Urkunde bestätigte Markgraf Waldemar, dass sich die Juden in Berlin und Cölln in Rechtsangelegenheiten nur vor dem Magistrat der Stadt zu verantworten haben. Sie unterstanden also nicht länger dem Landesherrn. | 5.4.1317 |
| Nach Anschuldigungen, die Juden hätten die in der Mark Brandenburg und Berlin wütende Pest zu verantworten, kam es zu Pogromen und Vertreibungen in Berlin und Umgebung. Viele der Flüchtlinge wanderten nach Polen aus, wo ihnen König | 1347–49 |

Kasimir im Jahre 1364 Niederlassungsrecht und Handelsfreiheit gewährte.

1354 Juden durften sich wieder in Berlin niederlassen.

1420 Ein neues Judenprivileg, das die Ansiedlung und rechtliche Stellung regelt, wurde unter Kurfürst Friedrich I. erteilt. Juden durften nun auch mit Nahrungsmitteln und Pfandsachen handeln und sollten keine höheren Zölle an den Stadttoren zahlen als Christen.

1446 Unter Kurfürst Friedrich II. wurden die Juden erneut aus der Mark Brandenburg vertrieben. Ihr gesamter Besitz wurde konfisziert. Gegen diese Praxis protestierte der Bischof von Brandenburg, Stefan Bodeker. Schon bald darauf wurden Juden in den Städten wiederaufgenommen. Die Zollerschen Landesherren (spätere Hohenzollern) stritten sich mit den städtischen Ratsherren um die Steuer- und Schutzgeldeinkünfte der Juden und setzten sich dann gegen Ende des Jahrhunderts unter Kurfürst Johann Cicero durch.

1474 Der letzte datierte Grabstein aus Spandau ist für Kallomannus, einen Spandauer und Berliner Bürger.

6.2.1510 Nach dem Diebstahl einer vergoldeten Monstranz und zweier geweihter Hostien aus einer Kirche in Knoblauch (Havelland) durch den christlichen Kesselflicker Paul Fromm wurde eine Hostienschändungsanklage gegen Juden erhoben. 51 Juden wurden verhaftet. Der Kesselflicker hatte unter Folter „gestanden", Juden die Hostien gegeben zu haben. Das städtische Bürgertum benutzte diese Anschuldigungen, um mit den Juden Konkurrenten auszuschalten. Im Hostienschändungsprozess wurde die Anklage um den vorgeblichen Ritualmord an Christen erweitert.

19.7.1510 Nach ihrer Verurteilung wurden 38 Juden auf dem heutigen Strausberger Platz in Berlin öffentlich auf dem Scheiterhaufen verbrannt, zwei weitere geköpft. Es folgten die Vertreibung aller Juden aus der Mark Brandenburg und die Zerstörung des Spandauer Friedhofs.

1539 Auf dem Fürstentag zu Frankfurt wies Josel von Rosheim, das politische Oberhaupt der deutschen Juden, die Unschuld der jüdischen Märtyrer von 1510 nach. Daraufhin durften sich Juden unter Kurfürst Joachim II. gegen Zahlung von 42 000 Talern und einem jährlichen Schutzgeld erneut in Berlin niederlassen. Der Kurfürst war daran interessiert, den Handel mit Polen wieder zu beleben sowie die Münzstätten mit Silber zu versorgen.

Michael aus Derenburg bei Halberstadt wurde zum 1543
Hofjuden des Kurfürsten ernannt und war damit der erste in Berlin nachzuweisende Hofjude. Hofjuden bzw. Hoffaktoren waren privilegierte Juden, die ihrem jeweiligen Herrn die vor allem für die kostspielige Hofhaltung benötigten Finanzen beschaffen mussten. Dafür betrieben sie Geldverleih, handelten mit Silber oder Schmuck und trieben Steuern ein. Hofjuden waren Laune und Schicksal ihrer Herren ausgesetzt.

Lippold aus Prag wurde zum obersten aller märki- 1556
schen Juden ernannt und war für ihre Vermögenssichtung und Steuereintreibung zuständig.

Lippold wurde kurfürstlicher Münzmeister und damit 1565
auch zuständig für die Eintreibung und Verwaltung der allgemeinen Steuern.

Nach dem Tod von Joachim II. wurde Lippold ver- 3.1.1571
haftet und des Giftmordes an seinem Gönner sowie der Veruntreuung von Geldern angeklagt. Es kam zu Ausschreitungen gegen Juden, Plünderungen ihrer Häuser und ersten Ausweisungen.

Nach der öffentlichen Hinrichtung des Münzmeisters 1573
Lippold wurden von Kurfürst Johann Georg I. alle Juden aus der Mark Brandenburg zu Strafgeldern verpflichtet und ausgewiesen. Die Mehrheit der Vertriebenen flüchtete nach Polen und Böhmen.

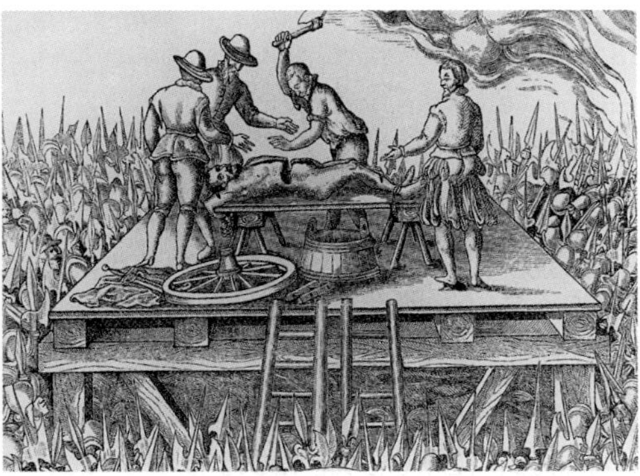

**Hinrichtung des jüdischen Münzmeisters Lippold (Flugblatt 1573)**

## Von der Gründung der Jüdischen Gemeinde zu Berlin bis zum preußischen Emanzipationsedikt

1665 Der Hoffaktor Israel Aaron erhielt das Aufenthaltsrecht in Berlin. Er sollte die Finanzmittel für die kostspieligen Pläne des Großen Kurfürsten Friedrich Wilhelm organisieren. Nach den Verwüstungen des Dreißigjährigen Krieges hoffte der Landesherr, durch die Ansiedlung von Ausländern und Verfolgten das Land wieder zu bevölkern und wirtschaftlich zu stärken.

21.5.1671 Friedrich Wilhelm erlaubte durch ein Edikt 50 wohlhabenden jüdischen Familien, die aus Wien vertrieben wurden, die Niederlassung in der Mark Brandenburg. Im „Edikt wegen aufgenommenen 50 Familien Schutz-Juden" heißt es: „(...) zu Beforderung Handels und Wandels bewogen worden, einige von anderen Ort sich wegbegebende jüdische Familien, und zwar 50 derselben, in Unser Lande der Kur- und Mark Brandenburg und in Unseren sonderbaren Schutz gnädigst auf- und anzunehmen."

Jede jüdische Familie musste pro Jahr acht Taler Schutzgeld und bei Trauungen, Geburten, Beerdigungen und Hausbau weitere Abgaben zahlen. Der Handel mit Wolle, Tuch und Kleidung war ihnen erlaubt, Wucher dagegen ausdrücklich verboten. Die Schutzbriefe wurden zunächst nur für 20 Jahre ausgestellt, da eine dauerhafte Ansiedlung von Juden nicht geplant war. Eine Synagoge durfte nicht errichtet werden; der Gottesdienst in privaten Beträumen wurde geduldet.

10.9.1671 Offizielles Gründungsdatum der Jüdischen Gemeinde zu Berlin. Die ersten beiden Schutzbriefe für Benedikt Veit und Abraham Riess und ihre Familien aus Wien wurden ausgestellt.

1672 In der Großen Hamburger Straße wurde ein Grundstück für die Anlage eines jüdischen Friedhofs erworben.

1675 Beginn des Protokollbuchs der jüdischen Beerdigungsgesellschaft *Chewra Kaddischa* (hebräisch „Heilige Bruderschaft"), deren ehrenamtliche Mitglieder für die rituelle Bestattung der Verstorbenen zuständig waren. Mit dem Friedhof und der Beerdigungsgesellschaft waren die wichtigsten religiösen Institutionen der Gemeinde gegründet.

Die Gemeinde zählte etwa 70 religionsmündige Mitglieder. Da seit diesem Jahr das Steueraufkommen der Gemeinde pauschal bestimmt wurde, musste der Gemeindevorsteher die Aufteilung auf die einzelnen Familien vornehmen. Zugleich wurde das Prinzip der Solidarhaftung eingeführt, das die Gemeinde verpflichtete, für die Zahlungsunfähigkeit ihrer Mitglieder einzustehen. Die vom Kurfürsten neu gebildete „Judencommission" vermittelte zwischen dem Landesherrn und den einzelnen Gemeindemitgliedern. 1700

Eröffnung eines jüdischen Armenspitals, das durch die stark angewachsene Zahl von mittellosen Juden ohne Schutzbrief notwendig geworden war. 1703

Bestätigung der im Aufnahmeedikt von 1671 gewährten Rechte. Die unsichere Rechtslage der Juden Berlins in den ersten Jahrzehnten nach ihrer Aufnahme, die ständige Drohung der Ausweisung bei nicht vorschriftsmäßiger Zahlung der Schutzgelder oder strafbarem Verhalten eines Gemeindemitglieds, war vorerst beendet. 20.5.1714

Einweihung der ersten Synagoge von Berlin in der Heidereutergasse. Der König hatte den Bau unter der Voraussetzung erlaubt, keine Steuerausfälle zu haben. Bis zu diesem Zeitpunkt hielten die Berliner Juden ihre Gottesdienste in privaten Beträumen ab. 14.9.1714

Besuch von König Friedrich Wilhelm I. in der Synagoge in der Heidereutergasse. 20.4.1718

Gründung des Frauenvereins *Chewras Noschim*, der sich um kranke und schwangere Frauen sowie um Wöchnerinnen kümmerte. 1720

Im „General Privilegium und Reglement, wie es wegen der Juden in Sr. Königl. Majestät Landen zu halten", 29.9.1730

**Berlins erste Synagoge in der Heidereutergasse (1795)**

wurden die 1714 eingeräumten Rechte weitgehend zurückgenommen. Das Recht auf freien Handel wurde stark eingeschränkt, Juden durften nicht mehr mit Gewürzen, rohen Tierhäuten und Rohstoffen handeln und kein Bier mehr brauen. Die Verdrängung aus einer ganzen Anzahl angestammter Berufe führte zu einer Konzentration von Juden im Kreditwesen. Unterstützt wurde auch die Neugründung oder Erweiterung von Manufakturen durch entsprechend wohlhabende Juden. Für die mittellosen blieb oft nur der Altkleider- und Trödelhandel oder die Anstellung als Hausdiener.

1737 Begrenzung der Zahl der in Berlin zugelassenen Juden auf 120 Familien und Ausweisung von 584 besitzlosen Juden aus der Stadt.

1743 Moses Mendelssohn kam als 14-Jähriger völlig mittellos nach Berlin. Mit ihm sollte sich in der Folgezeit der geistige Aufschwung der Gemeinde und der Berliner Bürgerkultur sowie die Ausbreitung einer jüdischen Aufklärung verbinden.

Im selben Jahr wurde vor dem Rosenthaler Tor eine jüdische Armenherberge für die „Betteljuden" eingerichtet. Etwa 1945 Juden in 333 Familien wurden in Berlin gezählt.

17.4.1750 Mit dem „Revidirten General-Privilegium und Reglement, vor die Judenschaft im Königreiche Preußen" durch Friedrich II. erfolgte eine weitere Einschränkung der Rechte der Juden. Auf Bitten der Jüdischen Gemeinde wurde das Gesetz erst 1756 veröffentlicht. Mirabeau nannte es: „Ein Gesetz, eines Kannibalen würdig."

Es wurden darin sechs Gruppen von Juden unterschieden, von denen die obersten drei alle Steuern und Abgaben zu begleichen hatten. Ein Generalprivilegium erhielten nur einige wenige sehr reiche Juden, denen die Bürgerrechte eingeräumt wurden, die auf alle Kinder vererbbar waren. Sie durften Häuser und Grundbesitz erwerben. Zur zweiten Gruppe gehörten die „ordentlichen Schutzjuden". Sie konnten ihren Beruf ausüben und den rechtlichen Schutz nur auf maximal zwei Kinder vererben. Dabei musste das erste Kind mehr als 1000, das zweite sogar mehr als 2000 Taler in bar besitzen. Die dritte Gruppe bestand aus den „außerordentlichen Schutzjuden". Der Schutzbrief galt bei ihnen nur für eine einzelne Person, der Rest der Familie konnte nach dem Tod des privilegierten Familienoberhauptes sofort ausgewiesen werden. Diesen Status besaßen vor allem Ärzte und Handwerker. Die vierte Gruppe wurde von der genau festgelegten Anzahl von Gemeindedienern gebildet. Zu ihr gehörten für die Dauer ihrer Amtszeit ein Rabbiner, zwei Kantoren, sechs Totengräber, drei rituelle Schlächter, drei Bäcker, ein Arzt und zwei Drucker. Ohne Schutz lebten die Juden der fünften Gruppe, die nur geduldet waren. Dies waren hauptsächlich die Kinder von ordentlichen Schutzjuden, die den Rechtsstatus nicht erben konnten, und alle Kinder von Mitgliedern der dritten und vierten Gruppe. Zur sechsten Gruppe zählten das Dienstpersonal und andere Hausangestellte, die sich nur für die Dauer ihrer Arbeitsverhältnisse in Berlin aufhalten durften.

Eine Kabinettsorder von Friedrich II. zwang Juden, für 21.2.1769
die Gewährung der Heiratserlaubnis, des Wohnrechts, Hauskaufs und ähnlicher Vergünstigungen Porzellan der Königlichen Porzellan Manufaktur (KPM) zu kaufen, deren Absatz damit gesteigert werden sollte.

Die aufklärerischen Ideen von Moses Mendelssohn 1778
trugen mit der Gründung der Jüdischen Freischule durch David Friedländer, Naphtali Herz Wessely und Isaak Daniel Itzig erste Früchte.

Christian Wilhelm Dohms Schrift „Über die bürger- 1781
liche Verbesserung der Juden" erschien bei Friedrich Nicolai in Berlin. In ihr fordert der Christ und Kriegsrat Dohm, von Mendelssohn angeregt, die rechtliche Gleichstellung und soziale Eingliederung der Juden in die deutsche Gesellschaft. Damit wurden diese Forderungen zum ersten Mal in Deutschland auch von nichtjüdischen Persönlichkeiten formuliert. Von den Juden wurde erwartet, sich stärker an die Kultur ihrer Umwelt anzupassen. Emanzipations- und Assimilationsbestrebungen gingen von nun an im Judentum zusammen.

Nach der Französischen Revolution erhielten die 1791
Juden in Frankreich alle staatsbürgerlichen Rechte. Dieses Ereignis wurde zum Fanal auch für die benachbarten deutschen Länder.

11.3.1812 Durch ein „Edikt, betreffend die bürgerlichen Verhältnisse der Juden in dem Preußischen Staate", dem sogenannten Emanzipationsedikt, wurden die Juden Preußens zu gleichberechtigten Staatsbürgern erklärt. Zugleich wurde ihnen Gewerbefreiheit, freies Wohnrecht und das Recht auf akademische Karriere und kommunale Ämter verliehen. Da dieses Reformwerk nur von wenigen Staatsmännern durchgesetzt wurde, ohne von breiten Bevölkerungsschichten getragen zu werden und ohne die politischen Verhältnisse maßgeblich zu ändern, konnte es nach dem Wiener Kongress von reaktionären Kräften teilweise wieder zurückgenommen werden.

**Vom Reformjudentum bis zur Emanzipation der Juden im Kaiserreich**

1815 Israel Jacobson, der schon in Seesen reformerisch gewirkt und dort 1810 einen „Tempel" hatte bauen lassen, und Jacob Herz Beer führten in ihren Häusern in Berlin deutschsprachige Gottesdienste mit Predigt, Chorgesang und Orgelspiel ein. Die Reformen im jüdischen Gottesdienst orientierten sich am protestantischen Vorbild und riefen den erbitterten Widerstand orthodoxer Juden hervor.

1819 Gründung des „Vereins für Cultur und Wissenschaft der Juden" durch Leopold Zunz und Eduard Gans, deren Ziel die wissenschaftliche Erforschung des Judentums war.

1822 Den Juden wurde das Recht auf die Bekleidung höherer Militärdienstgrade und akademischer Lehr- und Schulämter wieder entzogen.

1823 Friedrich Wilhelm III. untersagte auf Initiative der orthodoxen Juden alle Neuerungen in Sprache und Zeremonie des Ritus, in der Hoffnung, die reformerisch orientierten Juden so zur Taufe zu bewegen. In der Tat traten dann besonders in der ersten Hälfte des 19. Jahrhunderts zahlreiche gebildete und wohlhabende Juden zum Christentum über.

1824 An der Schönhauser Allee wurde ein Grundstück zur Anlage eines neuen Friedhofs erworben, nachdem der alte in der Großen Hamburger Straße nicht mehr ausreichte.

| | |
|---|---|
| Gründung einer Knabenschule der Jüdischen Gemeinde. | 1826 |
| Letzte Beerdigung auf dem jüdischen Friedhof in der Großen Hamburger Straße. | 24.6.1827 |
| Eröffnung des jüdischen Friedhofs in der Schönhauser Allee. | 1827 |
| Neues Statut der *Chewra Kaddischa*, der jüdischen Begräbnisgesellschaft. | 1828 |
| Gründung einer Mädchenschule. | 1835 |
| Gründung der Berliner „Genossenschaft für Reform im Judenthume" durch Sigismund Stern. Hier versammelten sich die radikalsten jüdischen Reformer, die auf wesentliche jüdische Traditionen (z. B. Kopfbedeckung in der Synagoge, hebräische Liturgie, Schabbat, Geschlechtertrennung) verzichten und zugleich erhebliche Neuerungen (z. B. Orgel, Chor, deutschsprachige Liturgie, Sonntagsgottesdienst) einführen wollten. Später wurde die Genossenschaft in Jüdische Reformgemeinde umbenannt, aber nicht als selbstständige Separatgemeinde anerkannt. | Mai 1845 |
| Die jüdischen Gemeinden, die bis zu diesem Zeitpunkt nur „geduldete Religionsgesellschaften" waren, wurden als Körperschaften des öffentlichen Rechts anerkannt und erhielten Kultusautonomie. Sie durften öffentliche Schulen betreiben, staatliche Zuschüsse für Bildungseinrichtungen einfordern und Gemeindesteuern erheben. | 1847 |
| Die juristische Gleichstellung aller Preußen, einschließlich der Juden, wurde in Artikel 4 der revidierten preußischen Verfassung fixiert. Allerdings wurde Juden weiterhin der Zugang zu öffentlichen Ämtern, höheren militärischen Dienstgraden und universitären Lehrstühlen verwehrt. | 31.1.1850 |
| Weihung des „Tempels der Jüdischen Reformgemeinde" in der Johannisstraße, deren erster Rabbiner Samuel Holdheim wurde. | September 1854 |
| Mit dem neuen Statut der Jüdischen Gemeinde zu Berlin wurden die Zuständigkeiten der Selbstverwaltungsgremien geregelt. | 23.5.1861 |
| Einweihung der liberalen Neuen Synagoge in der Oranienburger Straße, die zu einem Zentrum einer gemäßigten Reform mit Orgel, Chor und neuer Liturgie wurde. | 5.9.1866 |

| | |
|---|---|
| Gründung der orthodoxen Separatgemeinde „Gesetzestreue jüdische Religionsgesellschaft Adass-Jisroel", die ab 1885 eine eigenständige jüdische Gemeinde bildete. Die Mitglieder, die die Reformierung des jüdischen Gottesdienstes ablehnten, reagierten damit auf die Aufgabe der strikten Einhaltung des Religionsgesetzes durch den größten Teil der jüdischen Gemeinde. | Juni 1869 |
| Der 1867 gegründete Norddeutsche Bund verkündete mit dem Gesetz über die Gleichberechtigung der religiösen Bekenntnisse die Emanzipation der Juden für sein Territorium. | 3.7.1869 |
| Das 1869 vom Norddeutschen Bund verkündete Gesetz wurde in das Reichsgesetz des neu gegründeten Kaiserreichs übernommen. | April 1871 |

## Von der Blüte des deutschen Judentums bis zum Ende der Weimarer Republik

| | |
|---|---|
| Gründung einer privaten „Hochschule für die Wissenschaft des Judentums" in Berlin durch Moritz Lazarus und Salomon Neumann, nachdem die Bestrebungen, diese Disziplin an den Universitäten zu etablieren, gescheitert waren. Juden war es nur in Ausnahmefällen möglich, eine ordentliche Professur an einer Universität zu erhalten. | 1872 |
| Gründung des orthodoxen Rabbinerseminars in Berlin durch Esriel Hildesheimer, dem Rabbiner und geistigen Oberhaupt der Adass-Jisroel-Gemeinde. | 22.10.1873 |
| Adass-Jisroel erwarb ein Grundstück für einen eigenen Friedhof an der Wittlicher Straße in Weißensee. | 22.12.1873 |
| Die Jüdische Gemeinde zu Berlin zählte etwa 65 000 Mitglieder. | 1875 |
| Verabschiedung des Austrittsgesetzes, das Juden erlaubte, aus der Jüdischen Gemeinde auszutreten, ohne zugleich konvertieren zu müssen. Es ermöglichte auch den Austritt der Vereinigung Adass-Jisroel aus der Berliner Gemeinde im selben Jahr. Im September 1885 wurde Adass-Jisroel offiziell als selbstständige Religionsgemeinschaft zugelassen. | 28.7.1876 |
| Der evangelische Hofprediger Adolf Stoecker gründete die antisemitische „Christlich-Soziale Arbeiterpartei". | 1878 |

**Neue Synagoge (um 1885)**

## Berliner Antisemitismusstreit

Der Begriff Antisemitismus wurde im Jahre 1879 durch den Journalisten **WILHELM MARR** (1818–1904) mit seiner Schrift „Der Sieg des Judenthums über das Germanenthum" in Umlauf gebracht.
Der Antisemitismus war eine Reaktion auf die bürgerliche Emanzipation der Juden. Er behauptete die Existenz einer „jüdischen Rasse", die der „arischen Rasse" fremd gegenüberstehe und diese beherrschen wolle. Nach Ansicht der Antisemiten sollten den Juden die gerade erworbenen staatsbürgerlichen Rechte wieder entzogen werden. Wilhelm Marr war auch Mitbegründer der „Antisemiten-Liga", die in Berlin im selben Jahr entstand.

Der Hofprediger **ADOLF STOECKER** (1835 bis 1909, Abb.) wollte zur selben Zeit den Einfluss der Sozialdemokratie auf die wachsende Arbeiterschaft bekämpfen. Er gründete im Jahre 1878 in Berlin die „Christlich-Soziale Arbeiterpartei". In seiner Rede „Unsere Forderungen an das moderne Judenthum" formulierte er erstmals sein politisches Programm.
**HEINRICH VON TREITSCHKE** (1834–1896), Professor für Geschichte an der Berliner Universität, verfasste einige judenfeindliche Artikel in der von ihm herausgegebenen Zeitschrift „Preußische Jahrbücher", in denen erstmals der unheilvolle Ruf „Die Juden sind unser Unglück" erscholl. Die jüdischen Gelehrten Heinrich Graetz, Manuel Joël und Hermann Cohen gehörten zu den prominenten Juden, die Treitschkes Darstellungen in eigenen Aufsätzen umgehend widersprachen. Aber auch 75 nichtjüdische Persönlichkeiten, darunter Theodor Mommsen und Max von Forckenbeck, der Oberbürgermeister von Berlin, wandten sich mit der Erklärung vom 12. November 1880 gegen die antisemitischen Unterstellungen von Heinrich von Treitschke und appellierten an das „Vermächtnis Lessings".
Eine von Antisemiten im Jahre 1880 an die Reichsregierung überreichte Petition, die 265 000 Unterschriften trug, forderte die Rücknahme der bürgerlichen Emanzipation der Juden. Nachdem der Antisemitismus in der deutschen Öffentlichkeit Wurzeln geschlagen hatte, gelangten antisemitische Parteien in den 90er-Jahren des 19. Jahrhunderts sogar in den Reichstag. Der Antisemitismus war nicht nur „salonfähig" geworden, sondern hatte zum ersten Mal auch politische Wirkung in einem parlamentarischen Staat gezeigt.

| | |
|---|---|
| Schließung des Friedhofs Schönhauser Allee. Danach erfolgten hier nur noch einzelne Erb- und Reihenbegräbnisse. | 1880 |
| Erste Beisetzung auf dem Friedhof der Adass-Jisroel. | 24.2.1880 |
| Eröffnung des Jüdischen Friedhofs der Hauptgemeinde in Weißensee. | 9.9.1880 |
| Gründung der Berliner Loge „Bne Briss", eines wohltätigen Männerbundes. | 1882 |
| Eröffnung eines Jüdischen Friedhofs in Köpenick. | 1887 |
| Gründung des „Vereins zur Abwehr des Antisemitismus". | 1890 |
| Für die Bekämpfung des zunehmenden Antisemitismus und um die Anerkennung der Juden als deutsche Staatsbürger in der Öffentlichkeit zu fördern, wurde der „Central-Verein deutscher Staatsbürger jüdischen Glaubens" gegründet. | 1893 |
| Gründung des „Hilfsvereins der Deutschen Juden". | 1901 |
| Das zentrale Büro der „Zionistischen Vereinigung für Deutschland" wurde nach Berlin verlegt. Der politische Zionismus entstand in Reaktion auf den Antisemitismus und forderte einen eigenen Staat der Juden. Je mehr die Zionisten eine nationale Identität der Juden betonten, desto schärfer wurde die Auseinandersetzung mit dem assimilierten Teil des deutschen Judentums, der vor allem vom „Central-Verein" repräsentiert wurde. | 1905 |
| In Groß-Berlin wurden 144 043 jüdische Einwohner gezählt. | 1910 |
| Das Büro der „Zionistischen Organisation" wurde ebenfalls nach Berlin verlegt. | 1911 |

**Zionistischer „Verein Jüdischer Studenten Maccabaea" (1906)**

1914–18 Über 12 000 jüdische Soldaten kamen im Ersten Weltkrieg ums Leben. Ende 1916 wurde den antisemitischen Forderungen nachgegeben und die „Judenzählung" durchgeführt, um die Beteiligung jüdischer Soldaten im Krieg zu untersuchen. Die Zählung, die im Verhältnis zu ihrem Anteil an der Bevölkerung eine überdurchschnittliche Beteiligung von Juden ergab, wurde allerdings nicht veröffentlicht.

Januar 1919 Gründung des „Reichsbundes jüdischer Frontsoldaten" in Berlin, der den antisemitischen Vorwurf der „Drückebergerei der Juden" zu widerlegen versuchte und zugleich Schutz vor antisemitischen Angriffen bieten wollte.

24.6.1922 Walther Rathenau, Außenminister der Weimarer Republik, fiel einem Attentat durch antisemitische Korpsoffiziere zum Opfer.

5.11.1923 Antisemitische Ausschreitungen im Berliner Scheunenviertel. Der „Reichsbund" und der „Central-Verein" organisierten die bewaffnete Selbstverteidigung der Bewohner.

1925 In Groß-Berlin wurden 172 672 jüdische Einwohner gezählt, die 4,3 Prozent der Berliner Gesamtbevölkerung ausmachten. Der Anteil jüdischer Staatsbürger an der deutschen Gesamtbevölkerung betrug nicht einmal ein Prozent.

1932 In Berlin existierten 94 Synagogen und Bethäuser.

## Von der Vertreibung der deutschen Juden bis zur Vernichtung des europäischen Judentums

1933 Bei Regierungsantritt der Nationalsozialisten unter Adolf Hitler zählte Berlin 160 000 jüdische Einwohner, was etwa vier Prozent der Stadtbevölkerung sowie rund einem Drittel aller deutschen Juden entsprach.

1.4.1933 Die Nationalsozialisten riefen zu einem Boykott der Geschäfte auf, die im Besitz von deutschen Staatsbürgern jüdischen Glaubens und jüdischer Abstammung waren.

7.4.1933 Durch das „Gesetz zur Wiederherstellung des Berufsbeamtentums" wurden „Beamte, die nicht arischer Abstammung sind", zwangsweise in den Ruhestand versetzt. Nur die jüdischen Frontkämpfer des Ersten Weltkrieges wurden noch bis 1935 verschont. Mit

Antisemitische Hetze vor einem jüdischen Laden (1933)

diesem Gesetz versuchten die Nationalsozialisten, erstmals juristisch zu definieren, wer „Jude" ist.

Gründung des „Kulturbundes Deutscher Juden", 6.7.1933
der für die vom Berufsverbot betroffenen jüdischen Musiker und Schauspieler Auftrittsmöglichkeiten vor jüdischem Publikum organisierte.

Gründung der „Reichsvertretung der deutschen 17.9.1933
Juden", die 1939 in „Reichsvereinigung der Juden in Deutschland" umbenannt werden musste, da es nach nationalsozialistischer Anschauung keine „deutschen Juden" geben konnte. Dieser Dachverband der jüdischen Gemeinden beschwichtigte seine Mitglieder zunächst mit der Parole: „Jeder bleibt auf seinem Posten." In den folgenden Jahren baute die „Reichsvereinigung" ein jüdisches Schulwesen auf und gründete verschiedene Hilfsorganisationen.

Die „Nürnberger Gesetze" wurden vom Reichspartei- 15.9.1935
tag der NSDAP verabschiedet. Für die Definition und Klassifizierung von „Juden", die bis in Bruchstellen festlegte, wie viel „Jude" jemand sei, bediente man sich rassistischer und pseudobiologischer Kriterien. Das „Reichsbürgergesetz" entzog jüdischen Menschen ihre politischen und staatsbürgerlichen Rechte. Das „Gesetz zum Schutz des deutschen Blutes und der deutschen Ehre" diente der Diskriminierung und Diffamierung einer angeblichen „jüdischen Rasse". Etwa 2000 Prozesse wurden mit der Anklage der „Rassenschande" in den Folgejahren geführt.

Den jüdischen Gemeinden wurde der Status einer 28.3.1938
Körperschaft des öffentlichen Rechts abgesprochen.

Sie wurden nur noch als private Organisationen behandelt.

5.10.1938 Reisepässe deutscher Juden wurden ab sofort mit einem „J" gekennzeichnet.

27./28.10.1938 In der „Polenaktion" wurden etwa 18 000 aus Polen stammende Juden verhaftet und nach Polen abgeschoben.

9./10.11.1938 Als angebliche „Vergeltung" für das Attentat auf den Legationssekretär Ernst vom Rath, einen Mitarbeiter der deutschen Botschaft in Paris, durch den 17-jährigen polnischen Juden Herschel Grynszpan rief Goebbels zu einem landesweiten „spontanen" Pogrom auf, der von den Nationalsozialisten beschönigend „Reichskristallnacht" genannt wurde. In dieser Nacht wurden mehr als 1400 Synagogen durch Brandstiftung zerstört. In den Folgetagen wurden über 20 000 jüdische Bürger verhaftet und zum großen Teil in Konzentrationslagern interniert. Die jüdischen Gemeinden mussten die Schäden beseitigen und ein Strafgeld in Höhe von einer Milliarde Reichsmark aufbringen.

1939 In Berlin lebten noch circa 80 000 Juden. Die Auswanderung deutscher Juden war auf ihrem Höhepunkt angelangt. Ungefähr 90 000 Juden aus Berlin gelang bis 1941 die Emigration.

Dezember 1939 Auflösung der Adass-Jisroel-Gemeinde durch die Gestapo.

15.9.1941 Einführung des gelben Sterns zur Kennzeichnung von Juden.

18.10.1941 Mit der ersten Deportation aus Berlin begann der systematische Völkermord an den deutschen Juden.

**Synagoge in der Fasanenstraße, zerstört in der Reichspogromnacht 1938**

| | |
|---|---|
| In insgesamt 63 Transporten wurden bis Kriegsende 55 000 Berliner Juden deportiert. | |
| In der Wannseekonferenz wurde die „Endlösung der Judenfrage" beschlossen und ihre Durchführung logistisch geplant. Zu dieser Zeit lebten in Berlin noch 58 637 Juden. | 20.1.1942 |
| Brandanschlag der jüdisch-kommunistischen Widerstandsgruppe um Herbert Baum auf die Propaganda-Ausstellung „Das Sowjet-Paradies" im Berliner Lustgarten. Fast alle Mitglieder der Gruppe wurden nach Denunziation verhaftet und in Plötzensee hingerichtet. Bei Vergeltungsaktionen der Nationalsozialisten wurden weitere 500 Juden ermordet. | 18.5.1942 |
| Schließung aller jüdischen Schulen und Bildungseinrichtungen. | 30.6.1942 |
| Auflösung der Berliner Jüdischen Gemeinde. | 28.1.1943 |
| In der „Fabrikaktion" wurden jüdische Zwangsarbeiter an ihren Arbeitsplätzen verhaftet und in Sammellagern gefangen gehalten. Sie sollten in die Massenvernichtungslager im Osten deportiert werden. Dagegen protestierten Hunderte „arische" Ehefrauen und Mütter in einer spontanen Demonstration vor dem Sammellager in der Rosenstraße und erreichten schließlich die Freilassung ihrer Männer und Söhne. | 27.2.1943 |
| Auflösung der „Reichsvereinigung der Juden in Deutschland", Beschlagnahme ihres Restvermögens und Deportation der letzten Mitarbeiter. | 10.6.1943 |
| Zerstörung des Friedhofs Große Hamburger Straße durch die Gestapo. | 1943 |
| Der letzte Deportationszug verließ Berlin. | März 1945 |

## Vom Neuanfang jüdischen Lebens bis zum Ende der DDR

| | |
|---|---|
| Nur etwa 6500 Berliner Juden hatten in „Mischehen", im Jüdischen Krankenhaus in Wedding, auf dem Jüdischen Friedhof Weißensee oder in der Illegalität überlebt. Nur knapp 2000 kehrten aus den Konzentrationslagern nach Berlin zurück. Aus Osteuropa zogen etwa 200 000 Juden nach Deutschland. Sie wurden als „Displaced Persons" in Flüchtlingslagern, die von den Amerikanern eingerichtet wurden, untergebracht. Für die meisten waren diese | Mai 1945 |

Lager als Zwischenstation auf dem Weg nach Israel oder in die USA gedacht. Doch blieben einige Tausend von ihnen in Deutschland, zunächst noch auf gepackten Koffern, dann aber doch mit dem Willen zu bleiben. Erste jüdische Gottesdienste fanden wieder in Berlin statt.

20.12.1945 Die neue jüdische Gemeindeverwaltung in Berlin unter Hans-Erich Fabian begann offiziell mit ihrer Arbeit. Die Gemeinde unterschied sich durch die Dominanz der zugewanderten, zumeist strenggläubigen osteuropäischen Juden stark von der eher liberalen Vorkriegsgemeinde.

Februar 1946 Wiederanerkennung der Jüdischen Gemeinde als Körperschaft des öffentlichen Rechts.

1949 Heinz Galinski wurde Vorsitzender der Jüdischen Gemeinde zu Berlin, was er – von 1953 bis 1989 nur für den Westteil der Stadt – bis zu seinem Tode am 19. Juli 1992 blieb.

9.12.1952 Der „Verband Jüdischer Gemeinden der DDR" wurde als Körperschaft öffentlichen Rechts von der DDR anerkannt.

19.1.1953 Nach massiven antisemitischen Verfolgungen in der Sowjetunion und in der Folge auch in der DDR flohen Julius Meyer, der Vorsitzende der Ost-Berliner Gemeinde, und die Vorsitzenden der Gemeinden Leipzig, Dresden und Erfurt nach West-Berlin.
Galinski zog ebenfalls mit dem größten Teil der Gemeindeverwaltung in den Westteil der Stadt. Allein bis Ende März 1953 wurden in der West-Berliner Gemeinde 556 jüdische Flüchtlinge aus der DDR registriert. Die organisatorische Trennung in eine West- und eine Ost-Berliner Gemeinde wurde vollzogen.

November 1955 Die Eröffnung eines eigenen jüdischen Friedhofs in der Heerstraße (Charlottenburg) machte die West-Berliner Gemeinde unabhängig vom Friedhof in Weißensee.

27.9.1959 Einweihung des Jüdischen Gemeindehauses in der Charlottenburger Fasanenstraße. In diesem Zentrum jüdischen Lebens manifestierte sich die Entwicklung von einer „Auflösungsgemeinde" zu einer bleibenden, auf Dauer angelegten Einrichtung in West-Berlin.

1962 Gründung der Jüdischen Volkshochschule in der Fasanenstraße.

| | |
|---|---|
| Der „Verband Jüdischer Gemeinden der DDR" wurde aus dem Zentralrat der Juden in Deutschland ausgeschlossen. | 1963 |
| Zwischen der Jüdischen Gemeinde zu Berlin (West) und dem Senat von Berlin wurde eine „Vereinbarung zur Regelung gemeinsam interessierender Fragen" geschlossen. | 1.1.1971 |
| Der 300. Jahrestag der Gründung der Jüdischen Gemeinde zu Berlin wurde in einem Festakt begangen. | 10.9.1971 |
| Eröffnung der jüdischen Gemeindebibliothek in Ost-Berlin. | 1977 |
| Errichtung des Jeanette-Wolff-Seniorenheims und des Leo-Baeck-Altenwohnheims in Berlin-Charlottenburg. | 1981 |
| Wiedereröffnung des restaurierten Friedhofs von Adass-Jisroel in Weißensee nach langwierigen Verhandlungen zwischen Regierungsvertretern der DDR und Nachfahren der Gemeinde. | 26.6.1986 |
| Gründung der „Stiftung Neue Synagoge Berlin – Centrum Judaicum". Die Ost-Berliner Gemeinde zählte nur noch knapp 200 Mitglieder. Aus außenpolitischen Gründen startete die DDR-Regierung eine Kampagne zur Förderung jüdischer Institutionen. Die West-Berliner Gemeinde zählte etwa 6000 Mitglieder und war wieder die größte jüdische Gemeinde in Deutschland. | 4.7.1988 |
| In beiden Berliner Gemeinden wurde in Festakten und mit Ausstellungen des 50. Jahrestages der Pogromnacht von 1938 gedacht. | 9.11.1988 |
| Wiederanerkennung von Adass-Jisroel durch die DDR-Regierung auf Initiative von Mario Offenberg, dem Nachfahren eines früheren Gemeindemitglieds. | 18.12.1989 |

## Der Aufschwung jüdischen Gemeindelebens seit der Deutschen Wiedervereinigung

| | |
|---|---|
| Vereinigung der beiden Jüdischen Gemeinden Berlins. | 1990 |
| Die Bundesregierung billigte Juden aus den GUS-Staaten Flüchtlingsstatus zu. Seitdem wanderten über 50 000 Juden in Deutschland ein. Die Anzahl der Gemeindemitglieder in Berlin verdoppelte sich bis 1997 auf etwa 11 000. | 1991 |

| | |
|---|---|
| 26.8.1992 | Nach dem Tod Galinskis wurde der 71-jährige Jerzy Kanal zum neuen Vorsitzenden der Jüdischen Gemeinde zu Berlin gewählt. |
| 6.8.1993 | Gründung der Jüdischen Oberschule in der Großen Hamburger Straße. |
| 7.5.1995 | Neueinweihung der teilweise wiederaufgebauten und rekonstruierten Neuen Synagoge in der Oranienburger Straße. |
| 15.9.1995 | Einweihung der neu erbauten Heinz-Galinski-Schule, einer jüdischen Grundschule in Berlin-Charlottenburg. |
| Juni 1997 | Andreas Nachama wurde zum neuen Vorsitzenden der Jüdischen Gemeinde zu Berlin gewählt. Zum ersten Mal bekleidet mit ihm jemand dieses Amt, der nach der Schoa geboren wurde. Die großen Spannungen innerhalb der Gemeinde zwischen Konservativen und Reformern, zwischen den deutsch- und den russischsprachigen Mitgliedern, aber auch zwischen der Einheitsgemeinde und Adass-Jisroel werden vom neuen Vorstand moderiert und schrittweise abgebaut. |
| 15.6.1997 | Erstes Jüdisches Straßenfest in der Oranienburger Straße. |
| 15.10.1997 | Nach langjährigen Prozessen in verschiedenen Instanzen wurde die Adass-Jisroel-Gemeinde vom Bundesverwaltungsgericht als Körperschaft des öffentlichen Rechts anerkannt. Sie ist damit eine selbstständige Jüdische Gemeinde, die in der Kontinuität der 1885 gegründeten Separatgemeinde steht und unabhängig von der Berliner Einheitsgemeinde existiert. Die Anerkennung durch die DDR-Regierung im Dezember 1989 und die Rückübertragung von Liegenschaften bleiben gültig. |
| Januar 1999 | Fertigstellung des von Daniel Libeskind entworfenen Jüdischen Museums in Berlin-Kreuzberg, das durch öffentliche Führungen sofort zum Publikumsmagneten wird. |
| 25.6.1999 | Der Deutsche Bundestag beschließt, das „Denkmal für die ermordeten Juden Europas" nach dem Entwurf von Peter Eisenman zu errichten. |
| 2.5.2001 | Alexander Brenner wird, für Außenstehende überraschend, zum neuen Vorsitzenden der Jüdischen Gemeinde Berlin gewählt. Der Chemiker und Ex-Diplo- |

2001 eröffnetes Jüdisches Museum mit Neubau von Daniel Libeskind

mat spricht fließend Russisch und setzt unter anderem einen eigenen Etat für den Integrationsbeauftragten der Gemeinde durch, um die Neueinwanderer besser unterstützen zu können.

Nach den Terroranschlägen auf das World Trade Center in New York und das Pentagon in Washington und antisemitischen Drohungen durch radikale Islamisten werden jüdische Einrichtungen in Deutschland noch massiver als bisher geschützt. 11.9.2001

Eröffnung der ständigen Ausstellung des Jüdischen Museums, das erwartungsgemäß fortan eine große Zahl von Besuchern aus aller Welt anzieht. 13.9.2001

Eröffnung der ersten umfassenden deutschen Ausstellung zur Geschichte des Holocaust und seiner Erinnerung im Berliner Kronprinzenpalais. 16.1.2002

Sprengstoffanschlag Unbekannter auf den Jüdischen Friedhof Heerstraße in Charlottenburg. 16.3.2002

Der 56-jährige Rechtsanwalt Albert Meyer, der der liberalen Strömung angehört, wird neuer Vorsitzender der Jüdischen Gemeinde zu Berlin. Er setzt sich besonders für eine Konsolidierung des Gemeindehaushalts und einen strikten Sparkurs ein. Nach Streitigkeiten innerhalb der Gemeinde, die sich zu spalten droht, tritt Meyer vorzeitig von seinem Amt zurück und ermöglicht so Neuwahlen. 7.1.2004

Feierliche Eröffnung des „Denkmals für die ermordeten Juden Europas" und des unterirdischen Ortes der Information. Der 33-jährige Betriebswirt Gideon Joffe wird zum neuen Vorsitzenden der Jüdischen Gemeinde zu Berlin gewählt. Er möchte vor allem 10.5.2005 jüdische Identität stärken und ein stärkeres Engagement der Mitglieder in ihrer Gemeinde erreichen.

3.6.2007 Amtseinführung in der Neuen Synagoge von Gesa S. Ederberg, der zweiten Rabbinerin in Berlin nach Regina Jonas. Ederberg gehört zur wertkonservativen *Masorti*-Strömung, die den Schabbat und die *Kaschrut* hält, sich aber für die religiöse Gleichberechtigung von Mann und Frau einsetzt.

30.1.2008 Mit Lala Süsskind übernimmt zum ersten Mal eine Frau den Vorsitz in der Berliner Gemeinde. 1946 geboren und ein Jahr später mit ihren Eltern nach Berlin gekommen, studierte sie hier an der FU Soziologie und Publizistik und wirkte ab 1985 aktiv im Vorstand der jüdischen Frauenorganisation „Wizo".

6.5.2010 Eröffnung des Neubaus und des neugestalteten Außengeländes der Topographie des Terrors.

16.–18.12.2011 Das erste Louis Lewandowski Festival für synagogale Musik findet in Berlin statt.

29.2.2012 Gideon Joffe wird zum zweiten Mal Vorsitzender der Berliner Gemeinde.

28.8.2012 Der Rabbi Daniel Alter, der mit seiner kleinen Tochter in Berlin-Friedenau unterwegs war, wurde von mehreren arabischstämmigen jungen Männern verprügelt und verletzt, nur weil er die Frage, ob er Jude sei, bejahte.

14.4.2013 Die von der Ronald S. Lauder Foundation unterstützte Gemeinde Kahal Adass Jisroel wird gegründet. Sie sieht sich ebenfalls in der Tradition der Berliner Vorkriegsgemeinde Adass Jisroel und zählt derzeit über 300 Mitglieder.

27.7.–5.8.2015 Die 14. Europäischen *Makkabi*-Spiele werden zum ersten Mal in Deutschland durchgeführt. Berlin ist Gastgeber dieser alle vier Jahre stattfindenden Wettkämpfe jüdischer Sportlerinnen und Sportler.

Die Jüdische Gemeinde zu Berlin ist eine Körperschaft des öffentlichen Rechts und zugleich ein anerkannter unabhängiger Spitzenverband der Freien Wohlfahrtspflege. Sie ist mit 10 000 Mitgliedern, von denen zwei Drittel aus der ehemaligen Sowjetunion stammen, die größte jüdische Gemeinde Deutschlands. Derzeit sind vier Rabbiner und eine Rabbinerin, die unterschiedliche Strömungen repräsentieren, von der Gemeinde angestellt. Der Haushalt der Gemeinde setzt sich aus Gemeindesteuerbeträgen, Spenden, Leistungsentgelten und öffentlichen Zuschüssen zusammen.

# Jüdische Persönlichkeiten in Berlin

## Moses Mendelssohn und Nachfahren

Moses Mendelssohn wurde am 6. September 1729 als Sohn eines armen Toraschreibers in Dessau geboren. Er kam im Jahre 1743 als 14-jähriger „Unvergleiteter", das heißt ohne rechtlichen Schutz, zu Fuß nach Berlin. Als der mittellose Jude am Rosenthaler Tor Einlass begehrte, antwortete er auf die Frage, was er denn in Berlin wolle: „Lernen!" Er folgte seinem Lehrer **DAVID FRÄNKEL** (1707–1762), der von 1743 bis 1762 Oberrabbiner von Berlin war. Aufgrund einer Wirbelsäulenverkrümmung war Mendelssohn zeitlebens verwachsen, was er gern auf sein Studium der Schriften von Maimonides, des bedeutendsten jüdischen Philosophen und Rechtsgelehrten des Mittelalters, zurückführte. Eine Anstellung, zunächst als Hauslehrer, später als Buchhalter und sogar Kompagnon, fand er bei dem Seidenfabrikanten **ISAAK BERNHARD** (gestorben 1768). In jahrelangem Selbststudium lernte er anfangs Deutsch, Französisch, Englisch, Latein und Griechisch, anschließend Philosophie und Mathematik. Er übersetzte die fünf Bücher Mose und die Psalmen, aber auch den „Phaidon" des griechischen Philosophen Platon ins Deutsche. Von seinen Zeitgenossen wurde Mendelssohn häufig mit Sokrates, der weisen Hauptgestalt der platonischen Dialoge, verglichen und als „jüdischer Sokrates" verehrt. Ab 1754 verband ihn eine innige Freundschaft mit **GOTTHOLD EPHRAIM LESSING** (1729–1781), der ihm mit der Titelfigur seines Dramas „Nathan der Weise" ein Denkmal gesetzt hat. Er war zusammen mit Lessing und **FRIEDRICH NICOLAI** (1733–1811) Mitarbeiter und Herausgeber der „Briefe, die Neueste Litteratur betreffend". In seiner Auseinandersetzung mit dem Züricher Pfarrer Johann Caspar Lavater (1741–1801), der ihn öffentlich zum Übertritt zum Christentum aufforderte, verteidigte Mendelssohn sein Festhalten an der jüdischen Religion. Sein religionsphilosophisches Hauptwerk erschien im Jahre

Moses Mendelssohn,
Philosoph der Aufklärung
(1854)

Gottfried Ephraim Lessing,
Dichter der Aufklärung
(Kunike, um 1830)

Schriftsteller und Verleger Friedrich Nicolai (Geyser)

1783 unter dem Titel „Jerusalem, oder über religiöse Macht und Judentum". Darin setzte er sich mit dem Verhältnis von Staat und Religionsgemeinschaft auseinander und trat für Denk-, Glaubens- und Gewissensfreiheit, für Rechtsgleichheit und religiöse Toleranz ein.

Auf einer Reise nach Hamburg lernte Moses Mendelssohn **FROMET GUGENHEIM** (1737–1812) kennen, die er im Jahre 1762 heiratete. Diese für die damaligen Verhältnisse eher ungewöhnliche Liebesbeziehung fand ihren heute noch lesenswerten literarischen Niederschlag in den „Brautbriefen". Um für seine Frau das Recht auf Niederlassung in Berlin zu erwirken, benötigte Mendelssohn einen Schutzbrief, um den er in einem Schreiben an Friedrich II. bat. Darin schrieb er unter anderem: „Ich habe seit meiner Kindheit beständig in Ewr. Majestät Staaten gelebt, und wünsche, mich auf immer in denselben niederlassen zu können. Da ich aber ein Ausländer bin, und das nach dem Reglement erforderliche Vermögen nicht besitze, so erkühne ich mich allerunterthänigst, zu bitten, Ew. Königliche Majestät wollen allergnädigst geruhen, mir mit meinen Nachkommen Dero allerhöchsten Schutz neben den Freyheiten, die Dero Unterthanen zu geniessen haben, angedeihen zu lassen, in Betrachtung, dass ich den Abgang an Vermögen, durch meine Bemühungen in den Wissenschaften ersetze, die sich Ew. Maj. Protektion vorzüglicher Weise zu erfreuen haben." Ihm wurde schließlich der Status eines „außerordentlichen Schutzjuden" verliehen, der aber nur für ihn Gültigkeit besaß. Seine Witwe und seine Kinder hätten nach seinem Tod kein Aufenthaltsrecht mehr gehabt. Doch vom preußischen König Friedrich Wilhelm II. empfing schließlich die ganze Familie ein Generalprivileg. Die Eheleute bezogen ein Haus in der Spandauer Straße 68. Fromet Mendelssohn erwarb dieses Haus nach dem Tod ihres Gatten von Rösel Meyer, einer Tochter von Veitel Heine Ephraim. Mendelssohns Sohn Joseph eröffnete darin im Jahre 1795 eine Bank. Das Gebäude wurde bei einer Verbreiterung der Straße in der Kaiserzeit abgerissen und bis vor Kurzem erinnerte nichts an diesen Ort.

Am 14. Juni 2016 wurde an der Kreuzung Spandauer Straße / Karl-Liebknecht-Straße die begehbare Bodenskulptur „Haus Mendelssohn" des israelischen Künstlers Micha Ullman eingeweiht. Sie zeigt in stilisierter Form die Fassadenelemente des einstigen Hauses, in denen sich die Umgebung spiegelt.

Friedrich Nicolai hat eine Begebenheit überliefert, die sich 1771 zutrug. Der preußische König Friedrich II. forderte Moses Mendelssohn auf, ihn ausgerechnet an einem jüdischen Feiertag in Potsdam zu besuchen. Von den Gemeinderabbinern erhielt Mendelssohn die Erlaubnis, an diesem Ruhetag nach Potsdam zu fahren, wobei er die jeweiligen Stadtgrenzen zu Fuß passieren sollte. Am Stadttor zu Potsdam angekommen, zeigte er den königlichen Geleitbrief, der für den „berühmten Mendelssohn" ausgestellt war. Als der Wachoffizier nach den Gründen für seine Berühmtheit fragte, antwortete Mendelssohn gewitzt: „Ich spiele aus der Tasche." Diese Szene wurde durch eine Zeichnung von Daniel Chodowiecki relativ bekannt.

Von Mendelssohns letzten Lebenstagen und seinem Tod am 4. Januar 1786 hat der Arzt, Schüler und Freund Marcus Herz in einem bewegenden Bericht Zeugnis gegeben. Mendelssohn wurde auf dem Jüdischen Friedhof in der Großen Hamburger Straße begraben.

Seine Tochter **BRENDEL MENDELSSOHN** (1763–1839) heiratete den Bankier Simon Veit (1754–1819), mit dem sie zwei Kinder hatte. Nachdem sie im Sommer 1797 im Salon von Henriette Herz den romantischen Dichter und Philosophen Friedrich Schlegel (1772–1829) kennengelernt hatte, ließ sie sich scheiden. Schlegel verarbeitete diese Erfahrungen in seinem Roman „Lucinde", der in der bürgerlichen Gesellschaft einiges Aufsehen erregte. Nach ihrem Übertritt zum evangelischen Glauben und der Heirat mit Schlegel nannte Brendel Mendelssohn sich **DOROTHEA SCHLEGEL**. Das Ehepaar wechselte 1808 gemeinsam zum Katholizismus über. Berühmt geworden ist der von ihr geführte Berliner Salon. Ihre beiden Kinder aus erster Ehe, Philipp (1793–1877)

Schriftstellerin Dorothea Schlegel, geb. Brendel Mendelssohn (Graff 1790)

und Johannes Veit (1790–1854), die sich ebenfalls taufen ließen, wurden Maler in Rom und gehörten zur Schule der Nazarener.

Moses Mendelssohns ältester Sohn **JOSEPH MENDELSSOHN** (1770–1848) gründete zusammen mit seinem Bruder Abraham im Jahre 1804 das Bankhaus J. & A. Mendelssohn. Für einige Jahre zogen die Brüder aus geschäftlichen Gründen nach Hamburg und kehrten erst 1811 nach Berlin zurück. Ab 1815 befand sich der Sitz der Bank in der Jägerstraße 51. Joseph Mendelssohn hatte dieses Gebäude für 70 000 Taler erworben. Das Bankhaus war nach den Napoleonischen Kriegen an der Abwicklung der französischen Reparationszahlungen beteiligt. Der Mendelssohn-Bank gehörten seit 1866 bzw. 1893 noch die Grundstücke Jägerstraße 52 und 49/50. Eine Informationstafel „Geschichtsmeile Jägerstraße" erinnert seit September 2003 an die Geschichte der Familie Mendelssohn in dieser Straße.

Joseph Mendelssohn war mit Alexander von Humboldt befreundet. Als diesem von seinem Vermieter gekündigt wurde, kaufte der Bankier kurzerhand das Haus, und Humboldt konnte bleiben. Er gründete schon 1792 mit Gleichgesinnten die philanthropische „Gesellschaft der Freunde", die in Notfällen Hilfe leistete. Joseph Mendelssohn und seine Schwester **RECHA MEYER** (1766–1831) waren die einzigen Kinder von Moses Mendelssohn, die nicht zum Christentum konvertierten.

Bankier Abraham Mendelssohn-Bartholdy (Hensel 1823)

**ABRAHAM MENDELSSOHN** (1776–1835), der 1821 aus dem gemeinsamen Bankgeschäft ausschied, nannte sich nach seinem Übertritt zum Protestantismus im Jahre 1822 Mendelssohn-Bartholdy, nach der Bartholdy'schen Meierei. Dieses Anwesen befand sich an der Köpenicker Straße 185–186, in der Nähe des Schlesischen Tors, und wurde schon im Jahre 1771 von Daniel Itzig, dem Großvater von Abraham Mendelssohns Ehefrau **LEA SALOMON** (1772–1842), erworben. Heute erinnert nur noch eine Brandmauerbemalung an das Landgut und seine einstigen Besitzer. Im Jahre 1825 kaufte Abraham Mendelssohn ein Haus mit Garten, Gartenhaus und Festsaal in der Leipziger Straße 3. Heute befinden sich auf diesem Grundstück der Preußische Landtag, in dem nunmehr das Berliner Abgeordnetenhaus untergebracht ist, sowie das Preußische Herrenhaus, das jetzt vom Bundesrat genutzt wird.

In den Jahren von 1825 bis 1835 wirkte Abraham Mendelssohn als unbesoldeter Stadtrat. Seine Kinder sind die erst in jüngster Zeit als Komponistin wiederentdeckte **FANNY HENSEL** (1805–1847) und der Dirigent und Komponist **FELIX MENDELSSOHN BARTHOLDY** (1809–1847), die beide schon im Jahre 1816 getauft wurden und auf dem Friedhof der Jerusalems- und Neuen Kirchengemeinde am Mehringdamm 21 (Kreuzberg) begraben liegen.

Musiker und Komponist Felix Mendelssohn Bartholdy (Jentzen 1837)

## Marcus und Henriette Herz

Marcus Herz wurde 1747 als Sohn eines Toraschreibers in Berlin geboren. Im Ephraimschen Stift wurde er zunächst streng talmudisch ausgebildet. Er ging mit 15 Jahren nach Königsberg, wo er zuerst eine Kaufmannslehre begann, dann aber ab 1766 an der dortigen Universität Medizin und Philosophie studierte. Finanzielle Unterstützung erfuhr der mittellose Herz besonders durch Moses Friedländer, mit dessen Sohn David ihn eine lebenslange Freundschaft verband. Er wurde der Lieblingsschüler von Immanuel Kant und durfte sogar dessen Inaugural-Dissertation öffentlich verteidigen.

Arzt und Philosoph Marcus Herz (Weitsch 1795)

Im Jahre 1770 kehrte er nach Berlin zurück und fand im Kreis von Moses Mendelssohn Aufnahme. Er beendete sein Medizinstudium in Halle (Saale) und war ab 1774 Arzt, später sogar Leiter des Jüdischen Krankenhauses in Berlin. Herz wurde als einer der besten Ärzte seiner Zeit angesehen. Ab 1777 hielt Herz in seinem Haus Privatvorlesungen über Philosophie und experimentelle Physik. Unter den prominenten Zuhörern befanden sich auch Mitglieder der königlichen Familie. Im Jahre 1787 verlieh ihm der preußische König Friedrich Wilhelm II. den Titel eines königlich preußischen Professors der Philosophie, der mit einer lebenslangen Rente verbunden war. Die

Aufnahme in die Königlich Preußische Akademie der Wissenschaften wurde ihm allerdings – wie schon Mendelssohn vor ihm – aufgrund seiner jüdischen Religionszugehörigkeit verwehrt.

Herz verfasste zahlreiche philosophische und medizinische Aufsätze. So wandte er sich gegen den jüdischen Brauch der raschen Beerdigung, wobei er mit der damals häufig diskutierten Möglichkeit des Scheintods argumentierte. Auf diese Weise regte er innerjüdische Reformen an. Er selbst wurde nach seinem Tod 1803 auf dem Friedhof in der Großen Hamburger Straße begraben. Von seinem Grab ist nach den Verwüstungen durch die Nationalsozialisten nichts mehr erhalten.

Salonnière Henriette Herz, geb. de Lemos (Therbusch 1778)

Marcus Herz heiratete die 17 Jahre jüngere **HENRIETTE DE LEMOS**, die aus einer jüdisch-portugiesischen Familie aus Hamburg stammte und als schöne und geistvolle Frau bekannt war. Sie unterhielt einen eigenen schöngeistigen Salon in der mit ihrem Ehemann 1779 bezogenen Wohnung in der Neuen Friedrichstraße 22, etwa an der heutigen Rathausstraße in Mitte, von der allerdings nichts mehr zu sehen ist. Der Salon wurde bald zu einem der gesellschaftlichen Mittelpunkte der preußischen Hauptstadt, an dem die aufgeklärten Geister der Stadt – unter ihnen die Brüder Wilhelm und Alexander von Humboldt, Johann Gottfried Schadow, Jean Paul und Friedrich Schleiermacher – zusammenkamen. Hier lernte auch Brendel Veit Friedrich Schlegel kennen, und Henriette Herz lehrte ihren Bewunderer Wilhelm von Humboldt die hebräische Sprache. Unter dem Einfluss von Schleiermacher ließ sie sich nach dem Tod ihrer Mutter, im Jahre 1817, taufen. Die 1847 verstorbene Henriette Herz wurde auf dem Friedhof der Jerusalems- und Neuen Kirchengemeinde am Mehringdamm 21 (Kreuzberg) begraben.

## David Friedländer

David Friedländer wurde 1750 in Königsberg geboren. Sein Vater war der reiche Kaufmann Joachim Moses. Friedländer kam zusammen mit seinem Freund

## Berliner Haskala

Haskala ist der hebräische Begriff für Aufklärung. Diese geistige Bewegung, die in den Kontext der europäischen, besonders der deutschen Aufklärung eingebunden war, nahm ihren Anfang in der zweiten Hälfte des 18. Jahrhunderts.
Ihre Vertreter versuchten, die Grenzen der jüdischen Tradition aufzubrechen, indem sie nach europäischer, das heißt antiker und christlicher Bildung strebten und sich in weltlichen Wissenschaften fortbildeten. Die Freiheit des Willens, die Rationalität menschlicher Handlungen und Welterklärungen sowie die bürgerliche Emanzipation der Juden gehörten zu ihren Hauptforderungen.
Moses Mendelssohn gilt als der Vater der Haskala, die für ungefähr 100 Jahre vor allem in Berlin ihr Zentrum hatte. Er zeigte mit seinen Schriften und seinem Leben wegweisend die Möglichkeit, eine jüdische Identität zu bewahren und zugleich an der Kultur der Umwelt nicht nur teilzuhaben, sondern sie auch zu gestalten. Der moderne Jude sollte sich in Sprache, Bildung und Kleidung an die christliche Umwelt anpassen und im Gegenzug die volle bürgerliche Gleichberechtigung erhalten. Mendelssohn versuchte in zahlreichen Auseinandersetzungen sowohl mit orthodoxen Rabbinern als auch mit christlichen Eiferern, wie Johann Caspar Lavater (Abb.), nachzuweisen, dass die jüdische Religion durchaus vereinbar mit diesem Programm sei. Zu seinen bekanntesten Schülern zählten Naphtali Herz Wessely (1725–1805), Marcus Herz (1747–1803), David Friedländer (1750–1834) und Salomon Maimon (1753–1800).

Aus der Haskala gingen wesentliche Entwicklungen des modernen Judentums wie die Wissenschaft des Judentums, das Reformjudentum, die Neo-Orthodoxie und die Erneuerung der hebräischen Sprache und Literatur hervor. Aber auch die radikale Assimilation an die christliche Umwelt bis hin zur Aufgabe der jüdischen Religionszugehörigkeit durch Taufe gehörten zu den (ungewollten) Folgen der Haskala. Eine kulturelle Blüte dieser Entwicklung stellten sicherlich die berühmten Berliner Salons dar, in denen getaufte Jüdinnen wie etwa Rahel Varnhagen (1771–1833), Dorothea Schlegel (1763–1839) und Henriette Herz (1764–1847) die literarische und künstlerische Elite der preußischen Hauptstadt um sich versammelten.

**Aufklärer und Pädagoge David Friedländer (1834)**

Marcus Herz im Jahre 1770 nach Berlin und verkehrte im Hause von Moses Mendelssohn, dessen Ideen er begeistert aufgriff und weiterentwickelte. So übersetzte er das traditionelle Gebetbuch in die deutsche Sprache, ohne jedoch dessen Inhalt anzutasten. Gleichwohl lehnten die Rabbiner seine Übersetzung ab, denn Friedländer wollte gerade auf diese Weise zeigen, welche überlieferten Gebete in seiner Zeit unsinnig geworden waren. Als Wegbereiter des Reformjudentums und Anhänger der natürlichen Religion folgte er auch nicht mehr streng dem Religionsgesetz. Friedländer schlug noch 1799 in der anonym publizierten Schrift „Sendschreiben an Oberkonsistorialrat Teller" vor, dass ein Teil der jüdischen Gemeinde zum Christentum übertreten solle, fand dafür aber keinerlei Zustimmung und verzichtete auch selbst auf diesen Schritt.

Nachdem er 1772 Blümchen Itzig, die Tochter des Hofbankiers Daniel Itzig, geheiratet und 1776 eine Seidenfabrik eröffnet hatte, gehörte er zu den wohlhabendsten Unternehmern Berlins. Zusammen mit seinem Schwager Isaak Daniel Itzig gründete er im Jahre 1778 die Jüdische Freischule, die er 20 Jahre lang leitete. Er verfasste eigens für diese Schule ein „Lesebuch für jüdische Kinder", das 1780 in Berlin erschien. Hierin wurden neben der hebräischen Sprache und Schrift sowie Lesetexten aus der jüdischen Tradition auch das deutsche Alphabet und deutsche Gedichte vermittelt. Als erster Jude überhaupt wurde er 1809 zum Stadtrat in die Berliner Abgeordnetenversammlung gewählt. Er starb im Jahre 1834 und liegt auf dem Friedhof Schönhauser Allee begraben.

## Leopold Zunz

Der Begründer der Wissenschaft des Judentums wurde 1794 als Jom Tow Lipmann im westfälischen Detmold geboren. Von 1815 bis 1819 studierte Zunz an der Universität Berlin, und im Jahre 1819 gründete er zusammen mit Eduard Gans den „Verein für Cultur und Wissenschaft der Juden", aus dem sich später die Wissenschaft des Judentums entwickelte. Im Jahre 1821 erwarb Zunz an der Universität Halle (Saale) den Doktorgrad in Philosophie. Er gab die „Zeitschrift für die Wissenschaft des Judentums" heraus und arbeitete von 1824 bis 1831 im Herausgeberkreis der „Haude und Spenerschen Zeitung". In diesen Jahren leitete er zunächst die Jüdische Gemeindeschule, später auch das jüdische Lehrerseminar. Zunz' Schriften und Predigten beeinflussten das Reformjudentum. Sein Lebensziel war die Einrichtung eines Lehrstuhls für die Wissenschaft des Judentums an einer deutschen Universität. Nach der Revolution 1848 wurde seine hoffnungsvolle Bitte an den preußischen Kulturminister allerdings mit der vordergründigen Erklärung abgelehnt, dass dies den Emanzipationsbestrebungen der Juden zuwiderlaufen würde. Ab 1850 gewährte ihm die Jüdische Gemeinde Berlins eine lebenslange Rente. Er widmete sich fortan seinen Studien, besonders der hebräischen Liturgie und Synagogal-Poesie. Zunz starb im Jahre 1886 und wurde auf dem Friedhof in der Schönhauser Allee begraben.

## Giacomo Meyerbeer

Der Komponist Jakob Liebmann Meyer Beer – ab 1810 nannte er sich Giacomo Meyerbeer – wurde 1791 in Vogelsdorf bei Berlin als Sohn einer wohlhabenden jüdischen Kaufmannsfamilie geboren. Sein Vater hatte es durch seine Zuckerfabriken zum reichsten Bürger Berlins gebracht. Der Reichtum wurde, besonders durch das Engagement seiner Mutter **AMALIA BEER** (1772–1854), für vielfältige karitative Zwecke genutzt. Die Familie wohnte zunächst in der Spandauer Straße 72 und später in Tiergarten. Schon mit elf Jahren trat Giacomo Meyerbeer öffentlich als Pianist auf. Ab 1805 studierte er bei Carl Friedrich Zelter, der unter anderem den „König von Thule" aus Goethes „Faust" vertont hat, Komposition. Nach einem fast zehnjährigen Italienaufenthalt verbrachte Meyerbeer ab 1825 den größten Teil des Jahres in Paris, wo er mit seinen aufwendig inszenierten Opern

**Komponist Giacomo Meyerbeer, eig. Jakob Liebmann Meyer Beer (Nadar 1864)**

wahre Triumphe feierte. Im Jahre 1832 wurde er dort zum Akademiemitglied und Ritter der Ehrenlegion ernannt. Von seinen Opern, die zumeist auf historische Ereignisse zurückgreifen, gehören „Die Hugenotten" und „Die Afrikanerin" noch heute zum Repertoire. Ab 1842 wirkte Meyerbeer als Generalmusikdirektor der Berliner Oper und wohnte am Pariser Platz 6a am Brandenburger Tor. Dass sich Meyerbeer für die Aufführung der Opern „Rienzi" und „Der fliegende Holländer" des damals erfolglosen Richard Wagner einsetzte, dankte ihm dieser nicht. Enttäuscht von der Revolution 1848, formulierte Wagner 1850 in seiner Hetzschrift „Das Judentum in der Musik" heftige antisemitische Angriffe. Der 1864 in Paris verstorbene Meyerbeer wurde auf eigenen Wunsch auf dem Friedhof Schönhauser Allee begraben. In einem prächtigen Trauerzug mit militärischen Ehrenbezeigungen wurde der Sarg feierlich von Paris nach Berlin überführt. Die Beerdigung fand unter Anwesenheit der königlichen Familie und zahlloser Bürger statt. Im Jahre 2004 gab es im Märkischen Museum eine sehr interessante Ausstellung über die Geschichte und Wirkung von fünf Generationen der Familie Beer-Meyerbeer-Richter in Berlin. Zu diesem Anlass ist ein informativer Katalog erschienen.

## Louis Lewandowski

Louis Lewandowski gilt als einer der Begründer der modernen Synagogalmusik. Er wurde 1821 in Wreschen (Posen) geboren und kam völlig mittellos mit zwölf Jahren zu Fuß nach Berlin, wo er zunächst als Chorsänger angestellt wurde. Als erster Jude überhaupt wurde er von der Akademie der Künste als Schüler aufgenommen. Lewandowski komponierte neben Orgel- und Chormusik die Liturgie des liberalen Ritus und war damit maßgeblich an der Entwicklung und Durchsetzung des Reformjudentums beteiligt. Im Jahre 1840 wurde der noch nicht 20-Jährige Dirigent des Chores in der Synagoge in der Heidereutergasse; 1866 wurde Lewandowski an die Neue Synagoge in der Oranienburger Straße verpflichtet.

Zugleich wirkte er als Gesanglehrer an der Jüdischen Freischule. In Anerkennung seines kompositorischen Schaffens wurde er aus Anlass seiner 25-jährigen Amtszeit zum Königlichen Musikdirektor ernannt. Zum 50. Amtsjubiläum erhielt er von der Akademie der Künste den Titel eines Professors. Der im Jahre 1894 Verstorbene wurde in der Ehrenreihe auf dem Friedhof Weißensee begraben.

Seit 2011 findet alljährlich im Dezember das Louis Lewandowski Festival für synagogale Musik in Berlin und Potsdam statt.

## Gerson von Bleichröder

Gerson von Bleichröder wurde 1822 als Sohn des Bankiers Samuel Bleichröder in Berlin geboren. Mit 17 Jahren stieg er in das väterliche Bankhaus ein, das sich in der Behrenstraße 62/63 (Mitte) befand. Bleichröder war ab 1859 der persönliche Finanzberater und Vertraute Otto von Bismarcks und Hofbankier Wilhelms I. Er finanzierte den Krieg Preußens gegen Österreich 1866 und war nach dem Deutsch-Französischen Krieg 1870/71 verantwortlich für die französischen Reparationszahlungen von fünf Milliarden Goldmark an Deutschland. Für seine Verdienste wurde er auf Vorschlag Bismarcks im Jahre 1872 als erster nicht getaufter Jude in Preußen in den erblichen Adelsstand erhoben. Aufgrund seines politischen Einflusses und seines Reichtums wurde er häufig von Antisemiten angegriffen.

Er bemühte sich besonders um die Verbesserung der Lage der rumänischen Juden. Bleichröder gehörte der Repräsentantenversammlung und zeitweise auch dem Vorstand der Jüdischen Gemeinde an. Er bewohnte eine Villa in der Stauffenbergstraße 39 (ehemalige Bendlerstraße) in Tiergarten. In der Breiten Straße 33 (Pankow) ließ die Familie Bleichröder einen Park mit zwei heute noch zu sehenden Häusern anlegen. Als er 1893 starb, hinterließ Bleichröder drei Söhne, die allesamt das Judentum verließen und das Bankhaus fortführten, bis es im Jahre 1938 von den Nationalsozialisten „arisiert" wurde. Die Inschrift auf seinem Grabstein auf dem Friedhof Schönhauser Allee stammt von dem biblischen Propheten Jesaja und lautet: „Er war ein Mann, eine Zuflucht im Sturme, ein Schirm im Gewitter, wie Wasserbäche in der Dürre, wie der Schatten eines mächtigen Felsens auf dem verschmachteten Boden also wirkte er."

## Leopold Ullstein

Verleger Leopold Ullstein (Begas 1882)

Der Verleger Leopold Ullstein wurde 1826 in Fürth geboren. Nachdem er zunächst als Papiergroßhändler gearbeitet hatte, gründete er im Jahre 1877 in Berlin einen Verlag, in dem die „Berliner Zeitung", die ab 1905 „B.Z. am Mittag" hieß, erschien. Von 1871 bis 1877 war er als Vertreter der Freisinnigen Partei Stadtverordneter. Im Jahre 1899 verstarb Leopold Ullstein und wurde auf dem Friedhof Schönhauser Allee begraben. Die seit 1898 erscheinende und bereits von seinen fünf Söhnen herausgegebene „Berliner Morgenpost" war zeitweilig die auflagenstärkste deutsche Tageszeitung. Im Jahre 1914 erwarb der Verlag auch die „Vossische Zeitung".

Am Mariendorfer Damm 1 (Tempelhof) befindet sich das sechs- bis siebengeschossige Ullstein-Haus, in dem Verlagsdruckerei und Buchbinderei untergebracht waren, mit dem weithin sichtbaren, 77 Meter hohen Turm. Das eindrückliche Beispiel expressionistischer Architektur wurde in den Jahren 1925 bis 1927 nach Entwürfen von Eugen Schmohl erbaut. Die tragende Konstruktion aus gegossenem Stahlbeton wurde mit rotem Klinker, der reichlich plastischen Schmuck wie z.B. das Verlagssymbol der Ullstein-Eule aufweist, verkleidet. Für die aufwendigen Steinmetzarbeiten wurden allein zehn Prozent der gesamten Baukosten verwendet. Im Jahre 1934 enteigneten die Nationalsozialisten das Gebäude. Die schweren Schäden des Zweiten Weltkrieges wurden Anfang der 1950er-Jahre behoben. Nach der 1952 erfolgten Rückübertragung an die Familie Ullstein wurde das Haus einige Jahre später zusammen mit dem Verlag verkauft. Seit 1965 steht das Ullstein-Haus unter Denkmalschutz. Es beherbergt bis heute Druckereien, aber auch das Geschäftshaus einer Immobilienfirma und Einrichtungen des Bezirksamtes Tempelhof.

## Hermann Tietz

Hermann Tietz wurde 1837 geboren. Erst 1882 legte er – gemeinsam mit seinem Neffen **OSKAR TIETZ** (1858–1923) – mit einem kleinen Weißwarengeschäft in Gera den Grundstein für den späteren Warenhauskonzern. Mit niedrigen und zugleich festen Preisen, einem breiten Sortiment an Waren, geschickter Werbung und immer repräsentativeren Kaufhäusern gelang der geschäftliche Durchbruch. Zur Jahrhundertwende wurde in der Leipziger Straße das erste Tietz-Warenhaus in Berlin eröffnet, dem bald zwei weitere, am Alexanderplatz und in der Frankfurter Allee, folgten. Oskar Tietz übernahm nach dem Tode seines Onkels im Jahre 1907 die Geschäftsleitung. Mit der Übernahme des von dem Berliner Juden **ADOLF JANDORF** (1870–1932) im gleichen Jahr eröffneten „Kaufhaus des Westens" (KaDeWe) und aller weiteren Häuser dieser Gruppe wurde „Hermann Tietz" im Jahre 1926 zum größten Kaufhauskonzern Europas. Der Konzern wurde von den Söhnen von Oskar Tietz, Georg und Martin Tietz, und dem Schwiegersohn Hermann Hugo Zwillenberg bis zur zwangsweisen „Arisierung" im Jahr 1934 geleitet. Danach trugen die Warenhäuser den Namen „Hertie", gebildet aus den drei ersten Buchstaben von Vor- und Zunamen des Firmengründers. Das Erbbegräbnis der Familie Tietz befindet sich auf dem Jüdischen Friedhof Weißensee.

## Max Liebermann

Der Maler Max Liebermann wurde 1847 als Sohn des Berliner Industriellen und Millionärs **LOUIS LIEBERMANN** (1819–1894) geboren. Nach einem Kunststudium in Weimar gehörte er zu den Gründungsmitgliedern der Berliner Secession, die progressive Künstler versammelte. Seine Werke werden allgemein dem Impressionismus zugerechnet, ohne dass er sich selbst dieser Kunstströmung zugehörig fühlte. Liebermann, der besonders dem Kaiser missfiel und häufig Diffamierungen ausgesetzt war, sagte einmal: „Ich hatte zu viele Feinde. Ich bot ja auch drei Angriffsflächen: Ich war erstens Jude, zweitens reich und drittens hatte ich Talent. Eines davon hätte doch genügt." Im Jahre 1920 wurde er zum Präsidenten der Preußischen Akademie der Künste, der er seit 1898 angehörte, gewählt. Im Jahre 1927 wurde er zum Ehrenbürger Berlins und 1932 zum Ehrenpräsidenten der Akademie ernannt. Die Nationalsozialisten vertrieben ihn bereits am 2. Mai 1933 aus allen Ämtern, und seine Werke wurden aus allen deutschen Museen entfernt. Von Liebermann ist der für ihn typisch schnodderige Ausspruch „Ich kann gar nicht so viel essen, wie ich kotzen muss" überliefert, den er beim Anblick vorbeimarschierender SA äußerte. Er starb 1935, inzwischen gesellschaftlich isoliert, und wurde auf dem Jüdischen Friedhof Schönhauser Allee begraben. Seine Witwe Martha Liebermann wählte kurz vor der geplanten Deportation im Jahre 1943 den Freitod. Ihr wurde die Beisetzung neben ihrem Gatten verwehrt. Vom Friedhof in Weißensee wurde sie erst nach dem Krieg ins Familiengrab umgebettet.

Das im Zweiten Weltkrieg völlig zerstörte Haus Liebermann am Pariser Platz 7 neben dem Brandenburger Tor, in dem Liebermann bis zu seinem Tode lebte, wurde nach Plänen von Josef Paul Kleihues „kritisch rekonstruiert". Liebermanns Vater hatte es im Jahre 1859 gekauft.

Liebermanns Sommervilla, Am Großen Wannsee 42/Colomierstraße 3, die im Jahre 1909 Paul Baumgarten erbaute, ist nach Jahrzehnten der Fremdnutzung seit 2002 als Museum der Öffentlichkeit zugänglich (täglich außer Dienstag von 10.00 bis 18.00 Uhr, Donnerstag bis 19.00 Uhr). Im dazugehörigen Garten, von Alfred Lichtwark gestaltet, malte und zeichnete Liebermann unzählige Impressionen des reizvollen Wassergrundstücks. Durch die tatkräftige finanzielle und ideelle Unterstützung der

**Max Liebermann, Künstler des Impressionismus (Selbstporträt 1909/10)**

Liebermann-Gesellschaft sowie private und öffentliche Zuwendungen konnten der Garten und das Haus bis 2006 denkmalgerecht wiederhergestellt werden.

## James Henry Simon

**Textilunternehmer und Mäzen James Simon (um 1895)**

Der 1851 in Berlin geborene James Henry Simon war ein überaus erfolgreicher Bankier und Kaufmann. Als Teilhaber einer Baumwollfirma wurde er einer der reichsten Männer Preußens. Trotzdem galt er als bescheiden, freundlich und zugänglich. Er war sowohl mit dem deutschen Kaiser Wilhelm II. als auch mit dem Museumsdirektor **WILHELM VON BODE** (1848 bis 1929) eng befreundet, obwohl diese einander bekanntlich gerade in Kunstauffassungen heftig widersprachen. Seinen Interessen folgend, regte er im Jahre 1896 die Gründung der Deutschen Orientgesellschaft an und finanzierte Ausgrabungen in Jericho, Babylon und Tell Amarna. Die wertvollen Funde, darunter die weltberühmte Büste der Nofretete, schenkte er später dem Vorderasiatischen und dem Ägyptischen Museum. Seine umfangreiche Sammlung italienischer Renaissancekunst, die 445 Gemälde und andere Kunstwerke umfasste, übergab er dem Kaiser-Friedrich-Museum, heute Bode-Museum, zur Eröffnung im Jahre 1904.

Simon trat nicht nur als Kunstmäzen in Erscheinung, sondern betätigte sich auch im karitativen Bereich. So war er an der Gründung des „Vereins zum Schutze der Kinder vor Ausnutzung und Misshandlung" beteiligt. Das „Haus Kinderschutz" in Zehlendorf wurde von ihm und Franz von Mendelssohn finanziert. Zu seinen Aktivitäten gehörten die Gründung von dem „Berliner Verein für Volksunterhaltung", dem „Verein für Volksbäder" und dem Berliner Stadtbad Mitte in der Gartenstraße 5 (dort hängt eine Berliner Gedenktafel). Auch jüdische Einrichtungen wie der „Hilfsverein der deutschen Juden" wurden von ihm, der sich als assimilierter Jude nicht taufen ließ, großzügig unterstützt. Er gehörte zu den Mitbegründern des Technion, der Technischen Universität in der israelischen Hafenstadt Haifa.

Im Jahre 1901 erhielt Simon die erste Leibniz-Medaille in Gold, die von der Preußischen Akademie der Wissenschaften gestiftet wurde. Sein soziales Engagement wurde 1904 mit dem Wilhelmsorden gewürdigt. Von der Universität Berlin wurde er 1910 zum Ehrendoktor ernannt. Durch die Weltwirtschaftskrise machte seine Firma im Jahre 1927 Bankrott, und Simon verlor fast sein gesamtes Vermögen. Die seit 1886 von ihm bewohnte mondäne Villa in der Tiergartenstraße 15a musste er daraufhin gegen eine einfachere Wohnung in der Kaiserallee 23 (heute Bundesallee) tauschen. An beiden Orten erinnern seit 2006 Gedenktafeln an den einstigen Bewohner. Im Jahre 1932, kurz vor dem Machtantritt der Nationalsozialisten, die die Erinnerung an ihn auszulöschen versuchten, verstarb Simon und wurde auf dem Jüdischen Friedhof Schönhauser Allee begraben.

Zwar gibt es bis heute in Berlin keine nach Simon benannte Straße, aber anlässlich seines 150. Geburtstages im Jahre 2001 haben wenigstens die Staatlichen Museen Berlin mit drei Ausstellungen und einem Sonderdruck an ihren wohl großzügigsten Mäzen erinnert. Für das von David Chipperfield entworfene Eingangsgebäude der Museumsinsel, die James-Simon-Galerie, fand 2016 das Richtfest statt.

## Samuel Fischer

Der 1859 im ungarischen Lipto Szent Miklós geborene Samuel Fischer kam nach einer Buchhändlerlehre in Wien im Jahre 1881 nach Berlin. Er gründete 1886 den S. Fischer Verlag, der sich vor allem um naturalistische und sozialkritische Autoren wie Henrik Ibsen, Emile Zola und Gerhart Hauptmann bemühte. Im Jahre 1889 gehörte Fischer neben anderen zu den Gründern des Theatervereins „Die Freie Bühne", der unter der Leitung von Otto Brahm Dramen von Naturalisten aufführte. Besonders dank der Zusammenarbeit mit seinem Lektor **MORITZ HEIMANN** (1868–1925) gelang es, damals noch unbekannte Schriftsteller wie Thomas Mann, Jakob Wassermann, Franz Kafka, Stefan Zweig und Hermann Hesse zu gewinnen.

Seit 1905 wohnte Samuel Fischer in der Erdener Straße 8 in einer Jugendstilvilla, die zahlreichen Verlagsautoren und Künstlern offenstand. Eine Gedenktafel mit dem Schattenriss des einstigen Bewohners erinnert heute an ihn. In unmittelbarer Nähe wurde Walther Rathenau, dessen Bücher im Fischer Verlag erschienen, erschossen. Samuel Fischer ist 1934 verstorben und liegt – wie auch sein Lektor Moritz Heimann – auf dem Jüdischen Friedhof Weißensee begraben. Der Verlag wurde schon ab 1932 von seinem Schwiegersohn **GOTTFRIED BERMANN-FISCHER** (1897–1995), der ursprünglich als Chirurg arbeitete, geleitet. Im Jahre 1936 musste der Verlag zunächst nach Wien auswandern, zwei Jahre später nach Stockholm und 1940 schließlich nach New York. Seit 1950 befindet sich der Firmensitz in Frankfurt a. M., der Verlag ist jedoch seit den 1990er-Jahren auch in Berlin wieder vertreten.

## Walther Rathenau

Der Sohn von **EMIL RATHENAU** (1838–1915), dem Gründer der AEG, wurde im Jahre 1867 in Berlin geboren. Nach dem Studium der Elektrotechnik war er von 1892 bis 1899 Direktor der Elektrochemischen Werke Bitterfeld. Nach dem Tode seines Vaters 1915 übernahm er die Leitung der AEG. Neben seinen beruflichen Verpflichtungen unterhielt der vielseitig interessierte und gebildete Rathenau eine umfangreiche Korrespondenz mit bekannten Schriftstellern, unter ihnen Gerhart Hauptmann, Stefan Zweig, Hermann Hesse und André Gide. Der Maler **EDVARD MUNCH** (1863–1944), mit dem er befreundet war, porträtierte ihn in einem fast lebensgroßen Gemälde, das im Märkischen Museum zu sehen ist. Zu seinen Dutzenden von Veröffentlichungen auf philosophischem und journalistischem Gebiet gehört auch der frühe Aufsatz „Höre, Israel!", der mit dem Satz beginnt: „Von vorn herein will ich bekennen, dass ich Jude bin." Hierin fordert er die deutschen Juden zur völligen Assimilation an ihre Umwelt auf.

**Industrieller und Politiker Walther Rathenau**

Im Ersten Weltkrieg wurde Rathenau zum Leiter

der Rohstoffabteilung im Preußischen Kriegsministerium ernannt. Als er 1919 als wirtschaftlicher Berater des sozialdemokratischen Reichskanzlers Joseph Wirth an den Reparationsverhandlungen mit den Siegermächten beteiligt war, wurde er von antisemitischen und deutschnationalen Kräften heftig angefeindet. Im Jahre 1921 wurde er erst Wiederaufbau- und kurz darauf Außenminister der Weimarer Republik. Am 24. Juni 1922 wurde er von rechtsradikalen Korpsoffizieren im Auto unweit seiner Villa erschossen.

Das Haus in der Koenigsallee 65, das er selbst entworfen hatte und seit 1910 bewohnte, konnte nach seinem Tode bis 1933 im Originalzustand besichtigt werden. Joseph Roth (1894–1939) beschrieb die Einrichtung in einem Artikel in der „Frankfurter Zeitung": „Er hat wunderbar gelebt: unter edlen Büchern und seltenen Gegenständen, zwischen schönen Farben und Bildern, mit nutzlosen, erhabenen, kleinen, zarten, ehrfurchtgebietenden, Zärtlichkeit heischenden, machtvollen, träumerischen Dingen; mit den Zeugen menschlicher Vergangenheit, menschlicher Weisheit, menschlicher Schönheit, menschlicher Kraft und menschlichen Leidens: vom Ewig-Menschlichen umhaucht." Heute erinnert eine Gedenktafel an den einstigen Bewohner.

Die Liberaldemokratische Partei Deutschlands, in deren Vorläuferorganisation Rathenau Mitglied war, errichtete im Jahre 1946 ein Denkmal am Ort des Attentats in der Koenigsallee, an der Einmündung der Erdener Straße. Eine Gedenkausstellung zu Rathenau wurde im frühklassizistischen Schloss Freienwalde (Bad Freienwalde, nordöstlich von Berlin), 1909 von Rathenau als Sommersitz gekauft, eingerichtet. Walther Rathenau wurde auf dem Städtischen Waldfriedhof Oberschöneweide im Erbbegräbnis seiner Familie bestattet.

## Leo Baeck

Leo Baeck wurde 1873 in Lissa (Posen) geboren. Seit 1912 wirkte er als Rabbiner und als Lehrer an der Hochschule für die Wissenschaft des Judentums in

Berlin. Gegen die judentumsfeindliche Tendenz des Buches „Wesen des Christentums" des protestantischen Theologen und Kirchenhistorikers Adolf von Harnack (1851–1930) verfasste er das apologetische Werk „Vom Wesen des Judentums". Seit 1933 war er Präsident der Reichsvertretung der deutschen Juden und wurde zum geistigen Repräsentanten des deutschen Judentums während der Verfolgungen, Vertreibungen, Deportationen und Vernichtungsaktionen der NS-Zeit. Nach der zwangsweisen Auflösung der Berliner Gemeinde am 10. Juni 1943 wurde er in das KZ Theresienstadt deportiert, wo er als Mitglied des Ältestenrates arbeitete und den Krieg überlebte.

Nach dem Zweiten Weltkrieg siedelte er nach London über, wo er im Jahre 1956 starb und begraben wurde. Leo-Baeck-Institute wurden in London, New York und Jerusalem gegründet. Sie dienen der Erforschung der deutsch-jüdischen Geschichte und Literatur. An dem 1956 gegründeten Leo Baeck College in London werden Rabbiner ausgebildet. Im Jahre 1981 wurde das Leo-Baeck-Altenwohnheim in der Herbartstraße 36 (Charlottenburg) eingeweiht. Das Gebäude der ehemaligen Hochschule für die Wissenschaft des Judentums in der Tucholskystraße in Berlin trägt – seit der Rückübertragung an die Jüdische Gemeinde Berlin und der nachfolgenden umfassenden Sanierung – ebenfalls den Namen Leo Baecks.

## Regina Jonas

Regina Jonas war weltweit die erste Rabbinerin. Geboren 1902 in Berlin und im sogenannten Scheunenviertel aufgewachsen, studierte sie von 1924 bis 1930 an der Hochschule für die Wissenschaft des Judentums. In ihrer Examensarbeit behandelte sie die Frage „Kann die Frau das rabbinische Amt bekleiden?" und wies die religionsgesetzliche Möglichkeit der Frauenordination nach. Dennoch konnte sie zunächst nur als Religionslehrerin arbeiten und wurde erst Ende 1935 – durch die Vermittlung des liberalen Rabbiner-Verbandes – vom Rabbiner Max Dienemann in Offenbach zur Rabbinerin ordiniert. Sie predigte in verschiedenen liberalen Synagogen in Berlin und zeigte eine besondere Begabung als Seelsorgerin für die drangsalierten jüdischen Gemeindeglieder. Nach Zwangsarbeit in einer Kartonagenfabrik in Berlin-Lichtenberg wurde sie zusammen mit ihrer Mutter am 6. November 1942 nach Theresienstadt deportiert. Am 12. Oktober 1944 wurde Regina Jonas in das Konzentrationslager Auschwitz gebracht und dort ermordet. Ihr Nachlass gehört heute zu den Beständen des Centrum Judaicum, und ihre Abschlussarbeit wurde 1999 von Elisa Klapheck neu ediert.

Die Herausgeberin hat im gleichen Jahr zusammen mit Lara Dämmig die Fraueninitiative „Bet Debora" gegründet. Diese Initiative sieht sich in der Tradition von Regina Jonas, dem 1904 in Berlin gegründeten Jüdischen Frauenbund und ähnlichen Bestrebungen für die Gleichberechtigung der Frau im Judentum. Inzwischen wurden mehrere Tagungen für Rabbinerinnen, Kantorinnen sowie rabbinisch gelehrte und interessierte Jüdinnen und Juden organisiert. Im Juni 2001 wurde dank „Bet Debora" eine Gedenktafel in der Krausnickstraße 6 in Mitte, wo Regina Jonas zuletzt wohnte, angebracht.

## Herbert Baum

Herbert Baum wurde 1912 als Sohn eines Buchhalters in Berlin geboren. Nach dem Besuch der Realschule lernte er den Beruf des Elektrikers. Er arbeitete im Elektromotorenwerk der Siemens-Schuckert AG in Spandau und übte ab 1941 als Zwangsarbeiter in der streng isolierten „Judenabteilung" die Funktion des „Judensprechers" aus. Seit 1932 dem Kommunistischen Jugendverband Deutschlands angehörig, leitete Baum ab 1936 zusammen mit seiner Frau **MARIANNE BAUM** (1912–1942) eine kommunistische Widerstandsgruppe, die fast ausschließlich aus jungen Juden bestand. Neben verschiedenen Flugblattaktionen knüpften sie Kontakte zu französischen

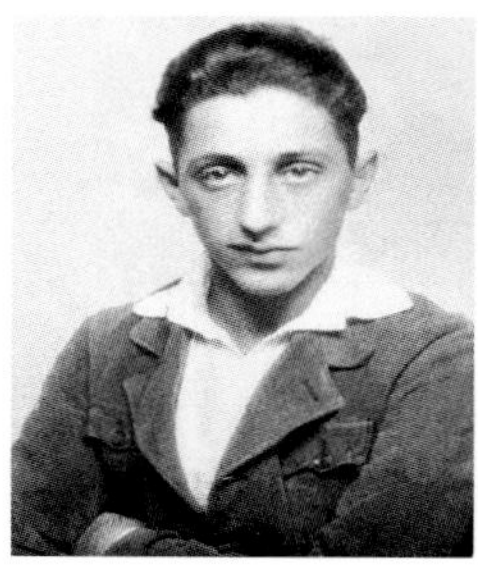

**Widerstandskämpfer Herbert Baum (1936)**

und belgischen Zwangsarbeitern, die ebenfalls bei Siemens schuften mussten.

Am 18. Mai 1942 legte die Gruppe einen Brandsatz in der Propagandaausstellung „Das Sowjetparadies", die im Lustgarten vor dem Alten Museum (Mitte) in einem eigens dafür errichteten Gebäude stattfand. Diese weitgehend wirkungslose Aktion wurde von den Nationalsozialisten brutal geahndet. So wurden 154 unbeteiligte Juden, unter ihnen der Oberkantor der Berliner Jüdischen Gemeinde **HANNS JOHN**, verhaftet und im KZ Sachsenhausen mit weiteren 96 Häftlingen erschossen. Die Familienangehörigen dieser insgesamt 250 Juden wurden in das KZ Theresienstadt verschleppt und die meisten von dort in die Massenvernichtungslager deportiert. Noch im selben Jahr wurden 28 Mitglieder der Gruppe im Durchschnittsalter von 22 Jahren verhaftet, verurteilt und in Plötzensee hingerichtet.

Auf Initiative von **CHARLOTTE** und **RICHARD HOLZER**, den einzigen Überlebenden der Gruppe, wurden ihre Mitglieder auf dem Friedhof Weißensee begraben, und auf dem Ehrenplatz wurde ihnen zu Ehren ein Grabstein mit den Namen der Ermordeten aufgestellt. Die ehemalige Lothringenstraße, die zum Haupteingang des Friedhofs führt, wurde nach Herbert Baum benannt. Am 8. Mai, dem offiziellen DDR-Gedenktag der Befreiung vom Faschismus, des Jahres 1981 wurde am Rande des Lustgartens, dem Ort des Brandsatzes, ein würfelförmiger Gedenkstein errichtet. Er erinnert an die kommunistische (bezeichnenderweise nicht jüdische) Widerstandsgruppe.

An der Hausfassade in der Gipsstraße 3 (Mitte) ist eine Gedenkplakette für die beiden miteinander verheirateten Mitglieder der Herbert-Baum-Gruppe, **SALA** (1912–1942) und **MARTIN KOCHMANN** (1912 bis 1943), angebracht. Sie lebten und arbeiteten in diesem Haus und trafen sich hier auch mit der Gruppe.

Im Israelitischen Volkskindergarten und Kinderhort, der im selben Gebäude untergebracht war, arbeiteten auch **MARIANNE JOACHIM** (1921–1943) und **HANNI MEYER** (1921–1943), zwei weitere Mitglieder der Gruppe. An Hanni Meyer erinnert eine 1988 angebrachte Gedenktafel in der Ritterstraße 16 (Kreuzberg), wo sie in einer Lampenschirmfabrik Zwangsarbeit leisten musste. **LOTTE** (1923 bis 1943) und **SIEGBERT ROTHOLZ** (1919–1943) gehörten ebenfalls zur Widerstandsgruppe und stellten ihre Wohnung für geheime Treffen zur Verfügung. Sie wohnten 1942 im Vorderhaus der Kreuzberger Synagoge in der Lindenstraße und wurden nach ihrer Verhaftung ebenfalls ermordet.

## Heinz Galinski

**Heinz Galinski, Vorsitzender des Zentralrats der Juden in Deutschland (1987)**

Heinz Galinski wurde 1912 in Marienburg geboren. Er ließ sich zum Textilkaufmann ausbilden. Ab 1938 wurde er zur Zwangsarbeit in Berlin verpflichtet und Anfang Februar 1943 vom Güterbahnhof Grunewald nach Auschwitz deportiert. Er hat seine ganze Familie durch die Schoa verloren. Im April 1945 wurde er aus dem KZ Bergen-Belsen befreit. Ab Juli 1945 lebte Galinski wieder in Berlin. Von 1949 bis zu seinem Tod 1992 war er Vorsitzender der Jüdischen Gemeinde zu Berlin bzw. zu West-Berlin und zugleich Vorsitzender des Zentralrates der Juden in Deutschland. Galinski setzte sich zeitlebens vehement für den Wiederaufbau jüdischen Gemeindelebens in Deutschland ein und kritisierte mit scharfen Worten antisemitische Vorkommnisse. Besonders verdient machte er sich in den Verhandlungen, die die Einwanderung von Juden aus den GUS-Staaten nach Deutschland ermöglichten. Er war ein strikter Gegner von Reformbestrebungen in den Gemeinden, z. B. beim Gottesdienst, und lehnte die Bemühungen von Adass-Jisroel um Wiederanerkennung als eigenständige Jüdische Gemeinde ab.

Der Ehrenbürger Berlins liegt in der Ehrenreihe auf dem Jüdischen Friedhof an der Heerstraße begraben. Das Grab wurde am 19. Dezember 1998 von bis heute nicht gefassten Rechtsradikalen geschändet, wobei die Grabplatte gesprengt wurde. Sie legte man zur Mahnung neben die anschließend neu errichtete Grabplatte. Im September 1995 wurde in der Waldschulallee 73–75 die jüdische Heinz-Galinski-Schule eingeweiht, entworfen von dem israelischen Architekten Zvi Hecker. Eine weitere Ehrung erfolgte mit der Umbenennung der Schul- in Heinz-Galinski-Straße (Wedding) im November 1998.

## Estrongo Nachama

**Oberkantor Estrongo Nachama (1994)**

Estrongo Nachama wurde am 4. Mai 1918 als Sohn eines Getreidehändlers im griechischen Saloniki geboren. Eigentlich sollte er in die Fußstapfen seines Vaters treten, doch die Deutschen begannen 1943 auch in Griechenland mit der Deportation der Juden in die Vernichtungslager. Nachama überlebte mehrere Lager und Todesmärsche. Obwohl seine gesamte Familie in Auschwitz ermordet wurde, entschied er sich nach seiner Befreiung bei Berlin 1945, in Deutschland zu bleiben. Mit seiner wunderbaren Stimme wurde Nachama Oberkantor an der Synagoge Pestalozzistraße, deren Liturgie maßgeblich von ihm gestaltet wurde. Sein Gesang wurde weithin gerühmt, und er folgte Einladungen zu Konzerten in aller Welt. Er setzte sich engagiert für den Dialog zwischen Christen und Juden ein und trat sogar in christlichen Kirchen auf. Besonders verdient machte er sich zu Mauerzeiten durch seine zahlreichen Grenzgänge zur Ost-Berliner Gemeinde, um dort an Feiertagen und zu anderen besonderen Anlässen wie Trauungen und Beerdigungen auszuhelfen. Er verstarb im Alter von 81 Jahren am 13. Januar 2000 und wurde auf dem Jüdischen Friedhof Heerstraße begraben. Sein Sohn **ANDREAS NACHAMA** (*1951) war von 1997 bis 2001 der Vorsitzende der Jüdischen Gemeinde zu Berlin und ist seit 1994 geschäftsführender Direktor der Stiftung Topographie des Terrors.

# Jüdische Zeitrechnung: Lebensfeste, Mondkalender und Feiertage

## Lebensfeste

Zeit spielt – wie in anderen Religionen auch – im Judentum eine große Rolle. Die eigene Lebenszeit wird in bestimmte Abschnitte unterteilt, die durch religiöse Zeremonien und Feste voneinander abgegrenzt werden. Zugleich dienen diese Zäsuren der jüdischen Selbstvergewisserung; sie werden zum Anlass genommen, die Beziehung zum Judentum immer wieder neu zu formulieren.

Jude ist jeder, der eine jüdische Mutter hat oder der zum Judentum übergetreten ist. Die männlichen Juden bzw. Konvertiten weisen ein zusätzliches Zeichen der Zugehörigkeit zum Judentum auf. Der Knabe wird am achten Tag nach der Geburt beschnitten. Dieser Brauch wird schon in der Bibel als ein göttliches Gebot aufgeführt. Im ersten Buch Mose gebietet Gott dem jüdischen Erzvater Abraham: „Alles, was männlich ist unter euch, muss beschnitten werden. Am Fleisch eurer Vorhaut müsst ihr euch beschneiden lassen. Das soll geschehen zum Zeichen des Bundes zwischen mir und euch. Alle männlichen Kinder bei euch müssen, sobald sie acht Tage alt sind, beschnitten werden."

Die Beschneidung findet meistens in der Synagoge oder im Krankenhaus, seltener zu Hause statt. Wenigstens zehn religionsmündige männliche Juden müssen anwesend sein. Ein ritueller Beschneider (hebräisch *Mohel*), der religiös und medizinisch speziell ausgebildet ist, nimmt den Eingriff vor. Die Beschneidungszeremonie endet mit einem großen Festessen. Bis heute werden auf diese Weise alle Juden, sogar in völlig säkularisierten Familien in Israel, beschnitten. Bei der Zeremonie erhält der Knabe auch einen jüdischen Namen aus der Bibel, den er bei allen religiösen Anlässen zusätzlich zu seinem bürgerlichen Namen tragen wird. Mädchen empfangen ihren biblischen

Bar-Mizwa-Feier in der Synagoge Pestalozzistraße

Namen entweder am ersten Schabbat nach ihrer Geburt oder beim ersten Synagogenbesuch der Mutter.

Hat der Junge das 13. Lebensjahr vollendet, wird er ein *Bar Mizwa* (aramäisch „Sohn des Gebotes"). Diese Bezeichnung bezieht sich auf seine nun erreichte Religionsmündigkeit. Im Schabbatgottesdienst nach seinem Geburtstag wird der *Bar Mizwa* zum ersten Mal zur Toralesung aufgerufen. Da der schwierige hebräische Bibeltext auf genau vorgeschriebene Weise gesungen und anschließend in einem Vortrag ausgelegt werden muss, bedeutet das eine lange und intensive Vorbereitung. Der Tag wird festlich mit der ganzen Familie und unter großer Anteilnahme der Gemeinde begangen. Ähnlich wie bei der christlichen Konfirmation werden mit dieser Zeremonie die vollen religiösen Rechte und Pflichten verliehen. Der strenggläubige Jude studiert von nun an lebenslang die Heiligen Schriften und ist zur Einhaltung aller religiösen Gebote verpflichtet. Das Reformjudentum hat im Sinne einer Gleichberechtigung für zwölfjährige Mädchen die Feier der *Bat Mizwa* (hebräisch „Tochter des Gebotes") eingeführt.

Ein neuer Lebensabschnitt wird mit der Eheschließung und Familiengründung begonnen. Als Tag der Hochzeit wird nie der Schabbat, sondern immer ein

Wochentag gewählt. Die Trauung kann zu Hause, in Restaurants, in der Synagoge oder sogar im Freien stattfinden. Die gesamte Zeremonie ist dreigeteilt. Zuerst unterschreiben zwei Zeugen den Ehevertrag (hebräisch *Ketubba*). Anschließend werden Braut und Bräutigam unter den Traubaldachin (hebräisch *Chuppa*) geführt. Der Rabbiner oder der Kantor spricht über einen Becher Wein, aus dem das Brautpaar trinkt, den Segen. Dann reicht der Bräutigam seiner Braut den Ehering und sagt auf Hebräisch: „Durch diesen Ring bist du mir angetraut nach dem Gesetz von Moses und Israel." Konservative und liberale Juden haben den beiderseitigen Tausch der Ringe eingeführt.

Als Überleitung zum zweiten Teil folgen die Verlesung des Ehevertrages und Gesänge. Im anschließenden Hauptteil der Trauungszeremonie wird die eigentliche Eheschließung durchgeführt. Wieder wird der Segen über einen Becher Wein gesprochen. Der Bräutigam zerbricht dann ein Glas mit dem Fuß, um entweder böse Geister zu vertreiben oder auf das gemeinsame Überstehen auch von schlechten Tagen hinzudeuten. Zuletzt werden die Brautleute, als Symbol für die eheliche Vereinigung, kurze Zeit allein gelassen. Ein mitunter tagelanges ausgelassenes Fest

**Hochzeitsfeier im Jüdischen Gemeindehaus Fasanenstraße**

krönt den Hochzeitstag. Wichtigstes Gebot der Ehe sind natürlich Kinder. „Seid fruchtbar und vermehrt euch", lautet das zuerst genannte Gebot in der Bibel.

## Mondkalender

Auch die astronomisch vorgegebenen Zeitzyklen finden ihre Entsprechung in der Einteilung in Jahre, Monate, Wochen und Tage.

Die alten Kalender Vorderasiens richteten sich nach dem Erdmond, sie sind Mondkalender. Der jüdische Kalender geht zurück auf den neubabylonischen Kalender, der nach dem Babylonischen Exil von den Juden übernommen wurde. Das Mondjahr hat nur 354 Tage; jeder Monat zählt 29 oder 30 Tage. Um den Unterschied zum Sonnenjahr auszugleichen, werden in einem Zyklus von 19 Jahren siebenmal zusätzlich Schaltmonate (hebräisch *Adar scheni*) eingefügt. Das Jahr beginnt jeweils im Herbst mit dem Neujahrsfest. Die überkommene biblische Zählung der Monate beginnt dagegen im Frühling. Der früher wichtigere Neumondtag spielt heute nur noch im Gottesdienst eine Rolle.

Die jüdischen Monatsnamen und ihre Entsprechungen lauten:

| | |
|---|---|
| Nisan | März / April |
| Ijjar | April / Mai |
| Siwan | Mai / Juni |
| Tammus | Juni / Juli |
| Aw | Juli / August |
| Elul | August / September |
| Tischre | September / Oktober |
| Marcheschwan | Oktober / November |
| Kislew | November / Dezember |
| Tewet | Dezember / Januar |
| Schewat | Januar / Februar |
| Adar | Februar / März |

Der jüdische Tag und somit auch die Feste beginnen mit dem Abend, dem Mondaufgang. Die jüdische Woche beginnt nach dem Schabbat. Die jüdische

Jahreszählung beginnt seit dem Mittelalter mit dem zurückgerechneten Datum der Weltschöpfung. So entspricht z. B. das jüdische Jahr 5778 dem Zeitraum von September 2017 bis September 2018 des christlichen Kalenders.

## Feiertage

Der **SCHABBAT** ist der siebte Tag der jüdischen Woche und dauert von Freitag- bis Samstagabend. Er ist der traditionelle Ruhetag, und seine Einhaltung wird in den Zehn Geboten auf die biblische Schöpfungsgeschichte zurückgeführt. Im zweiten Buch heißt es dazu: „Gedenke des Schabbats: Halte ihn heilig! Sechs Tage darfst du schaffen und jede Arbeit tun. Der siebte Tag ist ein Ruhetag, dem Herrn, deinem Gott, geweiht. (...) Denn in sechs Tagen hat der Herr Himmel, Erde und Meer gemacht und alles, was dazugehört; am siebten Tag ruhte er. Darum hat der Herr den Schabbattag gesegnet und ihn für heilig erklärt." Jüdische Einrichtungen, koschere Restaurants und Geschäfte in Berlin schließen daher am frühen Freitagnachmittag und öffnen frühestens am Samstagabend oder wegen des sonntäglichen Schließtages auch erst am Montag wieder.

Am Schabbat ist dem strenggläubigen Juden also jegliche Arbeit untersagt, insbesondere auch das Feuermachen. Dieses Verbot gilt heutzutage auch für das Bedienen elektrischer Haushaltsgeräte, weshalb beispielsweise die Speisen für das Schabbatmahl schon einen Tag vorher zubereitet und warm gehalten werden müssen. Der Schabbat dient der Ruhe, der Familie und besonders dem Studium der Heiligen Schriften. Bei orthodoxen Juden wird er strengstens eingehalten, und nur zur Lebensrettung dürfen die Vorschriften zeitweilig aufgehoben werden. Schabbatgottesdienste finden am Freitagabend und am Samstagmorgen statt. Fromme Juden leben auch in Berlin in der näheren Umgebung einer Synagoge, um diese am Schabbat zu Fuß erreichen zu können, denn Verkehrsmittel dürfen nicht benutzt werden.

Im Gottesdienst am Freitagabend wird der Schab-

**Folgende Doppelseite: Laubhüttenfest im Hof des Jüdischen Gemeindehauses**

כל אזרח

bat, der metaphorisch als „Braut" verehrt wird, mit der kabbalistischen Hymne *Lecha Dodi* (hebräisch „Komm mein Geliebter"), die von Rabbi Salomo ha-Levi Alkabez um 1560 im galiläischen Safed komponiert wurde, empfangen. Die Betenden wenden sich dazu in Richtung Eingangstür und verneigen sich. Nach dem Besuch der Synagoge wird zu Hause mit der Familie und häufig auch geladenen Gästen das festliche Schabbatmahl eingenommen. Zuvor zündet die Mutter zwei Schabbatkerzen an und spricht mit bedeckten Augen den Segen über das Licht. Der Vater spricht über einem Becher Wein einen Segensspruch, den *Kiddusch* (hebräisch „Heiligung"). Alle Anwesenden, auch die Kinder, trinken aus diesem Becher. Zwei weiße Schabbatbrote, die unter einer bestickten Decke liegen, werden hervorgeholt, ebenfalls gesegnet und verteilt. Beendet wird der Schabbat mit der Zeremonie der *Hawdala* (hebräisch „Trennung"), mit der der Schabbat und der nachfolgende Wochentag voneinander getrennt werden. Wieder werden über einen, diesmal zum Überlaufen gefüllten, Becher Wein, über eine Kerze und eine mit aromatischen Gewürzen (hebräisch *Besamim*) gefüllte Büchse verschiedene Segen gesprochen. Die Besamimbüchse reicht man herum, um ein wenig vom Wohlgeruch des Schabbat in den Alltag hinüberzunehmen.

Mit dem Neujahrstag **ROSCH HA-SCHANA** wird der Beginn des jüdischen religiösen Jahres gefeiert. Er wird am ersten Tag des Monats Tischre begangen. Mit ihm beginnen die Hohen Feiertage, die zehn Tage dauern und der Buße dienen. Der Neujahrstag wurde in den rabbinischen Schriften als Gerichtstag gedeutet. An ihm spricht Gott sein Urteil über die Taten der einzelnen Menschen während des vergangenen Jahres, die in himmlischen Büchern aufgezeichnet wurden. Ehe aber das Urteil zehn Tage später am Versöhnungstag Gültigkeit erlangt, ist es durch das Bereuen der Sünden noch abzuwenden. Zum Gottesdienst in der Synagoge tragen die orthodoxen Männer weiße Gebetsmäntel und weiße Käppchen als Zeichen der Reue und Buße. Mit dem

Blasen des *Schofars*, eines Widderhorns, wird nicht nur das Gericht angekündigt, sondern auch an die „Fesselung Isaaks", die versuchte Opferung durch seinen Vater Abraham, erinnert. Das *Schofar* ist ein Symbol für die Hoffnung auf die göttliche Rettung, denn anstelle von Isaak wurde im letzten Moment ein Widder geopfert.

Der Versöhnungstag **JOM KIPPUR** bildet den Abschluss der zehn Bußtage, die auf Rosch ha-Schana folgen. An diesem Tag wird gefastet, und ein strengreligiöser Jude verbringt die langen Stunden in Trauer und Gebet. Das Sündenbekenntnis wird mehrere Male gesprochen. Darin werden die Sünden, die der Mensch gegen Gott begangen hat, gesühnt. Die Sünden, mit denen er anderen Menschen Schaden zugefügt hat, können dagegen nur von diesen selbst vergeben werden. Der Abendgottesdienst wird mit dem aramäischen Gebet *Kol Nidre* (hebräisch „Alle Gelübde"), in einer ergreifenden Melodie gesungen, eingeleitet.

Das Laubhüttenfest **SUKKOT** war ursprünglich ein Erntedankfest. Es beginnt nach den Hohen Feiertagen am 15. Tag des Monats Tischre und dauert sieben Tage. Nach biblischer Überlieferung wird dieses Fest in Erinnerung an den Auszug aus Ägypten gefeiert, da die Juden während der Wanderung durch die Wüste nicht in festen Behausungen wohnten, sondern in einfachen und transportablen Hütten. Eine Laubhütte (hebräisch *Sukka*) kann auf dem Balkon, im Hinterhof oder im Garten errichtet werden. Darin verbringen strenggläubige Juden lesend und betend den Großteil der sieben Festtage. Im Gottesdienst ist besonders der Strauß aus Palm-, Myrten-, Zitronen- und Trauerweidenzweigen charakteristisch, den der Betende während der festlichen Umzüge in der Synagoge hält.

Nach den sieben Tagen des Laubhüttenfestes folgt unmittelbar **SIMCHAT TORA** (hebräisch „Fest der Torafreude"). Es beschließt den einjährigen Lesezyklus von 53 Wochenabschnitten aus der Tora. In sieben festlichen Umzügen werden alle Torarollen um die Synagoge getragen. Möglichst alle Gemeindemitglieder sollen dabei beteiligt werden. Bevor die Rollen wieder zurück in den Toraschrein gelegt werden, tanzen die Träger ausgelassen mit ihnen. Dazu singt und klatscht die ganze Gemeinde.

Das Lichterfest **CHANUKKA** dauert vom 25. Tag des Monats Kislew bis zum zweiten Tag des darauffolgenden Monats Tewet und fällt damit ungefähr in die Weihnachtszeit. Es erinnert an eine Legende aus dem Makkabäer-Aufstand, der im zweiten vorchristlichen Jahrhundert stattfand. Nach dem Sieg der Juden sollte der geschändete Tempel von Jerusalem neu geweiht werden. Man fand aber nur einen einzigen Krug mit Öl für den Tempelleuchter, der eigentlich nur für einen Tag gereicht hätte. Auf wunderbare Weise reichte das Öl aber acht Tage lang. Deshalb werden auch zum Lichterfest acht Tage lang die Kerzen des achtarmigen *Chanukka*-Leuchters in zunehmender Zahl angezündet.

Chanukka in jüdischem Kindergarten

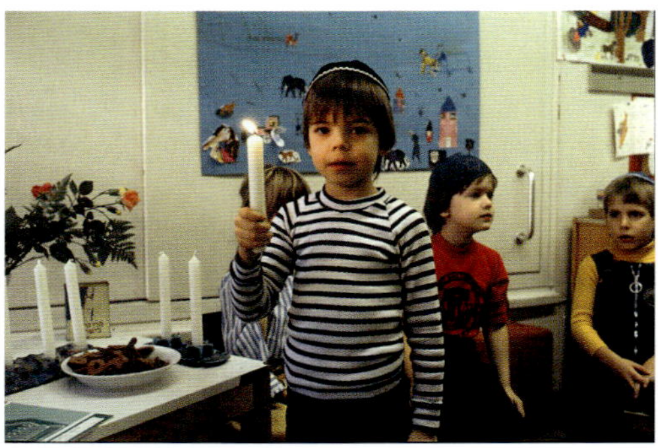

**PURIM** (hebräisch „Lose") erinnert an die glückliche Errettung des jüdischen Volkes vor der geplanten Vernichtung in Persien, wie sie im biblischen Buch Ester erzählt wird. Der Feiertag ist am 14. Tag des Monats Adar, der ungefähr in die Faschingszeit fällt. Diesen Tag hatte der persische Höfling Haman durch Loswurf für die Vernichtungsaktion bestimmt. Durch Ester, die jüdische Ehefrau des persischen Königs, konnte die Vernichtung im letzten Moment verhin-

Purim-Feier im Jüdischen Gemeindehaus

dert werden. Sie hatte über ihren Vater Mordechai von Hamans hinterlistigem Plan erfahren und sich bei ihrem Gatten für die Rettung ihres Volkes eingesetzt. Zur Strafe für seine Verleumdungen und Intrigen wurde Haman gehenkt.

Im Gottesdienst wird die Ester-Schriftrolle (hebräisch *Megilla*) verlesen. Sobald der Name Haman gelesen wird, wird er durch ohrenbetäubendes Klappern, Hupen und ähnlichen Krach übertönt. Im Talmud wird ausdrücklich empfohlen, so viel Wein zu trinken, bis man nicht mehr zwischen dem bösen Haman und dem guten Mordechai unterscheiden kann. Die Gemeinde verkleidet sich karnevalsartig, wobei häufig die Gestalten der Ester-Geschichte, aber auch moderne Heroen wie Superman oder Mickey Mouse imitiert werden. Maskenumzüge finden statt, und das *Purim*-Spiel wird aufgeführt.

Im Frühling wird **PESSACH**, das an den hastigen Auszug der Juden aus Ägypten erinnert, gefeiert. Das Fest beginnt am 15. Tag des Monats Nisan und dauert sieben Tage. Ursprünglich wurde zu Pessach der Frühlingsanfang mit einem Lammopfer feierlich begangen. Im siebten vorchristlichen Jahrhundert wurde das Fest mit der biblischen Geschichte vom Auszug aus Ägypten verknüpft. Das Lamm wurde seitdem im Jerusalemer Tempel geopfert. Die Juden kamen in einer Wallfahrt nach Jerusalem, um der Schlachtung beizuwohnen. Mit der Zerstörung des Jerusalemer Tempels durch die Römer unter Titus im Jahre 70 unserer Zeitrechnung und dem Ende des

Opferkultes wurde Pessach zu einem häuslich-familiären Fest. In der Gegenwart wird es gerade auch von nichtreligiösen Juden gefeiert.

Vor den Feiertagen muss der Haushalt gründlich gereinigt werden. Kein Brotkrümel, kein Teigrest und auch kein Bier dürfen mehr vorhanden sein. Reste werden an nichtjüdische Bekannte verschenkt oder verbrannt. Das Geschirr wird entweder mit heißem Wasser gewaschen oder gegen eigenes Pessachgeschirr komplett ausgetauscht. Sieben Tage lang wird ungesäuertes Brot, die *Mazzot* bzw. Mazzen, gegessen. Damit soll an den überstürzten Aufbruch aus Ägypten, der keine Zeit zur Säuerung des Brotes ließ, erinnert werden. Am Abend des *Seder* (hebräisch „Ordnung") wird das Pessachmahl eingenommen. Auf der sogenannten Sederschüssel liegen drei *Mazzot*, verschiedene Kräuter, ein Rettich, eine Schale mit Salzwasser, eine Süßspeise aus Äpfeln und Mandeln (hebräisch *Charoset*), ein Knochen und ein Ei. Diese Speisen verweisen symbolisch auf einzelne Elemente der Erzählung vom Auszug aus Ägypten. Für Elia, den Vorboten des Messias, wird ein Stuhl frei gehalten, ein Becher Wein bereitgestellt und im weiteren Verlauf des Abends auch die Tür geöffnet. Auf die Frage eines Kindes, warum diese Nacht so anders als die anderen Nächte sei, trägt der Vater die Pessach-*Haggada* vor, in der die biblische Auszugsgeschichte nacherzählt und ausgeschmückt wird. Insgesamt werden vier Becher Wein getrunken. Beendet wird der Sederabend traditionell mit dem Wunsch „Nächstes Jahr in Jerusalem", der die Hoffnung auf das baldige Anbrechen des messianischen Zeitalters ausdrückt.

Mit dem Wochenfest **SCHAWUOT** wird an die Offenbarung am Berg Sinai, wie sie in der Bibel erzählt wird, erinnert. Ursprünglich war *Schawuot* ein landwirtschaftliches Dankfest, das anlässlich der Weizenernte gefeiert wurde. Im Gottesdienst wird der Bibelabschnitt über die Gabe der Tora am Sinai verlesen. Wie schon zu *Simchat Tora* wird das Wochenfest von der Freude an der Tora getragen. Das christliche Pfingstfest geht auf das Wochenfest zurück.

# Synagogen und Gemeindezentren

## Religiöse Riten

Das griechische Wort Synagoge heißt wörtlich übersetzt „Versammlung". Der hebräische Ausdruck für Synagoge lautet *Bet Knesset* (hebräisch „Versammlungshaus"). Eine Synagoge ist also in erster Linie eine Art Gemeindezentrum, wo man sich trifft, Gemeindeangelegenheiten bespricht, die Heiligen Schriften studiert und gemeinsam betet. Die Hauptfunktion einer Synagoge, gerade auch in ihrer architektonischen Gestalt deutlich sichtbar, liegt dabei sicherlich in der Abhaltung von Gottesdiensten. Zugleich war und ist die Synagoge aber auch immer ein Schul- und Lehrhaus, in dem Tora und Talmud gelesen und ausgelegt werden. Die ältesten Synagogenbauten lassen sich schon zu Zeiten des Jerusalemer Tempels in den letzten vorchristlichen Jahrhunderten nachweisen. Eine Synagoge muss jedoch kein eigenständiges Gebäude sein, sondern kann in jedem Raum eingerichtet werden.

In einer möglichst nach Osten, symbolisch in Rich-

**Toraschrein in der Synagoge Fraenkelufer**

tung Jerusalem, ausgerichteten Wandnische gegenüber vom Eingang befindet sich der Toraschrein. In ihm werden die Schriftrollen aufbewahrt. Sie werden von speziell dafür ausgebildeten Schreibern mit der Hand geschrieben und sind daher, auch im materiellen Sinne, sehr kostbar. Sie müssen völlig fehlerfrei und makellos sein. Beschädigte oder abgenutzte Torarollen werden auf dem Friedhof begraben, um den auf ihnen geschriebenen Gottesnamen vor Entweihung zu schützen. Der Toraschrein wird von einem prächtig bestickten Vorhang (hebräisch *Parochet*) verdeckt. Vor dem Schrein brennt die Ewige Lampe (hebräisch *Ner Tamid*). Ein Vorlesepult (hebräisch *Bima* oder *Almemor*) für die Tora-Lesung bildet das um einige Stufen erhöhte Zentrum des Gottesdienstraumes. Mit dem Reformjudentum wurde das Vorlesepult später, vergleichbar dem Altar in christlichen Kirchen, nach Osten vor den Toraschrein verlagert. Männer und Frauen sitzen traditionell getrennt voneinander. In größeren Synagogen gibt es eine Empore, auf der die Frauen, mitunter zusätzlich hinter einem Gitter verborgen, sitzen. Jüdische Symbole wie der Davidstern, der siebenarmige Leuchter (hebräisch *Menora*), die zwei Bundestafeln mit den Zehn Geboten oder Löwen als Zeichen für die Stärke der Weisheit und hebräische Inschriften schmücken den Synagogenraum.

Mit dem Judentum verbunden sind bestimmte rituelle Kleidungsvorschriften. Die Männer müssen wie bei allen religiösen Handlungen in der Synagoge eine Kopfbedeckung (hebräisch *Kippa*) tragen. Das gilt auch für bloße Besucher; meistens kann eine einfache *Kippa* aus Pappkarton am Eingang ausgeliehen werden. Fromme Juden legen sich zusätzlich lederne Gebetsriemen (hebräisch *Tefillin*) um den linken Oberarm und um den Kopf, allerdings nur zu den Betzeiten an Wochentagen. An den Gebetsriemen sind kleine würfelförmige Kapseln befestigt, die Pergamentstreifen mit kurzen Abschnitten aus der Bibel enthalten. Den schwarz-weiß gestreiften Gebetsmantel (hebräisch *Tallit*) legt sich der Gläubige zum Morgengebet über die Kleidung, der Vorbeter

Beter mit Kippa, Gebetsriemen und -mantel

trägt ihn hingegen bei jedem Gottesdienst, und am Versöhnungstag wird er von allen Anwesenden bei allen Gottesdiensten getragen. An den vier Ecken des Gebetsmantels sind Schaufäden (hebräisch *Zizit*) befestigt. Der strenggläubige Jude trägt darüber hinaus den ganzen Tag unter der Oberkleidung ein kleines Tuch, das an seinen Enden ebenfalls mit Schaufäden versehen ist. Auch lange Bärte und Schläfenlocken sieht man heutzutage nur noch bei strenggläubigen Juden. Bis auf das Tragen der Kopfbedeckung, die aber schon in der Antike nachzuweisen ist, sind alle genannten Utensilien biblisch begründet.

Der jüdische Gottesdienst ist seit der Zerstörung des Jerusalemer Tempels ein reiner Gebets- und Wortgottesdienst. Zum Gottesdienst sind mindestens zehn religionsmündige Juden (hebräisch *Minjan*) nötig. In größeren Gemeinden leitet ein Vorsänger (hebräisch *Chasan*), auch als Kantor bezeichnet, oder ein Rabbiner den Gottesdienst. Beide Amtspersonen sind jedoch nicht unbedingt erforderlich, da auch jedes andere Gemeindemitglied ihre Aufgaben im Gottesdienst übernehmen kann. Prinzipiell gibt es dreimal am Tag einen Gottesdienst: morgens, nachmittags und abends, wobei der nachmittägliche und abendliche oft zu einem Gottesdienst zusammengefasst werden und in den meisten Synagogen Berlins sogar nur am Freitagabend und Samstagmorgen, also zum Schabbat, Gottesdienste stattfinden.

Die Gebete werden nicht auswendig gesprochen, sondern aus Gebetbüchern gelesen oder vielmehr gesungen. Die Melodien sind in den Gebetbüchern nicht in Notenschrift wiedergegeben, sondern werden in der Gemeinde mündlich überliefert, weshalb sie von Gemeinde zu Gemeinde variieren. Das wichtigste jüdische Gebet ist das „Höre Israel" (hebräisch *Schma Jisrael*), das aus verschiedenen Abschnitten der Tora besteht. Es beginnt mit dem monotheistischen Glaubensbekenntnis: „Höre Israel, der Herr ist unser Gott, der Herr ist einzig." Ein weiteres zentrales Gebet ist das sogenannte Achtzehnbittengebet, das eigentlich aus 19 Gebeten besteht. Zu diesem Gebet steht die Gemeinde auf. Das in aramäischer Sprache gehaltene *Kaddisch* (hebräisch „Heilig") ist nicht nur das Totengebet, sondern wird auch zwischen den einzelnen Abschnitten der Liturgie gesprochen. Darüber hinaus werden biblische Psalmen, Segenssprüche, Lieder und weitere Gebete gesungen. Im Mittelpunkt des Morgengottesdienstes am Schabbat, an Feier- und Fasttagen sowie eigentlich auch an jedem Montag und Donnerstag steht die Lesung aus der Tora und den Prophetenbüchern. Dazu werden die Schriftrollen dem Toraschrein entnommen und zum Vorlesepult gebracht. Traditionell werden am Schabbat sieben Männer der Gemeinde nacheinander zur Lesung aufgerufen, was eine besondere Auszeichnung darstellt. Da aber häufig nur noch die wenigsten Gemeindemitglieder den unvokalisierten hebräischen Bibeltext lesen und in korrekter Weise vorsingen können, übernimmt meist der Vorsänger diese Aufgabe. Anschließend erfolgt die gelehrte Auslegung des vorgetragenen Bibelabschnittes, die sich gern der jüdischen Traditions- und Kommentarliteratur bedient. Erst mit dem Reformjudentum wurde eine Predigt eingeführt, die wie das protestantische Vorbild den Bibeltext zum Ausgangspunkt für die Anzeige und Lösung aktueller Probleme nimmt und ihn häufig mit einer ethischen Aussage verknüpft.

Toralesung

Die Rabbiner selbst haben ganz unterschiedliche Aufgaben zu erfüllen. In strenggläubigen Gemeinden wirkt der Rabbiner in erster Linie als Richter in religionsgesetzlichen Fragen und als Lehrer, der die Gemeindemitglieder in Tora und Talmud unterweist. In Reformgemeinden dagegen übernimmt er mehr die Aufgaben eines protestantischen Pfarrers. Das heißt, er hält den Gottesdienst und die Predigt, führt Trauungen und Beerdigungen durch, organisiert Gemeindeveranstaltungen und unterweist den Nachwuchs in jüdischer Religionskunde.

In jüdischen Gottesdiensten gibt es unterschiedliche Riten – entsprechend den verschiedenen Strömungen im Judentum und der jeweiligen geografischen Herkunft der Gemeinde. Im 19. Jahrhundert bildeten sich im deutschen Judentum verschiedene Strömungen heraus, die im Wesentlichen in liberal, konservativ und orthodox unterschieden werden können. Diese drei Richtungen entwickelten je eigene Riten. In Deutschland bildet der aschkenasische Ritus jedoch immer, wenn auch in verschiedenen Ausformungen, die Grundlage für die Liturgie. Traditionell ist die Gebetssprache Hebräisch und mitunter auch Aramäisch. Die Landessprache hat sich erst in den Reformgemeinden durchgesetzt. Vorreiter für diese Entwicklung war das deutsche Reformjudentum, das sich stark am Protestantismus orientierte. Diese Richtung führte auch das Orgelspiel und den Chorgesang im Gottesdienst ein.

Architektonisch sind die öffentlichen Synagogenbauten nicht einheitlich gestaltet. Besonders beliebt und verbreitet waren der Klassizismus und historisierende Baustile wie Neoromanik und auch Neogotik. Um die Mitte des 19. Jahrhunderts wurde der maurische Stil, bei der Neuen Synagoge in der Oranienburger Straße zu sehen, als angemessen empfunden. Seit 2002 können die Berliner Synagogen alljährlich einmal in der „Langen Nacht der Synagogen" besichtigt werden. Im Folgenden werden die größeren Gemeindesynagogen Berlins in der chronologischen Reihenfolge ihrer Erbauung vorgestellt. Gebäude, von denen heute keine historische Bausubstanz mehr vorhanden ist, sind mit einem Sternchen (*) kenntlich gemacht.

## Synagoge Heidereutergasse*

Im Edikt von 1671, mit dem die 50 aus Wien vertriebenen jüdischen Familien in Berlin aufgenommen wurden, hieß es ausdrücklich, dass „sie keine Synagoge halten". Erst eine Generation später, um 1700, erhielt der Hofjude Joost Liebmann die Erlaubnis, eine kleine Privatsynagoge in seinem Hause einzurichten. Ein weiterer jüdischer Hoflieferant, der es sich auch leisten konnte, erkaufte sich dasselbe Privileg. Beide Beträume befanden sich in der Heidereutergasse, von deren Verlauf heute nichts mehr zu sehen ist. Sie verband einst die Spandauer mit der Rosenstraße, und ihr ehemaliges Areal liegt abgeschirmt vom tobenden Hauptstadtverkehr hinter hohen Plattenbauten des DDR-Wohnungsbauprogramms.

Um 1708 begannen in der noch jungen jüdischen Gemeinde Forderungen nach einer öffentlichen Synagoge laut zu werden. Dies stieß auf den Widerstand von den Eigentümern der privaten Betsäle, die sich ihr Privileg teuer erkauft hatten und das damit verbundene Ansehen in der Gemeinde nicht verlieren wollten. Die Privatsynagogen mussten in der Folgezeit jedoch aufgegeben werden. Zu einer weiteren Verzögerung des Neubaus kam es, als die benachbarte christliche Gemeinde das „Geschrei und Lärmen" der Juden fürchtete. Auch musste dem preußischen König Friedrich I. noch versichert werden, dass seine Schutzgeldeinnahmen durch die Kosten für den Bau nicht beeinträchtigt würden, bevor im Jahre 1712 endlich der Grundstein für die Synagoge gelegt werden konnte. Am 14. September 1714, dem Schabbat vor dem jüdischen Neujahrstag, wurde die Synagoge eingeweiht.

Der christliche Baumeister **MICHAEL KEMMETER**, Erbauer der nahe gelegenen Garnisonkirche, hatte den Barockbau der Großen Synagoge, wie sie genannt wurde, entworfen. Sie galt damals als die prächtigste Synagoge in Deutschland. Der einfache Saalbau, der von außen recht unscheinbar war, besaß keine Türme oder Kuppeln, sondern nur ein Walmdach, um nicht etwa für eine christliche Kirche gehalten zu werden. Das Erdgeschoss musste unter das Straßenniveau gelegt werden, da die Synagoge

Innenraum der Großen Synagoge in der Heidereutergasse (Calau)

nicht höher als ein Bürgerhaus sein durfte. Innen lenkte ein geschnitzter barocker Toraschrein die Aufmerksamkeit auf sich. Auf zwei übereinanderliegenden Emporen saßen die Frauen getrennt von den Männern. Am 20. April 1718 besuchte der preußische König Friedrich Wilhelm I. zusammen mit seinem Sohn, dem späteren Friedrich II., die Synagoge und schenkte einen kostbaren Vorhang (hebräisch *Parochet*) für den Toraschrein.

Der berühmteste Rabbiner der Großen Synagoge war **DAVID FRÄNKEL**, der Lehrer von Moses Mendelssohn. Er ließ in dem 1745 fertiggestellten Anbau ein jüdisches Lehrhaus (hebräisch *Bet ha-Midrasch*) einrichten, das 1834 wieder abgerissen und neu gebaut wurde. Im Jahre 1856 wurde die Synagoge durch den christlichen Baumeister und Schinkelschüler Eduard Knoblauch renoviert und im klassizistischen Stil umgebaut. Nach dem Bau der Neuen Synagoge in der Oranienburger Straße im Jahre 1866 hieß die Synagoge in der Heidereutergasse Alte Synagoge.

Im Novemberpogrom von 1938 erlitt das Gotteshaus schwere Verwüstungen durch randalierende SA-Horden. Neuer Eigentümer wurde im selben Jahr die Deutsche Reichspost. Dennoch waren bis 1942 Gottesdienste in der Synagoge möglich. Im Zweiten Weltkrieg wurde sie durch Bomben zerstört. Die Ruine wurde in den 1960er-Jahren abgerissen, obwohl ein Wiederaufbau möglich gewesen wäre.

Im September 2000 wurde eine mehrsprachige, bebilderte Informationstafel, allerdings sehr versteckt, aufgestellt. Zugleich deutet eine neu vermauerte Grundrissecke die Lage der einstigen Synagoge an. Die anliegende neue Zufahrtsstraße wurde Heidereutergasse benannt, um diesen Straßennamen wieder im Stadtbild präsent zu haben.

**Adresse**
Mitte, ungefähr auf dem Freigelände neben der Rosenstraße
**Anfahrt**
S3, S5, S7, S75 Hackescher Markt, Tram M4, M5, M6 Spandauer Straße / Marienkirche

## Tempel der Reformgemeinde*

Die Schüler und geistigen Erben von Moses Mendelssohn versuchten den traditionellen Gottesdienst zu reformieren. Sie wollten zeigen, dass die Juden auch in religiösen Belangen den Anschluss an die moderne Entwicklung der christlichen Umwelt gefunden hatten. Die kulturelle Assimilation sollte die Forderungen nach der bürgerlichen Gleichstellung der Juden unterstützen. Ein erster Versuch, Gottesdienste in deutscher Sprache durchzuführen, fand ab 1815 im Haus des Bankiers **JACOB HERZ BEER** (1769–1825), Vater des Komponisten Giacomo Meyerbeer, statt. Auf Betreiben der orthodoxen Rabbiner der Berliner Gemeinde wurden sämtliche Neuerungen im Jahre 1823 durch den preußischen König untersagt.

Erst im Mai 1845 war die Zeit für einen weiteren Versuch reif, den jüdischen Gottesdienst zu reformieren. Zu diesem Zweck wurde die „Genossenschaft für Reform im Judenthume" durch **SIGISMUND STERN** (1812–1867) und **AARON BERNSTEIN** (1812–1884) gegründet. Im April 1846 konnte ein provisorischer Betsaal in der Georgenstraße eingerichtet werden. Die spätere Jüdische Reformgemeinde orientierte sich in ihrem Gottesdienst stark an der protestantischen Liturgie und Gottesdienstpraxis. Die meisten Gebete, die Lieder und die Predigt waren deutschsprachig. Aus der Liturgie wurden Passagen, die die Rückkehr in das Land Israel zum Inhalt hatten, entfernt. Da die Gebete nicht mehr gesungen, sondern nur noch gesprochen wurden, benötigte man auch keinen Kantor mehr. Die besonders an den Feiertagen als überlang empfundenen Gottesdienste wurden stark gekürzt, Kopfbedeckung, Gebetsriemen und Gebetsmantel abgeschafft. Männer und Frauen saßen und beteten gemeinsam. Orgelmusik und gemischter Chorgesang wurden eingeführt. Anstelle der *Bar-Mizwa*-Feier für die 13-jährigen Knaben gab es eine Einsegnungsfeier für Jungen und Mädchen. Am Versöhnungstag wurde kein *Schofar* geblasen. Und ab 1849 fand der Hauptgottesdienst nur noch sonntags statt. Die Mitglieder der Reformgemeinde blieben zugleich in der Hauptgemeinde, denn der Kampf um die juristische Selbstständigkeit der Reformgemeinde blieb erfolglos. Nachdem sich die Hauptgemeinde liberalisierte und einige Neuerungen übernahm, war die Reformgemeinde nur noch eine Minderheit.

**Aaron Bernstein, Mitbegründer des Reformjudentums (Die Gartenlaube, 1861)**

An einem Sonntag (!) im September 1854 wurde der sogenannte Tempel eingeweiht. Mit dieser Bezeichnung wurde bewusst der Anspruch formuliert, dass die Reformsynagoge legitimer Nachfolger des Jerusalemer Tempels sei. Dieser wurde im Jahre 70 von den Römern unter Titus zerstört und sollte nach traditioneller Ansicht erst in messianischer Zeit, nach der Heimführung der Juden ins Land Israel, wiedererrichtet werden.

Der Architekt **GUSTAV STIER** (1807–1880) gestaltete den Tempel im Rundbogenstil der Berliner Kirchenbauten. Er verwendete Elemente des Schinkelschen Klassizismus, der italienischen Renaissance sowie der Romanik. Die Synagoge besaß einen kreuzförmigen Grundriss und lag zurückversetzt von der Straße. Das Vorlesepult, der *Almemor*, wurde aus der Mitte nach Osten verlagert. Über dem Toraschrein wurde eine Orgel eingebaut.

Der erste Rabbiner war ab 1847 **SAMUEL HOLDHEIM** (1806–1860), der vorher in Frankfurt/Oder und in Schwerin gewirkt hatte und maßgeblich die Reformbestrebungen vorantrieb. Sein radikales Credo lautete: „Im Zeitalter des Talmuds hatte der Talmud Recht. In meiner Zeit habe ich Recht." **WILHELM KLEMPERER** (1839–1912) war von 1890 bis 1910 als zweiter Prediger angestellt. Sein Sohn **VICTOR KLEMPERER** (1881–1960) ist bekannt als Verfasser des Titels „LTI. Notizbuch eines Philologen" und der erfolgreich verlegten und inzwischen auch verfilmten Tagebücher von 1933 bis 1945 „Ich will Zeugnis ablegen bis zum letzten".

Im Novemberpogrom von 1938 wurde die Synagoge verwüstet. Nachdem die Reformgemeinde aufgelöst worden war, fanden sich die verbliebenen Mitglieder in der Aula der Joseph-Lehmann-Schule in der Joachimsthaler Straße 13 zum Gottesdienst ein. Die wieder reparierte Synagoge in der Johannisstraße 16 wurde dagegen ab April 1940 zur Hauptsynagoge der Berliner Gemeinde – als Ersatz für die inzwischen von der Wehrmacht genutzte Neue Synagoge in der Oranienburger Straße. Im Zweiten Weltkrieg wurde der Tempel der Reformgemeinde durch Fliegerbomben zerstört und nach dem Krieg abgeris-

**Adresse**
Mitte, Johannisstraße 16
**Anfahrt**
S1, S2, S25 Oranienburger Straße, U6 Oranienburger Tor

sen. Die Anfang 2006 aufgestellte Informationstafel ist wegen der Bauarbeiten auf dem riesigen Areal zwischen Johannisstraße und Oranienburger Straße vorübergehend entfernt worden.

## Stiftung Neue Synagoge Berlin – Centrum Judaicum

Über den Dächern der Spandauer Vorstadt in Berlin-Mitte ist schon von weit her die vergoldete Kuppel der Neuen Synagoge zu sehen. Wie bereits zum Zeitpunkt ihrer Errichtung ist sie auch heute wieder ein Wahrzeichen der Stadt. Sie steht als gleichsam unersetzliches Symbol für das „jüdische Berlin". In unmittelbarer Nachbarschaft der Synagoge befinden sich heute wieder verschiedene jüdische Gemeindeeinrichtungen. Allerdings ist das kein Vergleich zu den zahlreichen jüdischen Synagogen, Altersheimen, Krankenhäusern, Schulen, Kindergärten, Geschäften, Restaurants, Verwaltungsräumen, Vereinen und Organisationen, die in der Vorkriegszeit dieses Viertel zu einem Zentrum jüdischen Lebens in Berlin machten.

**Neue Synagoge**
Gottesdienste:
Fr 18 Uhr (Winter)
bzw. 19 Uhr (Sommer),
Sa 10 Uhr

Wer die Fassadenseite der Neuen Synagoge in der Oranienburger Straße zum ersten Mal erblickt, ist in

Die Neue Synagoge mit der vergoldeten Kuppel

der Regel erstaunt über den ungewohnten Architekturstil, der an islamische Bauten der iberischen Halbinsel erinnert. In der Tat wurde der maurische Stil um die Mitte des vergangenen Jahrhunderts als besonders passend für Synagogen empfunden.

Ein weiteres Beispiel für eine Synagoge im maurischen Stil findet sich z. B. in Budapest in der Dohány utca. Durch Reisebeschreibungen aus dem Orient und Kupfertafeln mit Abbildungen von maurischen Bauwerken wurde dieser Stil auch in Mitteleuropa bekannt. In den kunsthistorischen Erörterungen ab dem späten 17. Jahrhundert wird die Baukunst der Araber als Vorläufer der Gotik angesehen. In der Epoche der Romantik zu Beginn des 19. Jahrhunderts führte die Wertschätzung der Gotik zugleich zu einer Legitimierung der maurischen Architektur. Allerdings wurde sie zunächst nur für dekorative Zwecke und Privatbauten wie Villen, Schlösser und Pavillons und nicht bei christlichen Kirchen angewandt. Im Zuge der kurze Zeit später formulierten architekturtheoretischen Forderung, dass ein Bauwerk durch den Baustil charakterisiert sein solle, und in Anbetracht dessen, dass Kirchen zu dieser Zeit gern im neogotischen Stil errichtet wurden, ging man dazu über, Synagogen entsprechend der maurischen Architektur zu entwerfen.

Durch das starke Anwachsen der jüdischen Gemeinde in Berlin, besonders durch Zuzug aus dem Osten, wurde bereits Mitte des 19. Jahrhunderts der Neubau einer großen Synagoge notwendig. Der preußische König Friedrich Wilhelm IV. wollte den heutigen Michaelkirchplatz in Mitte als Grundstück für den Neubau schenken, doch die Gemeinde lehnte ab, da der Platz zu weit von den damals bevorzugten Wohnvierteln in der Spandauer Vorstadt entfernt lag. Ein schwieriges, verwinkeltes Grundstück in der Oranienburger Straße 30, das der Gemeinde bereits gehörte, wurde als Bauplatz vorgezogen. Auf der Rückseite des Geländes, an der Auguststraße, wurde 1858 bis 1861 das neue Jüdische Krankenhaus gebaut, entworfen von dem christlichen Baumeister und Schinkelschüler **EDUARD KNOBLAUCH** (1801 bis 1865). In der Oranienburger Straße befanden sich bereits das alte Jüdische Krankenhaus und ein jüdisches Waisenhaus für Mädchen. Im April 1857 wurde unter dem Vorsitz des vielbeschäftigten Knoblauch ein Wettbewerb für die Synagoge ausgeschrieben.

Da dieser zu keinem befriedigenden Ergebnis führte, wurde Knoblauch selbst beauftragt. Er leitete nicht nur bereits den Neubau des Jüdischen Krankenhauses, sondern auch den Umbau der Synagoge in der Heidereutergasse und hatte sich so der Gemeinde empfohlen. Wegen schwerer Erkrankung wurde Knoblauch ab 1859 von seinem Kollegen **FRIEDRICH AUGUST STÜLER** (1800–1865) abgelöst. Im Mai 1859 begann der Bau, und schon im Juli 1861 wurde Richtfest gefeiert. Doch durch die aufwendige Innenausstattung und kriegsbedingte Materialknappheit kam es zu erheblichen Verzögerungen. So konnte die fertiggestellte Synagoge erst am 5. September 1866 – unter Anwesenheit des preußischen Ministerpräsidenten Otto von Bismarck – eingeweiht werden.

Die größte Synagoge Deutschlands bot 1800 Männern und 1200 Frauen Platz. Die farblich überaus dekorative Innenausstattung, das raffinierte Beleuchtungssystem und die technisch kühnen Gewölbekonstruktionen aus Eisen begeisterten Juden wie Nichtjuden gleichermaßen. Die Neue Synagoge wurde bald zu einer Sehenswürdigkeit Berlins und zu einem Denkmal der Baukunst. Sie war die teuerste, größte, repräsentativste und prächtigste deutsche Synagoge überhaupt.

In einem anonymen Artikel der konservativen Kreuz-Zeitung, der von Theodor Fontane verfasst wurde, heißt es: „Wer sich für architektonische Dinge interessiert, für die Lösung neuer, schwieriger Aufgaben innerhalb der Baukunst, dem empfehlen wir einen Besuch dieses reichen jüdischen Gotteshauses, das an Pracht und Großartigkeit der Verhältnisse alles weit in den Schatten stellt, was die christlichen Kirchen unserer Hauptstadt aufzuweisen haben."

Doch wenige Jahre später wurden auch andere Stimmen laut. Antisemiten sahen in dem orientalisch wirkenden Prunkbau ein Indiz für die von ihnen behauptete Fremdheit und den vorgeblichen Reichtum der Juden. So schreibt z. B. der Historiker Heinrich

**Friedrich August Stüler**
Geboren 1800 in Mühlhausen, gestorben 1865 in Berlin, Architekt des Berliner Neuen Museums sowie von Kirchen und Schlössern, Mitarbeiter Karl Friedrich Schinkels, Mitbegründer des Architektenvereins zu Berlin, Lehrer und Mitdirektor der Bauakademie, Bauberater von König Friedrich Wilhelm IV. für Berlin

Der Hauptsaal der Synagoge (1866)

Grundriss der Neuen Synagoge (1866)

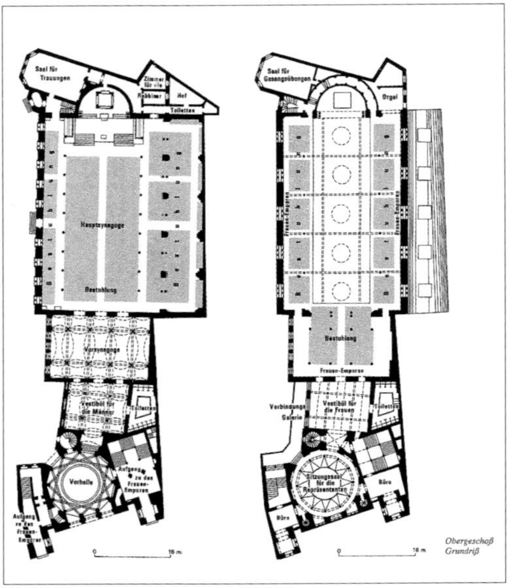


von Treitschke im Jahre 1879: „(...) erwägt man die charakteristische Tatsache, dass das schönste und prächtigste Gotteshaus der deutschen Hauptstadt eine Synagoge ist – was natürlich nicht den Juden, sondern den Christen zum Vorwurfe gereicht –, so lässt sich schlechterdings nicht in Abrede stellen, dass die Juden in Deutschland mächtiger sind als in irgend einem Lande Westeuropas."

Die hebräische Inschrift über den Portalen stammt aus dem biblischen Buch des Propheten Jesaja und lautet in deutscher Übersetzung: „Öffnet die Tore, und es kommt das gerechte Volk, das die Treue wahrt." Da die Neue Synagoge mit der eingebauten Orgel und dem deutschsprachigen Gottesdienst mit Chormusik zu einem Zentrum des Reformjudentums wurde und zugleich durch ihre Pracht auch nichtjüdische Besucher anzog, war sie den orthodoxen Kreisen der jüdischen Gemeinde ein Dorn im Auge. Die übersetzten den Jesaja-Vers spöttisch und polemisch folgendermaßen: „Öffnet die Tore, und es kommt der Nichtjude. Der Gerechte (aber) wahrt die Treue." Mit den Gerechten waren die orthodoxen Juden gemeint.

**LOUIS LEWANDOWSKI** wirkte ab 1866 in der Neuen Synagoge als Kantor. Er komponierte eine eigene Liturgie für den liberalen Gottesdienst der Neuen Synagoge sowie zahlreiche Werke für Chor und Orgel. Neu war auch die Durchführung von öffentlichen Konzertveranstaltungen außerhalb der Gottesdienstzeiten und ganz selbstverständlich auch für nichtjüdische Besucher. Meistens dienten diese Konzerte einem wohltätigen Zweck. Am 29. Januar 1930 wurden im Rahmen eines Synagogenkonzerts unter der Leitung von Hermann Jadlowker auch zwei Violinduos von Händel und Bach aufgeführt. Die Solisten hießen Albert Einstein (1879–1955) und Alfred Lewandowski, Sohn von Louis Lewandowski. Kaum jemand konnte ahnen, wie grundlegend sich nur einige Jahre später durch den Machtantritt der Nationalsozialisten alles ändern sollte.

In der Pogromnacht vom 9./10. November 1938 konnte der Reviervorsteher **WILHELM KRÜTZFELD**

**Louis Lewandowski**
1821 in Wreschen (heute Polen) geboren, 1894 in Berlin gestorben, studierte als erster Jude an der Berliner Akademie der Künste, arbeitete als Dirigent in der Neuen Synagoge Berlin, steht für die Neubelebung und Öffnung der jüdischen Liturgie

Die Fassade der Synagoge zur Entstehungszeit (1870)

(1880–1953) die randalierenden Horden am weiteren Brandschatzen hindern. Der Polizist berief sich dabei auf die seit der Kaiserzeit geltende Denkmalschutzorder und alarmierte die Feuerwehr, die den Brand löschen konnte. Obwohl Krützfeld keinerlei dienstliches Vergehen nachzuweisen war, wurde er zur Strafe für sein couragiertes Eingreifen versetzt und musste mehr Dienste und Urlaubsvertretungen machen. Im Jahre 1942 reichte er seine vorzeitige Pensionierung ein, die aber erst ein Jahr später bewilligt wurde. Der 1953 in Berlin gestorbene Krützfeld wurde 1995 mit einer Gedenktafel an der Fassade der Neuen Synagoge, die über seine Tat mit wenigen Worten informiert, geehrt. Eine Polizeischule in Schleswig-Holstein trägt heute ihm zu Ehren seinen Namen. Es ist dem Berliner Schriftsteller und Feuilletonisten Heinz Knobloch zu verdanken, dass die Rettungstat von Krützfeld heute bekannt ist und dieser posthum geehrt wurde.

In diesem Zusammenhang auch erwähnenswert ist, dass es sich bei dem oft gedruckten Foto der brennenden Synagoge in der Oranienburger Straße nicht um eine Aufnahme vom Novemberpogrom 1938 handelt, sondern um eine Fälschung der Nachkriegszeit. Auf dem Bild fehlt das östliche Türmchen, das erst beim Bombenangriff im November 1943 zerstört wurde. Die Rauchschwaden wurden offensichtlich in eine andere – ansonsten identische – Fotografie der zerstörten Synagoge nachträglich hineinretuschiert, wobei der Ausschnitt der Vorlage etwas verkleinert wurde.

Von April 1939 bis zum 30. März 1940 konnte die Synagoge wieder für Gottesdienste genutzt werden. Danach wurde sie von der Wehrmacht als Lagerhaus für Uniformen missbraucht. Bei einem Luftangriff in der Nacht vom 22. zum 23. November 1943 wurde sie zerstört und brannte aus. Im Sommer 1958 wurde die zerstörte Haupthalle der Synagoge gesprengt; die genauen Gründe dafür sind heute nicht bekannt. Offensichtlich hatten die Verantwortlichen in der DDR damals nicht das geringste Interesse an einem Wiederaufbau eines jüdischen Gotteshauses. Die rußverschmutzte, kuppellose Ruine des vorderen

Teils der Synagoge blieb stehen und ließ kaum noch etwas von der einstigen Schönheit der Vorkriegssynagoge erahnen. Eine mit dem Datum vom 5. September 1966 versehene Gedenktafel ist noch heute an der Fassade zu sehen. Ihre Inschrift erinnert an die „Kristallnacht", wobei dieser Begriff unreflektiert ohne Anführungszeichen verwendet wurde.

Am 4. Juli 1988 wurde die **STIFTUNG NEUE SYNAGOGE BERLIN – CENTRUM JUDAICUM** gegründet. Dafür musste eigens ein Stiftungsgesetz, das in der DDR schon lange abgeschafft worden war, verabschiedet werden. Die heute noch existierende Stiftung ist mittlerweile eine Einrichtung der Stadt und juristisch unabhängig von der Jüdischen Gemeinde. Der seit der Gründung der Stiftung bis 2015 amtierende Direktor war **HERMANN SIMON**, Autor verschiedener Veröffentlichungen zur Geschichte der Synagoge und des benachbarten ehemaligen Jüdischen Museums sowie des äußerst informativen und reich illustrierten Begleitbuchs zur ständigen Ausstellung in der Neuen Synagoge.

**Hermann Simon**
1949 in Berlin geboren, studierte Geschichte und Orientalistik in Berlin und Prag, 1975 bis 1988 arbeitete er im Münzkabinett der Staatlichen Museen zu Berlin, 1988–2015 war er Direktor der Stiftung Neue Synagoge Berlin – Centrum Judaicum

Das Ziel der Stiftungsgründung war der Wiederaufbau der noch vorhandenen Bausubstanz der Neuen Synagoge und die nachfolgende Nutzung als jüdische Gemeindeeinrichtung und Ausstellungsräumlichkeit. An der Grundsteinlegung am 10. November 1988 nahm auch der damalige DDR-Regierungschef Erich Honecker teil. Der Grund für das plötzlich erwachte Interesse der DDR-Regierung an jüdischen Synagogen und Friedhöfen war ein außenpolitischer: Honecker wünschte sich einen Staatsbesuch in die USA, um internationale Reputation und die „Meistbegünstigungsklausel" im Außenhandel mit den USA zu erhalten. Mit einer Kampagne zum bevorstehenden 50. Jahrestag des Novemberpogroms von 1938 hoffte Honecker, die „jüdische Lobby" in den USA für seine Zwecke zu gewinnen.

Die Neue Synagoge wurde nicht vollständig wiederaufgebaut, sondern nur der an der Straße liegende Gebäudeteil, in dem sich einst der Eingangsbereich und Verwaltungsräume der Gemeinde befanden. Die Hauptkuppel und die beiden ebenfalls mit Kuppeln

Kleiner Betsaal im rekonstruierten Teil der Synagoge

bekrönten Ecktürme wurden detailgetreu nachgebaut bzw. rekonstruiert. Das Richtfest wurde am 29. Oktober 1990 begangen. Seit Juni 1991 funkelt auch wieder ein vergoldeter Davidstern auf der etwa 50 Meter hohen Kuppel. Die Arbeiten konnten am 7. Mai 1995 mit der Neueinweihung abgeschlossen werden. Die alte Bausubstanz und die Ergänzungen der Rekonstruktion sind an vielen Stellen als solche sichtbar gemacht worden. Die unteren Räume beherbergen die ständige Ausstellung. Im Obergeschoss befindet sich ein geräumiger Saal, der für Wechselausstellungen, Festveranstaltungen, Vorträge und Podiumsdiskussionen genutzt werden kann.

Ein etwa 100 Plätze fassender kleiner Betsaal, in dem heute egalitäre Gottesdienste gefeiert werden, wurde im Februar 1998 eingerichtet. Männer und Frauen sitzen zusammen und gestalten gleichberechtigt den Gottesdienst. Die wunderbare Sängerin Avitall Gerstetter ist hier regelmäßig als Kantorin zu hören. Ein rituelles Tauchbad, eine *Mikwe*, ist im Keller des rechten Turms eingebaut worden.

Im aufwendig restaurierten Vestibül, Treppenhaus und ehemaligen Repräsentantensaal bekommt der Besucher eine Ahnung von der früheren schmuckvollen Ausstattung. Die vollständig verglaste Rückfront

**Öffnungszeiten**
Okt.–März So–Do 10–18 Uhr, Fr 10–15 Uhr
Apr.–Sept. Mo–Fr 10–18 Uhr, So 10–19 Uhr, samstags und an Weihnachten, Silvester und Neujahr geschlossen, die Kuppel ist nur Apr.–Sept. zu besichtigen

erlaubt einen Blick auf das frei gelassene Grundstück, auf dem einst die Haupthalle der Synagoge stand. Acht marmorne Säulen kennzeichnen den früheren Standort des Toraschreins.

Während der Baumaßnahmen wurde am 19. Oktober 1989 überraschend die Ewige Lampe (hebräisch *Ner Tamid*), die einst vor dem Toraschrein hing, im Männervestibül gefunden. Entdeckt wurde sie von zwei aufmerksamen Bauarbeitern in der 1943 eingezogenen Trümmerschutzdecke aus Beton. Wahrscheinlich wurde die Lampe, die sich ursprünglich 80 Meter entfernt befand, zusammen mit anderen Metallgegenständen zur Verstärkung des Betons verwendet. Die Inschrift auf der aus Neusilber gefertigten und inzwischen restaurierten Lampe gilt ihren Stiftern Julius und Lydia Jacoby sowie Adolph und Cäcilie Jacoby. Julius Jacoby (1824–1915), der seit 1878 dem Vorstand der Jüdischen Gemeinde angehörte, übernahm 1901 den Vorsitz.

In der ständigen Ausstellung werden Dokumente, Bilder und Gegenstände zur Geschichte der Synagoge, zu ihrem teilweisen Wiederaufbau und zur jüdischen Stadtgeschichte, besonders hinsichtlich der näheren Umgebung der Spandauer Vorstadt, gezeigt. Auch die wenigen Fundstücke aus der Zeit der Restaurierungsarbeiten wie die Ewige Lampe sind ausgestellt.

Der benachbarte Neubau in der Oranienburger Straße 29 wurde im Juli 1993 fertiggestellt und beherbergt Büroräume der Gemeinde. Ebenfalls einen Besuch wert sind die benachbarten, schick sanierten Heckmannhöfe, die die Oranienburger Straße mit der Auguststraße verbinden. Von hier ist die Rückfront des rekonstruierten Teils der Synagoge mit der verglasten Schutzkonstruktion zu sehen.

**Adresse**
Mitte, Oranienburger Straße 29
030/88 02 83 00
www.centrumjudaicum.de
**Anfahrt**
S1, S2, S25 Oranienburger Straße, Tram M1, M5 Monbijouplatz

## Synagoge Lindenstraße*

Die Synagoge in der Lindenstraße (heute: Axel-Springer-Straße) wurde in den Jahren 1890 bis 1891 nach dem Entwurf des Architektenbüros Cremer & Wolffenstein erbaut und am 27. September 1891 eingeweiht. Der Backsteinbau im neoromanischen Stil wurde im Hinterhof errichtet und bot 1800 Gläubigen Platz. Im Innenraum waren die einzelnen Rippen des Kreuzgewölbes und der Hauptbogen über Toraschrein und Vorbeterpult farbig bemalt. Der Gottesdienst wurde nach liberalem Ritus unter Einbeziehung von Orgelmusik durchgeführt. Eine Religionsschule, Gemeindewohnungen sowie verschiedene soziale Einrichtungen waren im Vorderhaus untergebracht. Die Anlage mit einem unscheinbar wirkenden Vorderhaus und einem geschützt dahinterliegenden jüdischen Gotteshaus wurde zum Vorbild für weitere Synagogenbauten in Berlin. In der Pogromnacht im November 1938 wurde die Einrichtung der Synagoge demoliert. In der Folgezeit diente sie als Getreidespeicher. Das im Krieg zerstörte Gebäude wurde im Jahre 1956 abgerissen. In die Tordurchfahrt des hier neu erbauten Bürogebäudes sind drei Tafeln mit Informationen zur Synagoge einge-

Innenraum der Synagoge Lindenstraße (um 1930)

**Adresse**
Kreuzberg, Lindenstraße 48–50
**Anfahrt**
U6 Kochstraße, Bus 248 Lindenstraße / Oranienstraße

Fassade der Synagoge Lindenstraße von Cremer & Wolffenstein (1896)

lassen. Im Hinterhof deutet eine Installation von Zvi Hecker, Micha Ullman und Eyal Weizman mit stilisierten Bänken die Lage der Sitzreihen der Synagoge an.

## Synagoge Lützowstraße*

Die Synagoge in der Lützowstraße, nach dem Vorbild jener in der Lindenstraße und ebenfalls von dem Architektenteam Cremer & Wolffenstein entworfen, wurde in den Jahren 1897 bis 1898 erbaut und am 11. September 1898 eingeweiht. In einem Vordergebäude befanden sich die Religionsschule, Sozialeinrichtungen sowie einige Dienstwohnungen. Die eigentliche Synagoge lag auch hier verborgen auf dem Hinterhof. Auf einem kreuzförmigen Grundriss erhob sich ein neogotischer Backsteinbau mit knapp 1900 Sitzplätzen. Auch hier fanden die Gottesdienste nach liberalem Ritus und mit Orgelmusik statt. In der Nacht vom 9. zum 10. November 1938 wurde die Synagoge kaum beschädigt, da wegen der umliegenden Gebäude kein Feuer gelegt werden konnte. Bis zum Pessachfest im April 1940 hielt man hier noch

**Adresse**
Tiergarten, Lützowstraße 16
**Anfahrt**
U1, U2 Gleisdreieck, Bus M48, M85 Lützowstraße / Potsdamer Straße

Gottesdienste ab. Nach den schweren Zerstörungen durch Bombenangriffe musste die Ruine nach dem Krieg, im Jahre 1954, abgerissen werden. Auf dem Grundstück der ehemaligen Synagoge wurde inzwischen ein Bürogebäude errichtet, an dem eine Gedenktafel zur Erinnerung an das einstige Gotteshaus angebracht ist.

## Israelitische Synagogen-Gemeinde – Adass-Jisroel

**Samson Raphael Hirsch**
Geboren 1808 in Hamburg, gestorben 1888 in Frankfurt am Main, Rabbiner, Philologe, Historiker und Philosoph, trat für strenge Einhaltung der religiösen Gebote bei gleichzeitiger Offenheit gegenüber weltlicher Kultur und säkularem Wissen ein, befürwortete den Austritt orthodoxer Kreise aus den Einheitsgemeinden

Als sich die Jüdische Gemeinde zu Berlin zunehmend liberalisierte und die Neue Synagoge zum Zentrum des Reformjudentums wurde, wollten und konnten nicht alle ihre Mitglieder dieser Entwicklung folgen. So wurde im Juni 1869 die „Gesetzestreue jüdische Religionsgesellschaft Adass-Jisroel" gegründet. Die Vereinigung ist 1876 aus der Berliner Gemeinde ausgetreten und wurde am 9. September 1885 offiziell als selbstständige Religionsgemeinschaft zugelassen. Ihr erster Rabbiner **ESRIEL HILDESHEIMER** (1820–1899) gehörte zusammen mit **SAMSON RAPHAEL HIRSCH** (1808–1888) zu den bedeutendsten Vertretern der neo-orthodoxen Bewegung in Deutschland. Die jüdische Neo-Orthodoxie versuchte das gesetzestreue Leben gemäß der *Halakha*, dem jüdischen Religionsgesetz, mit der Offenheit für die Kultur und Bildung der nichtjüdischen Umwelt zu verbinden.

Das Gemeindezentrum von Adass-Jisroel – mit Synagoge, rituellem Tauchbad (hebräisch *Mikwe*), Knabenschule, eigenem Rabbinerseminar und einer Talmud-Tora-Schule befand sich zunächst in der Gipsstraße. Ab 1873 wurde ein eigener Friedhof in der Wittlicher Straße 2 (Weißensee) unterhalten, auf dem 1880 die erste Beerdigung stattfand.

Im Jahre 1904 wurde das neue Gemeindezentrum in der ehemaligen Artilleriestraße 31 (heute Tucholskystraße) eingeweiht. Die Synagoge, die sich im zweiten Hinterhof befand und 800 Plätze besaß, entwarf **JOHANN HÖNIGER** (1850–1913). Sie gewann damals einen Architekturpreis als schönstes Sakralgebäu-

Esriel Hildesheimer, erster Rabbiner von Adass-Jisroel (Struck)

de Deutschlands. Das Pogrom von 1938 überstand die Synagoge mit leichten Verwüstungen, doch im Zweiten Weltkrieg wurde sie von Fliegerbomben zerstört. Die Ruine wurde 1967 abgerissen. Ein durch die Toreinfahrt gut sichtbarer Davidstern über dem Portal des ersten Hinterhofhauses hat sich durch die Wirren der Zeit erhalten.

Die Adass-Jisroel-Gemeinde eröffnete im Jahre 1924 in Siegmunds Hof 11 (Tiergarten) ein zweites Gemeindezentrum. Sie unterhielt auch das Israelitische Krankenhaus in der Elsässer Straße (heute: Torstraße). Im Dezember 1939 wurde die Gemeinde von der Gestapo aufgelöst und zwangsweise in die Reichsvereinigung der Juden in Deutschland eingegliedert.

Am 18. Dezember 1989 kam es durch Initiative von Mario Offenberg, dem Nachfahren eines früheren Gemeindemitglieds, nach langwierigen Verhandlungen mit der DDR-Regierung zur Neugründung von Adass-Jisroel.

Zu *Purim* 1990 konnte eine neue Synagoge im ersten Hinterhofgebäude in der Tucholskystraße eingeweiht werden. Ein eigenes koscheres Restaurant der Gemeinde, das Beth Café, eröffnete 1991.

Nach langen Streitigkeiten mit der Berliner Einheitsgemeinde wurde Adass-Jisroel 1994 vom Berliner Verwaltungsgericht der rechtliche Status einer selbstständigen jüdischen Gemeinde zuerkannt. Zwar behauptet die Gemeinde, bis zu 1000 Mitglieder zu haben, aber in der Öffentlichkeit wird dies stark bezweifelt. Seit 2010 hat der Berliner Senat die finanzielle Förderung der Gemeinde eingestellt, weil diese über die Verwendung der bisher geleisteten Zahlungen keine Belege vorweisen konnte.

**Gottesdienste**
Fr 18 Uhr (Winter) bzw. 19 Uhr (Sommer), Sa 9.30 Uhr

**Adresse**
Mitte, Tucholskystraße 40
030 / 281 31 35
www.adassjisroel.de
**Anfahrt**
S1, S2, S25 Oranienburger Straße, U6 Oranienburger Tor

## Synagoge Rykestraße

Die gewaltige Synagoge in der Rykestraße befindet sich ebenfalls auf einem Hinterhof, in den man durch zwei mit Rundbögen versehene Tordurchfahrten gelangt. Auch sie ist von dem Gemeindearchitekten **JOHANN HÖNIGER** entworfen. Der flache Backstein-

Folgende Doppelseite: Innenraum der Synagoge Rykestraße nach der Sanierung von 2007

**Gottesdienste**
Fr 18 Uhr (Winter) bzw. 19 Uhr (Sommer), Sa 9.30 Uhr

bau im neoromanischen Stil wurde in den Jahren 1903 bis 1904 errichtet. Die reichgeschmückten dreieckigen Eingangsgiebel und der mit Rundbögen aufgelockerte Hausgiebel erinnern an die mittelalterliche Architektursprache der märkischen Umgebung. Das Gotteshaus wurde wie die Adass-Jisroel-Synagoge am 4. September 1904 eingeweiht.

Die Synagoge Rykestraße bot ursprünglich 2000 Besuchern Platz. Der reichornamentierte Hauptbogen über dem Toraschrein weist die einzigen Malereien in dem ansonsten eher schlichten Innenraum auf. Für den ursprünglich reformierten Gottesdienst wurden eine Orgel und eine Chorempore eingebaut. Damals saßen hier Männer und Frauen auch noch nicht getrennt, wie es heute Praxis ist. Die Pogromnacht von 1938 überstand die Synagoge aufgrund ihrer Hinterhoflage relativ unbeschadet. Im Krieg wurde sie von der Wehrmacht genutzt.

Nach ihrer Sanierung im Jahre 1953 war sie die einzige Synagoge der kleinen Jüdischen Gemeinde Ost-Berlins. Der ostdeutsche Landesrabbiner **MARTIN RIESENBURGER** (1896–1965) wirkte bis zu seinem Tod 1965 in der Synagoge, der von ihm der Name „Friedenstempel" verliehen wurde. Die größte Synagoge Deutschlands ist nur noch an hohen Feiertagen gut gefüllt. Zu den gewöhnlichen Gottesdiensten, die heute dem konservativen Ritus folgen, wird für die Besucher der ehemalige Trausaal geöffnet. Bis zum Jahre 2003 ist die Synagoge zunächst von außen und bis 2007 auch innen nach Plänen von Ruth Golan und Kay Zareh umfassend saniert worden. Nunmehr finden in dem in ursprünglicher Farbgebung wiederhergestellten, strahlend hellen Saal nur noch 1200 Besucher Platz. Die neu verglasten Fenster zeigen deutsche und hebräische Texte aus der Bibel und aus den Schriftrollen vom Toten Meer. Außerhalb der Gottesdienste lässt sich die Synagoge derzeit leider nur zu Konzerten und Festveranstaltungen besichtigen. Die nur kurzzeitig bestehenden Öffnungszeiten für Touristen mussten aufgrund der hohen Sicherheitskosten wieder eingestellt werden. Hier wäre eine Kostenübernahme durch das Land oder den Bund sehr wünschenswert.

**Adresse**
Prenzlauer Berg, Rykestraße 53
**Anfahrt**
U2 Senefelderplatz, Tram M2 Knaackstraße

Im Vorderhaus, das schon in den 1930er-Jahren eine Religions- und eine Volksschule beherbergte, wurden im Herbst 1999 Schul- und Büroräume des jüdischen Lehrhauses der **RONALD S. LAUDER FOUNDATION** eingerichtet.

## Synagoge Münchener Straße*

Die Schöneberger Synagogen-Vereinigung erwarb 1909, im Jahr ihrer Gründung, ein Grundstück im Bayerischen Viertel, um für die dort ansässigen orthodoxen Juden eine Synagoge zu bauen. Der zweigeschossige Kuppelbau mit Jugendstilelementen wurde im darauffolgenden Jahr im Hinterhof errichtet. Über 800 Gottesdienstbesucher hatten hier Platz. Im Vorderhaus befanden sich eine Schule und Dienstwohnungen. Der im Jahre 1917 gegründete „Wohlfahrtsverein *Ahawat-Achim* (hebräisch ‚Nächstenliebe') der jüdischen Bewohner von Schöneberg und Wilmersdorf" richtete in den krisengeschüttelten 1920er-Jahren im Keller des Vorderhauses eine sogenannte Mittelstandsküche für verarmte Bewohner des Viertels ein.

Während des Novemberpogroms von 1938 wurde auch diese Synagoge nicht zerstört, weil sie von Wohnhäusern umgeben war. Die Nationalsozialisten planten, in ihr eine antijüdische Hetzausstellung zu zeigen. Für diesen Zweck raubten sie über 500 Torarollen und zahllose jüdische Kultgegenstände, die in jüdischen Einrichtungen zwischengelagert waren. Jene Schriftrollen, die im Israelitischen Krankenhaus in der Elsässer Straße untergebracht waren, konnten durch den mutigen Einsatz des Leiters der jüdischen Friedhofsverwaltung, Arthur Brass, gerettet werden. In der Synagoge in der Münchener Straße wurde ab 1941 eine Sammelstelle für Gegenstände, die Juden nicht länger besitzen durften, untergebracht. Im Zweiten Weltkrieg wurde das Vordergebäude völlig und die Synagoge teilweise zerstört. An die 1956 abgerissene Synagoge, auf deren Gelände sich heute ein Schulhof befindet, erinnert ein kubistischer Gedenkstein. Er besteht aus qua-

**Adresse**
Schöneberg, Münchener Straße 37
**Anfahrt**
U4, U7 Bayerischer Platz

derförmigen Steinblöcken, die prismatisch ineinander verschränkt sind. Ein siebenarmiger Leuchter, die *Menora*, und eine Inschrift sind reliefartig herausgearbeitet worden. Der Text auf der Bodenplatte vor dem Gedenkstein informiert über die einstige Synagoge. Das Mahnmal wurde von Gerson Fehrenbach geschaffen und bereits 1963 aufgestellt.

## Synagoge Fasanenstraße* und Jüdisches Gemeindezentrum

Anfang des 20. Jahrhunderts beschloss die Jüdische Gemeinde zu Berlin, eine neue Synagoge in der Fasanenstraße zu errichten, die – erstmals seit der Neuen Synagoge in der Oranienburger Straße – nicht unauffällig in einem Hinterhof versteckt liegen sollte. Im Jahre 1907 wurde ein Wettbewerb für den Synagogenneubau ausgeschrieben, der drei erste Preise ergab; schließlich bekam der Architekt **EHRENFRIED HESSEL** den Zuschlag. Sein Entwurf sah einen gewaltigen, rechteckigen Bau mit drei Kuppeln vor. Ein minarettartiger Turm und weitere orientalisierende Elemente wurden später verworfen. Einige Tage nach der Einweihung vom 26. August 1912 kam Kaiser

Die Synagoge Fasanenstraße vor der Zerstörung 1938 (Titzenthaler)

Jüdisches Gemeindezentrum mit Skulptur einer Torarolle

Wilhelm II. zur offiziellen Besichtigung. Im Novemberpogrom 1938 brannte die Synagoge lichterloh und wurde schwer beschädigt. Den Rest besorgten die Fliegerbomben des Zweiten Weltkrieges, und 1957/58 wurde die immer noch gewaltige Ruine abgerissen.

An gleicher Stelle wurde ein neues **JÜDISCHES GEMEINDEZENTRUM** errichtet, das von **DIETER KNOBLAUCH** und **HEINZ HEISE** entworfen wurde. Es konnte am 27. September 1959 eingeweiht werden. Das Eingangsportal des eher nüchternen Zweckbaus ist mit Fassadenteilen der alten Synagoge gestaltet.

In dem Zentrum sind außer Büroräumen und einem Saal, der mit seinen 600 Plätzen auch als Betraum genutzt werden kann, noch die Jüdische Volkshochschule und die Gemeindebibliothek untergebracht. Im Foyer stehen Vitrinen mit Kultgegenständen und eine Büste von Moses Mendelssohn. Mehrere Gedenktafeln erinnern an den ermordeten Außenminister der Weimarer Republik Walther Rathenau, den ehemaligen Gemeindevorsitzenden Heinrich Stahl (1868–1942), den einstigen Vorsitzenden des „Centralvereins deutscher Staatsbürger jüdischen Glaubens" Otto Hirsch, die Gründerin einer Organisation zur Förderung der Jugendeinwanderung nach Palästina Recha Freier (1892–1984) und die Sänger Richard Tauber (1892–1948) und Joseph Schmidt (1904–1942).

**Adresse**
Charlottenburg, Fasanenstraße 79/80
**Anfahrt**
U1 Uhlandstraße, U1, U9 Kurfürstendamm, Bus M49 Uhlandstraße / Kantstraße

Seit 1987 mahnt auf dem Vorplatz eine stilisierte Torarolle, entworfen von dem Bildhauer Richard Heß, mit biblischen Worten in hebräischer und deutscher Sprache: „Ein Gesetz sei für den Bürger und den Fremden, der mit euch ist."

## Synagoge Pestalozzistraße

Die Synagoge in der Pestalozzistraße befindet sich auf einem Hinterhof und wurde 1912 als private Vereinssynagoge eingeweiht. Betty Sophie Jacobson, eine Geschäftsfrau aus Charlottenburg, stellte das Grundstück zur Verfügung. Der backsteinerne Bau, der von **ERNST DORN** im neoromanischen Stil entworfen wurde, war für 1400 Besucher des orthodoxen Gottesdienstes ausgelegt. Im Jahre 1919 wurde die Synagoge der Gemeinde übereignet. Der Brand in

**Gottesdienste**
Fr 18 Uhr (Winter) bzw. 19 Uhr (Sommer), Sa 9.30 Uhr

Die Synagoge Pestalozzistraße

Renovierter und 2014 wieder eingeweihter Kuppelsaal der Synagoge

der Pogromnacht 1938 wurde von der Feuerwehr gelöscht, um ein Übergreifen auf die benachbarten Häuser zu verhindern.

Die ersten jüdischen Nachkriegsgottesdienste im Sommer 1945 fanden in dieser fast unbeschädigten Synagoge statt, die im Jahre 1947 nach der Restaurierung erneut eingeweiht wurde. Heute finden hier Gottesdienste nach einem eigenen liberalen Ritus mit Orgel- und Chormusik statt; Männer und Frauen sitzen jedoch getrennt. Die Gebete werden fast durchgehend vom Kantor und dem gemischten Chor, der auf der Empore über dem Toraschrein sitzt, in hebräischer Sprache gesungen. Der bekannte Sänger **ESTRONGO NACHAMA** war bis zu seinem Tod Anfang 2000 der langjährige Oberkantor. Die Gemeinde erwidert nur an wenigen Stellen. Die Predigt, einzelne Segenssprüche und Ansagen erfolgen in deutscher Sprache. Das Gebetbuch, das eigens für diese Synagoge und ihre Liturgie gedruckt wurde, bietet nicht nur den hebräischen Text, sondern auch eine deutsche Übertragung.

Der helle und dezent geschmückte Kuppelraum, der nach anderthalbjähriger Renovierung Ende 2014 wieder eingeweiht wurde, ist auch an gewöhnlichen Freitagabenden gut gefüllt. Die Gottesdienste in

**Adresse**
Charlottenburg,
Pestalozzistraße 14
www.synagoge-pestalozzistrasse.de
**Anfahrt**
S3, S5, S7, S75 Savignyplatz, Bus 101, M49, X34 Kantstraße / Leibnizstraße

dieser Synagoge sind besonders Besuchern zu empfehlen, die ohne Hebräischkenntnisse einen ersten Eindruck gewinnen wollen.

## Synagoge Levetzowstraße*

Die nach dem Krieg abgerissene Synagoge Levetzowstraße (1930)

Der Gemeindearchitekt **JOHANN HÖNIGER** entwarf für die zahlreichen Juden, die in Moabit und besonders im Hansaviertel lebten, eine große Synagoge mit mehr als 2000 Sitzplätzen im neoklassizistischen Stil. Sie wurde im Jahre 1914 eingeweiht und beherbergte auch eine Religionsschule und Gemeindewohnungen. Die Synagoge überstand Pogromnacht 1938 und Zweiten Weltkrieg nur leicht beschädigt. Dennoch wurde sie 1955/56 abgerissen.

Eine aufwendige Gedenkanlage, gestaltet von Peter Herbrich, Jürgen Wenzel und Theseus Bappert, erinnert heute daran, dass die Synagoge ab 1941 als Sammellager für Juden, die deportiert werden sollten, missbraucht wurde. Ein Eisenbahnwaggon symbolisiert die Deportationszüge, die damals vom Bahnhof Putlitzstraße abfuhren. In den Boden wurden Platten mit den eingravierten Ansichten von Berliner Synagogen eingelassen.

**Adresse**
Tiergarten, Levetzowstraße 7/8
**Anfahrt**
U9 Hansaplatz, Bus 101, 106, 245 Alt-Moabit/Gotzkowskystraße

## Synagoge Fraenkelufer

Die Synagoge am ehemaligen Kottbusser Ufer 48–50, von dem Gemeindebaumeister **ALEXANDER BEER** (1873–1943) im neoklassizistischen Stil erbaut, wurde 1916 eingeweiht. Die dreischiffige Basilika bot 2000 Gläubigen Platz; der Gottesdienst wurde nach orthodoxem Ritus gefeiert. Die imposante Eingangsfront war mit vier dorischen Säulen, Architrav und dreieckigem Giebel versehen. Die Synagoge lag eingebettet in ein Gemeindezentrum mit Gemeinde- und Wohnräumen, Wochentags- und Jugendsynagoge. Im Jahre 1925 wurde in den Gemeinderäumen zusätzlich ein Kinderhort und 1935 eine Wohlfahrtsküche eingerichtet.

**Gottesdienste**
Fr 19 Uhr, Sa 9.30 Uhr

In der Pogromnacht im November 1938 brannte die Synagoge aus und wurde ab 1942 von der Gestapo als Magazin für geraubtes jüdisches Eigentum genutzt. Fliegerbomben zerstörten im Krieg die Hauptsynagoge, und die Ruine wurde 1958/59 abgerissen. Erhalten ist heute nur noch der Seitenflügel, in dem ursprünglich die Wochentags- und Jugendsynagoge untergebracht war und heute die Schabbat-Gottesdienste nach konservativem Ritus gefeiert werden. Eine Gedenktafel, die Cornelia Leng-

Betsaal in erhaltenem Seitenflügel der Synagoge Fraenkelufer

feld entworfen hat, wurde 1989 angebracht und 1995 erweitert.

Im Oktober 2000 wurden zwei Fensterscheiben der Synagoge durch Steinwürfe zerstört, und im April 2002 warfen Unbekannte eine Brandflasche auf das Gelände, die durch einen Sicherheitsbeamten gelöscht werden konnte.

Im September 2016 wurde der 100. Jahrestag der Einweihung der Synagoge gefeiert, die inzwischen besonders bei jungen jüdischen Familien aus Israel und den USA sehr beliebt ist.

**Adresse**
Kreuzberg, Fraenkelufer 10–12
**Anfahrt**
U1, U8 Kottbusser Tor

## Synagoge Markgraf-Albrecht-Straße*

**Adresse**
Wilmersdorf, Markgraf-Albrecht-Straße 11/12
**Anfahrt**
S3, S5, S7, S41, S46, S75 Charlottenburg, U7 Adenauerplatz, Bus M19, M29 Lehniner Platz/Schaubühne

Die Synagoge in der Markgraf-Albrecht-Straße wurde im Jahre 1921 erbaut. Der Gottesraum bot 1450 Sitzplätze. Salomon Goldberg, der Betreiber des Luna-Parks am Halensee, finanzierte den Bau der liberalen Synagoge, die Friedenstempel genannt wurde. Manfred Lewandowski, der Großneffe von Louis Lewandowski, dem Begründer der modernen Synagogalmusik, war hier als Oberkantor angestellt. Die Hauptgemeinde übernahm diese private Synagoge im Jahre 1928, als Goldberg die Unkosten für ihren Unterhalt nicht mehr länger übernehmen konnte. In der Pogromnacht von 1938 erlitt die Synagoge schwere Brandschäden, und die Ruine wurde 1959 abgetragen. An den Wohnhäusern, die auf dem Grundstück nach dem Krieg gebaut wurden, erinnert eine Gedenktafel an die einstige Synagoge.

## Synagoge Joachimsthaler Straße

**Adresse**
Charlottenburg, Joachimsthaler Straße 13
www.berlinsynagoge.com
**Anfahrt**
U1, U9 Kurfürstendamm, Bus 204, 249 Friedrich-Hollaender-Platz

Ursprünglich gehörte dieses Haus der jüdischen Loge Bne Briss. Ab 1933 wurde hier die Joseph-Lehmann-Schule der Jüdischen Reformgemeinde und ab 1939 auch die VIII. Volksschule der Jüdischen Gemeinde untergebracht. Nach der Teilung Berlins hatten in dem Gebäude verschiedene Gemeindebüros und die Niederlassungen von jüdischen Organisationen wie der Jüdische Nationalfond und die Women's

Saal der Synagoge Joachimsthaler Straße

International Zionist Organisation (WIZO) ihren Sitz. Der große Saal, der einst der Loge sowie als Aula und Turnhalle diente, wird heute für Gottesdienste nach orthodoxem Ritus genutzt. Ein rituelles Tauchbad (hebräisch *Mikwe*) ist im Souterrain eingerichtet. Weiterhin beherbergt das Gebäude noch einige Gemeindebüros, Büros der Rabbiner und das Jugendzentrum der Jüdischen Gemeinde.

**Gottesdienste**
Fr bei Sonnenuntergang (Winter) bzw. 19.30 Uhr (Sommer), Sa 9.15 Uhr

## Synagoge Prinzregentenstraße*

Die Synagoge in der Prinzregentenstraße wurde am 16. September 1930 als letzte in Berlin vor der nationalsozialistischen Machtübernahme eingeweiht. Der Architekt des mächtigen Kuppelbaus war der Gemeindebaumeister **ALEXANDER BEER**, der 1943 im KZ Theresienstadt ermordet wurde. Im vorgesetzten Gebäudeteil an der Straßenseite waren eine Religionsschule, eine Volksschule und Wohlfahrtseinrichtungen der Jüdischen Gemeinde untergebracht. Das Gotteshaus, das auch eine Orgel enthielt, hatte Platz für bis zu 2300 Besucher des liberalen Gottesdienstes. In der Pogromnacht von 1938 wurde die Synagoge durch Brandstiftung völlig zerstört. Sie wurde erst 1958 abgerissen. Inzwischen steht ein

**Adresse**
Wilmersdorf, Prinzregentenstraße 69/70
**Anfahrt**
U7, U9 Berliner Straße, Bus 104 Kufsteiner Straße

Wohnhaus des Allgemeinen Blindenvereins auf dem Grundstück; eine Gedenktafel erinnert an dessen Geschichte.

## Synagoge Herbartstraße

**Adresse**
Charlottenburg, Herbartstraße 26
www.sukkat-schalom.de
**Anfahrt**
S41, S42, S46, S47
Messe Nord / ICC

Die kleine Synagoge in der Herbartstraße, die nur 100 Plätze aufweist, gehört zu dem Komplex des Jeanette-Wolff-Seniorenheims und des Leo-Baeck-Altenwohnheims und wurde im Jahre 1981 erbaut. Den funktionalen, nüchternen Bau hat **HANS WOLFF GROHMANN** entworfen. Säulen und Kultgegenstände, die aus der ehemaligen Synagoge des Altersheims in der Iranischen Straße stammen, sind behutsam integriert. Hier finden derzeit die Gottesdienste der Synagoge Sukkat Schalom statt.

## Synagoge Sukkat Schalom

Die Einrichtung der ehemaligen Synagoge der US-Streitkräfte wurde nach ihrem Abzug 1994 von einigen Mitgliedern der Einheitsgemeinde aufgekauft. Am 17. September 1999 wurde der erste jüdische

Eingangsvestibül der Synagoge Sukkat Schalom mit Mosaik von Rita Wellmann-Preuss

Gottesdienst in dem interreligiösen Mehrzweckraum des ehemaligen Chaplain Centers von Oberkantor **ESTRONGO NACHAMA** geleitet. Die Betergemeinschaft zählt heute etwa 300 Mitglieder. Der Rabbiner **ANDREAS NACHAMA** hält die Gottesdienste nach reform-egalitärem Ritus und betont die direkte Traditionsfolge zum ehemaligen Tempel der Reformgemeinde in der Johannisstraße. Einmal wöchentlich wird von ihm auch eine Unterweisung im Studium der Schriften angeboten. Genau fünf Jahre nach der Wiedereröffnung, am 17. September 2004, wurde diese Synagoge offiziell als Gemeindeinstitution anerkannt und die Miete übernommen. Zuvor war jahrelang um die Übernahme gestritten worden. Erst als mit **ALBERT MEYER** ein Mitinitiator dieser Betergemeinschaft zum Gemeindevorsitzenden gewählt wurde, war der Weg für die Anerkennung frei. Der hebräische Name der Synagoge bedeutet „Hütte des Friedens". Für die Zukunft ist ein eigener Synagogenbau auf dem Grundstück geplant, um endlich genügend Platz für die Gottesdienste zu haben, da der bestehende Raum noch als Speisesaal, für Chorproben und anderes genutzt wird. Bis dahin finden die Gottesdienste in der Synagoge Herbartstraße 26 statt.

**Gottesdienste**
**Fr 19.30 Uhr, Sa 10 Uhr**

## Synagoge Chabad Lubawitsch

Chabad Lubawitsch ist eine streng orthodoxe jüdische Gemeinschaft, die sich aus dem osteuropäischen Chassidismus entwickelt hat. Das Wort Chabad ist ein Akronym für die drei hebräischen Wörter *Chochma* („Weisheit"), *Bina* („Einsicht") und *Da'at* („Wissen"), die in der jüdischen Geheimlehre, der Kabbala, wichtig sind. Die Kleinstadt Lubawitsch in Weißrussland war die Heimat von **SCHNE'UR SALMAN** (1745–1812), der diese chassidische Strömung begründete. Der letzte Lubawitscher Rebbe war Rabbiner **MENACHEM MENDEL SCHNEERSON** (1902–1994) aus der Ukraine. An seinem ehemaligen Wohnsitz am Hansaufer 7 in Tiergarten wurde 2001 eine Gedenktafel angebracht. Er emigrierte

**Gottesdienste**
**Fr bei Sonnenuntergang (Winter) bzw. 19.30 Uhr (Sommer), Sa 10 Uhr**

über Paris und Nizza nach New York, wo er das Oberhaupt der Lubawitscher wurde. Von einigen seiner Anhänger wird Schneerson, auch nach seinem Tod, als Messias verehrt.

Studienraum in dem orthodoxen Bildungszentrum

Der Rabbiner von Chabad Lubawitsch in Berlin ist **YEHUDA TEICHTAL**, der im New Yorker Stadtteil Brooklyn aufgewachsen ist. Besonderer Wert wird auf streng orthodoxe jüdische Bildung und Erziehung vor allem der aus Osteuropa stammenden, zumeist säkularisierten Juden gelegt. Es werden Kurse angeboten, in denen Kenntnisse des Talmud und der jüdischen Geschichte vermittelt werden. Im September 2007 wurde das neue Bildungszentrum eingeweiht. Hier sind die Räume für die Rabbinerausbildung, eine *Mikwe*, das Restaurant MILO, eine Kinderkrippe, eine Bibliothek, eine Mediathek, ein Multimedia-Zentrum und ein Judaica-Laden untergebracht. Eine sehr geschmackvoll gestaltete moderne Synagoge mit 250 Plätzen, entworfen von Sergej Tchoban, wurde bereits 2006 geweiht. Ein Kindergarten und die Jüdische Traditionsschule, von dieser Gemeinde betrieben, befinden sich am Spandauer Damm 220. Die Beziehung zur Einheitsgemeinde, vor allem zu den ebenfalls orthodoxen Mitgliedern, ist gut. Die liberalen Kräfte der Einheitsgemeinde betrachten das Wirken von Chabad Lubawitsch eher mit gemischten Gefühlen, bemühen sich aber um gute Kontakte.

**Adresse**
Wilmersdorf, Münstersche Straße 5/6
030/21 28 08 30
www.chabadberlin.de
**Anfahrt**
U7 Konstanzer Straße,
Bus 104 Eisenzahnstraße

## Synagoge Tiferet Israel

Seit April 2006 hat auch die sefardische Betergemeinschaft der Jüdischen Gemeinde eine eigene Synagoge. Diese wurde in den von der Jüdischen Gemeinde bereitgestellten Räumen einer ehemaligen jüdischen Loge eingerichtet. Zuvor gab es einen sefardischen Gottesdienst in der Joachimsthaler Straße 13. Es wird geschätzt, dass bis zu 1000 Juden in Berlin nach dem sefardischen Ritus beten. Dazu gehören nicht nur die Nachfahren der Ende des 15. Jahrhunderts aus Spanien und Portugal vertriebenen Juden, sondern auch Juden aus den Ländern am Mittelmeer und am Schwarzen Meer. Die hebräi-

**Gottesdienste**
Fr bei Sonnenuntergang (Winter) bzw. 19.30 Uhr (Sommer),
Sa 9.30 Uhr
**Adresse**
Schöneberg, Passauer Straße 4
**Anfahrt**
U1, U2, U3 Wittenbergplatz

sche Bezeichnung der Synagoge bedeutet „Zier Israels". In allen anderen Synagogen Berlins wird nach dem aschkenasischen Ritus gebetet.

## Kahal Adass Jisroel – Synagoge Beth Zion

Die von der Lauder Foundation unterstützte Gemeinde Kahal Adass Jisroel wurde am 14. April 2013 gegründet. Sie sieht sich ebenfalls in der Tradition der neo-orthodoxen Berliner Vorkriegsgemeinde Adass Jisroel und fordert damit die gleichnamige wiedergegründete Israelitische Synagogen-Gemeinde in der Tucholskystraße in der Frage der wahren Erben heraus. Die Gemeinde zählt derzeit über 300 Mitglieder. Das hebräische Wort *Kahal* bedeutet wie *Adass* „Gemeinde".

Das im Jahre 1910 eingeweihte Gotteshaus mit etwa 500 Plätzen diente dem orthodoxen Verein „Beth Zion" („Haus Zion"), der bereits 1879 gegründet wurde. In der Pogromnacht 1938 wurde das Innere der Synagoge verwüstet, und ab 1939 wurde sie als Lagerraum missbraucht. Nachdem 1992 der letzte Nutzer, eine Kosmetikfirma, auszog, engagierte sich eine Bürgerinitiative für die Erhaltung, Rekonstruktion und Öffnung der einstigen Synagoge. Die hebräische Inschrift über der Eingangstür lautet übersetzt: „Dies ist das Tor, durch das die Gerechten eintreten".

Der jüdische Arzt **ROMAN SKOBLO** erwarb im Jahre 2002 das Gebäudeensemble mit dem Ziel, hier wieder jüdisches Leben zu etablieren. Nachdem Skoblo für das Lehrhausprojekt gewonnen werden konnte, war er auch bereit, den Umbau zu finanzieren. Die Sanierung soll in Kürze abgeschlossen sein, und dann kann das neue Domizil des Lehrhauses, die Jeschiwa Beth Zion, bezogen werden. In die alte Synagoge wurde eine Zwischendecke eingezogen. Unten wurden der Speisesaal und oben die neue Synagoge hineingebaut. Im Vorderhaus und im Seitenflügel sind Seminarräume, *Mikwe*, Küche, Rabbiner-Wohnungen, Schlafräume und der Kindergarten untergebracht.

**Adresse**
Mitte, Brunnenstraße 33
**Anfahrt**
U8, Tram M10 Bernauer Straße, Tram M8, M12 Pappelplatz

# Bildungseinrichtungen

## Lehre und Lernen im Judentum

Das Judentum ist – wie das Christentum und der Islam auch – vor allem eine Buchreligion. Die Heilige Schrift, die Bibel, bildete nach der Tempelzerstörung das Zentrum des Judentums. Die **HEBRÄISCHE BIBEL**, die weitgehend mit dem christlichen Alten Testament identisch ist, besteht aus drei Teilen: Tora, Propheten und Schriften. Tora heißt eigentlich „Lehre", „Weisung". Man unterscheidet zwischen der mündlichen und der schriftlichen Tora. Die mündliche Tora umfasst die Lehren, die nach der Tradition von Mose zu den Rabbinen überliefert wurden. Die schriftliche Tora besteht aus den fünf Büchern Mose, die zusammengefasst auch als Fünfbuch (hebräisch *Chummasch*) oder griechisch Pentateuch bezeichnet werden. Zu den prophetischen Büchern zählen die Geschichtsbücher (Josua, Richter, Samuel, Könige), die drei großen (Jesaja, Ezechiel und Jeremia) und die zwölf kleinen Propheten (Hosea bis Maleachi). Das Korpus der Schriften wird von den übrigen Bü-

Klassiker der rabbinischen Literatur

chern des biblischen Kanons (unter anderem Psalter, Hiob, Hohelied) gebildet.

Der **TALMUD**, den es in zwei sehr unterschiedlichen Fassungen, als Babylonischen und Jerusalemer Talmud, gibt, ist so etwas wie eine umfangreiche Enzyklopädie. Vor allem beinhaltet er Diskussionen, Auslegungen und Kommentare zu den biblischen Geboten. Weiterhin finden sich darin aber auch zahllose Geschichten aus der Umwelt der Rabbinen, Schilderungen aus der Geschichte Israels, weisheitliche Sentenzen und das gesammelte Alltagswissen aus Landwirtschaft, Architektur und Handwerk.

Lernen ist im Judentum eine religiöse Pflicht, und Gelehrte gehören zu den angesehensten Persönlichkeiten. Die Fähigkeit zu lesen ist eine der elementarsten Grundlagen des religiösen Lebens, und es gab schon im Mittelalter kaum Analphabeten unter den Juden. In der traditionellen jüdischen Grundschule (hebräisch *Cheder*) lernten Jungen schon mit etwa drei Jahren das Lesen. Zuerst lernten sie die hebräische Schrift, um die Tora lesen zu können. Eine weiterführende Ausbildung konnte in der Talmudschule (hebräisch *Jeschiwa*) erfolgen, in der die rabbinischen Texte und mittelalterliche Kommentare studiert wurden. Das fromme Ideal des lebenslangen Lernens meinte vor allem das tägliche Lesen in Tora und Talmud.

Der jüdischen Aufklärung ist es zu verdanken, dass sich der Bildungshorizont schon für Schüler stark erweiterte. In Berlin wurden durch **MOSES MENDELSSOHN** und seinen Schülerkreis die bahnbrechenden Entwicklungen im jüdischen Bildungs- und Erziehungswesen angestoßen. Die Schüler der neu gegründeten Jüdischen Freischule wurden nicht nur in hebräischer Sprache und religiöser Tradition, sondern auch in der deutschen Landessprache und in weltlichen Fächern wie Mathematik, Geografie und Geschichte unterrichtet. In der Folgezeit eröffneten erstmalig auch Mädchenschulen.

In den 1930er-Jahren unterhielt die Gemeinde 22 allgemeinbildende und 49 Religionsschulen. Alle jüdischen Bildungseinrichtungen wurden am 30. Juni 1942 zwangsweise geschlossen. Die letzten verbliebenen Schüler wurden zusammen mit ihren Lehrern in die Vernichtungslager deportiert.

Die Jüdische Volkshochschule war nach dem Krieg lange Jahre die einzige jüdische Bildungseinrichtung in Berlin. Erst in Verbindung mit dem Anwachsen der jüdischen Gemeinde infolge der Einwanderung russischer Juden und einem nun auch stärker nach außen gezeigten jüdischen Selbstbewusstsein wurden in den 1990er-Jahren wieder jüdische Schulen eröffnet.

## Jüdisches Gymnasium Moses Mendelssohn – ehemalige Jüdische Freischule

Über dem Portal des Gebäudes in der Großen Hamburger Straße 27 hat eine steinerne Tafel die wechselvolle Geschichte überdauert. Ihre Inschrift lautet: „Knabenschule der Juedischen Gemeinde".

Schon am 13. Juli 1761 unterschrieben die bei Hofe einflussreichen Bankiers **VEITEL HEINE EPHRAIM** und **DANIEL ITZIG** eine Eingabe an den preußischen Staat, in der sie um die Erlaubnis baten, eine Schule stiften zu dürfen. Sie wünschten die Erziehung der jüdischen Jugend, „damit sie einmal dem Staate

Tafel der Jüdischen Freischule über dem Eingang des heutigen Gymnasiums

Isaak Daniel Itzig, Mitinitiator der Jüdischen Freischule (Frisch 1777)

**Naphtali Herz (Hartwig) Wessely**
Geboren 1725 in Hamburg, gestorben 1805 ebenda, jüdischer Gelehrter und Philologe, Zusammenarbeit mit Moses Mendelssohn im Sinne der Aufklärung

nützliche Dinge zu leisten im Stande seien", wie es in dem Schreiben hieß. Im Jahre 1778 war es dann endlich so weit: Auf Initiative von **MOSES MENDELSSOHN** wurde von **DAVID FRIEDLÄNDER** (1750–1834), **ISAAK DANIEL ITZIG** (1750–1806) und **NAPHTALI HERZ WESSELY** (1725–1805) die Jüdische Freischule gegründet.

Es war die erste Schule in Deutschland, die religiöse und säkulare Inhalte gleichermaßen unterrichtete. Die etwa 70 bis 80 jüdischen und auch christlichen Schüler stammten zumeist aus armen Elternhäusern. Viele der jüdischen Schüler wirkten nach ihrer Ausbildung als Lehrer in den ostpreußischen Provinzen. Dort verbreiteten sie häufig die Ideen der Berliner Haskala und setzten sich für die Emanzipation der Juden ein. Im Jahre 1819 untersagte die Schulkommission mit den Karlsbader Beschlüssen die gemeinsame Ausbildung von jüdischen und christlichen Kindern durch jüdische und christliche Lehrer. Im Jahre 1826 wurde die private Schule von der Jüdischen Gemeinde übernommen.

Die Jüdische Freischule befand sich zunächst in der Klosterstraße 35, ab 1806 dann in der Klosterstraße 9 und schließlich ab 1826 in der Rosenstraße 12. Seit 1862 ist die Schule auf dem Grundstück in der Großen Hamburger Straße untergebracht. Das heutige Gebäude wurde 1905/06 erbaut und am 26. November 1906 eingeweiht. Der Architekt war der Gemeindebaumeister Johann Höniger, der auch die Synagoge von Adass-Jisroel sowie die Synagogen in der Ryke- und in der Levetzowstraße entworfen hat. Im Jahre 1909 wurde eine Büste Moses Mendelssohns im Vorgarten der Schule aufgestellt, die 1941 von SA-Männern zerstört wurde. Im Jahre 1931 wurde die Knaben- mit der Mädchenschule zusammengelegt.

Die radikale Verschlechterung der politischen Lage mit der nationalsozialistischen Machtübernahme schlug sich auch in den Schülerzahlen nieder: Waren es im Schuljahr 1932/33 noch 470 Schüler, wurden 1934 bereits 1025 gezählt. Am 30. Juni 1942 wurde die Schule wie alle anderen jüdischen Bildungseinrichtungen zwangsweise geschlossen. In der Folgezeit waren die Bewohner des benachbarten Altersheims, das geräumt und als Sammellager missbraucht wurde, bis zu ihrer Deportation in der ehemaligen Schule einquartiert. In der Aula wurden Gottesdienste unter der Leitung von Martin Riesenburger gehalten, aber auch Konzert- und Theatervorstellungen gegeben.

Nach jahrelangem Leerstand wurde das Gebäude in der DDR als Berufsschule für Industriekaufleute genutzt. Auf Anregung von **HEINZ KNOBLOCH** brachte man zum 250. Geburtstag von **FRIEDRICH NICOLAI** 1983 an der Fassade eine Tafel an, die ein Relief von Moses Mendelssohn und sein Lebensmotto „Nach Wahrheit forschen, Schönheit lieben, Gutes wollen, das Beste tun" zeigt. Der Entwurf stammt von Gerhard Thieme. Dass auf dieser Tafel Moses Mendelssohn als Gründer der Freischule bezeichnet wird, ist historisch nicht ganz korrekt.

Nach der Wiedervereinigung wurde dem Antrag auf Rückübertragung an die Jüdische Gemeinde stattgegeben. Seit August 1992 wird das Haus von der Jüdischen Gemeinde als Grundschule genutzt. Ein Jahr später, am 6. August 1993, wurden eine Jüdische Realschule und ein Gymnasium gegründet. Hebräisch wird im Gymnasium ab der siebten Klasse als zweite Fremdsprache angeboten. Zusätzlich wird den Schülern auch Grundwissen in jüdischer Religion und Geschichte vermittelt. Die private Ganztagsschule besuchen auch nichtjüdische Schüler, die meist aus christlichen und akademischen Elternhäusern stammen. Wie alle jüdischen Einrichtungen in der Stadt wird auch diese Schule durch massive Schutzvorrichtungen vor möglichen rechtsradikalen Anschlägen gesichert. Seit Sommer 2012 trägt die Schule den Namen von Moses Mendelssohn.

**Adresse**
Mitte, Große Hamburger Straße 27
www.josberlin.de
**Anfahrt**
S3, S5, S7, S75 Hackescher Markt, Tram M1, M5 Monbijouplatz

## Ehemalige Hochschule für die Wissenschaft des Judentums

**LEOPOLD ZUNZ** und **EDUARD GANS** (1798–1839) gründeten im Jahre 1819 den „Verein für Cultur und Wissenschaft der Juden", dem zeitweilig auch

**HEINRICH HEINE** (1797–1856) angehörte. Das neu formulierte Programm einer Wissenschaft des Judentums beinhaltete ein wissenschaftlich-kritisches Studium der geschichtlichen Entwicklung des Judentums. Die Vertreter dieser Wissenschaft lehnten das sogenannte Zeremonienwesen der jüdischen Religion ab, weil es für sie von der Entwicklung der modernen Gesellschaft überholt war. Im Geiste der Aufklärung und entsprechend der Forderung nach bürgerlicher Emanzipation der Juden erstrebten sie das Aufgehen der Religion des Judentums in der Wissenschaft des Judentums. Der Verein bemühte sich vergeblich um die akademische Institutionalisierung der wissenschaftlichen Erforschung des Judentums. Juden durften generell keine Professur an deutschen Universitäten erhalten. Gans musste sich erst taufen lassen, damit er, als Nachfolger auf dem Lehrstuhl von **GEORG WILHELM FRIEDRICH HEGEL** (1770–1831), Professor für Philosophie an der Berliner Universität werden konnte.

**Eduard Gans**
Geboren 1798 in Berlin, gestorben 1839 ebenda, studierte Jura, Geschichte und Philosophie, geprägt durch Hegel, 1825 Konversion zum Christentum, um Universitätslaufbahn einschlagen zu können, lehrte und beeinflusste Marx

Auch nach der Revolution von 1848 wurde die von Zunz beantragte Aufnahme der Wissenschaft des Judentums in den Fächerkanon der Berliner Universität mit dem vordergründigen Argument, das Fach würde den Assimilations- und Emanzipationsbestrebungen der Juden zuwiderlaufen, von den preußischen Behörden abgelehnt. Im Jahre 1854 erfolgte dann die Gründung des Jüdisch-Theologischen Seminars in Breslau, das als private Bildungseinrichtung dem Programm der Wissenschaft des Judentums folgte.

Am 5. Januar 1870 gründeten **MORITZ LAZARUS** (1824–1903) und **SALOMON NEUMANN** (1819–1908) in Berlin das Kuratorium für die Hochschule für die Wissenschaft des Judentums. Der Berliner Bankier und Stadtrat Moritz Meyer (1811–1869) ermöglichte durch eine großzügige Spende die finanzielle Grundlage für die Errichtung dieser Bildungsstätte. Am 6. Mai 1872 begann der Lehrbetrieb der Hochschule, die zunächst an der Spandauer Brücke 8, dann ab 1874 Unter den Linden 4a und ab 1892 schließlich in der Lindenstraße 48/52 untergebracht war.

Moritz Lazarus, Philosophieprofessor in Berlin (Struck, um 1903)

Am 22. Oktober 1907 wurde ein Neubau in der da-

## Die Wissenschaft des Judentums

Der Begriff und die Idee einer Wissenschaft des Judentums stammen von Leopold Zunz. Er wollte an die Stelle der jüdischen Tradition ihre historisch-kritische Erforschung setzen. Zunz übernahm dabei sowohl Ideen der jüdischen Aufklärung als auch geschichtsphilosophische Theorien christlicher Wissenschaftler, z. B. von Friedrich August Wolf. Aufgeklärte Juden sollten die von ihnen als abgeschlossen betrachtete Tradition der jüdischen Literatur in ihren Quellen wissenschaftlich erforschen und systematisieren sowie ihre geschichtliche Entwicklung nachzeichnen. In ihren Anfängen diente die Wissenschaft des Judentums – vor allem zur Abwehr antijüdischer Vorurteile und Anfeindungen – auch der apologetischen Selbstdarstellung des Judentums. Sie emanzipierte sich aber zunehmend zu einer Wissenschaft vom Judentum, die ebenso von nichtjüdischen Wissenschaftlern betrieben werden konnte. Seit Anfang des 20. Jahrhunderts hat sich für die Wissenschaft vom Judentum die Bezeichnung „Judaistik" eingebürgert. In jüngster Zeit wurde, in Anlehnung an die englischsprachige Bezeichnung „Jewish Studies", auch der Begriff „Jüdische Studien" eingeführt. Die Judaistik bedient sich bei der Erforschung aller Erscheinungsformen des Judentums philologischer, historischer, religionswissenschaftlicher und religionssoziologischer Methoden. Kennzeichnend für die damalige, häufig antijüdisch geprägte akademische Welt und die zuständigen Bildungsbehörden in Deutschland war die beharrliche Verweigerung der Aufnahme der Judaistik in den universitären Fächerkanon. Einzig an theologischen Einrichtungen – wie etwa dem Institutum Judaicum von Franz Delitzsch an der Leipziger Universität – war die wissenschaftliche Erforschung des Judentums im universitären Rahmen möglich, allerdings mit stark missionarischer oder mitunter sogar antisemitischer Tendenz. Ansonsten lehrten Judaisten ausschließlich an privaten Einrichtungen wie zum Beispiel der Lehranstalt für die Wissenschaft des Judentums in Berlin oder dem Jüdisch-Theologischen Seminar in Breslau. Erst nach der Schoa, als alle jüdischen Wissenschaftler aus Deutschland vertrieben oder ermordet waren, begann die Einrichtung von judaistischen Lehrstühlen an den (west-) deutschen Universitäten. So wurde das erste Institut für Judaistik 1964 an der Freien Universität Berlin gegründet. Sein erster Direktor war der jüdische Philosoph Jacob Taubes (1923–1987). Später wurden weitere judaistische Institute bzw. Seminare in Köln, Frankfurt a.M., Duisburg, Freiburg i. Br. und Hamburg eingerichtet. In Heidelberg hat der Zentralrat der Juden in Deutschland 1979 die Hochschule für Jüdische Studien gegründet. In Berlin gibt es seit 1982 das Zentrum für Antisemitismusforschung an der Technischen Universität. Nach der Wiedervereinigung wurde auch an den Universitäten in Potsdam, Halle (Saale), Leipzig und Erfurt judaistische Forschung und Lehre etabliert.

maligen Artilleriestraße 14 (heute Tucholskystraße) bezogen, den erneut der Gemeindebaumeister Johann Höniger entworfen hatte. Auf Anordnung der preußischen Schulbehörden musste sich die Hochschule ab 1883 in Lehranstalt umbenennen. Ihr ursprünglicher Name wurde erst 1920 in der Weimarer Republik wieder zugelassen, doch schon 1934 von den Nationalsozialisten wieder verboten.

Die Schule stand allen Studenten – unabhängig von Geschlecht und Konfession – offen. Sie bildete Rabbiner, Prediger und Religionslehrer aus. Es wurden Vorlesungen und Seminare zum gesamten Spektrum der jüdischen Literatur und Geschichte angeboten. Die Studenten mussten sich gleichzeitig für ein Fach an der Berliner Universität einschreiben. Hervorragende Lehrer und berühmte Gelehrte wie Abraham Geiger, David Cassel, Julius Guttmann, Ismar Elbogen und Leo Baeck unterrichteten an dieser Schule. Baeck lehrte ab 1919 Religionsgeschichte, Judaistik sowie Pädagogik und war zugleich der letzte Rektor der Schule. Auch die erste deutsche Rabbinerin Regina Jonas studierte von 1924 bis 1930 hier. Im Jahre 1932 erreichte die Hochschule mit der Zahl von 155 eingeschriebenen Studenten den Höhepunkt ihrer Entwicklung. Die Bibliothek zählte 60 000 Bände und besaß eine bedeutende Sammlung von jüdischen Kultgeräten. Der gesamte Bestand ging nach der zwangsweisen Schließung der Schule durch die Nationalsozialisten verloren.

Im Jahre 1941 musste die Hochschule das Gebäude verlassen, bevor sie am 19. Juli 1942 ganz geschlossen wurde. In den letzten Monaten ihrer Existenz war die Schule zunächst in der Meinekestraße 10 und dann im ehemaligen orthodoxen Rabbinerseminar untergebracht.

Im April 1999 wurde das an die jüdische Gemeinde rückübertragene und sanierte Gebäude als **LEO-BAECK-HAUS** wiedereröffnet. Es beherbergt heute den Sitz des Zentralrats der Juden in Deutschland, der sich vorher in Frankfurt a.M. befand. Die Jüdische Hochschule in Heidelberg, die seit 1979 die einzige höhere jüdische Bildungseinrichtung ist und in der Nachfolge der Berliner Hochschule steht, kehrt dagegen nicht nach Berlin zurück, sondern bleibt in Heidelberg. Der Löwenkopf über dem Portal der ehemaligen Hochschule für die Wissenschaft des Judentums, der die wechselhafte Geschichte dieses Gebäudes schadlos überdauert hat, symbolisiert im Judentum die Stärke der Weisheit.

**Adresse**
Mitte, Tucholskystraße 9
**Anfahrt**
S1, S2, S25 Oranienburger Straße

## Ehemaliges Orthodoxes Rabbinerseminar

Als bewusste Reaktion auf die Hochschule für die Wissenschaft des Judentums wurde am 22. Oktober 1873 das „Rabbiner-Seminar für das orthodoxe Judenthum zu Berlin" gegründet. Der Rabbiner und Vorreiter der jüdischen Neo-Orthodoxie in Deutschland, **ESRIEL HILDESHEIMER**, stellte bei seiner Berufung zum Gemeinderabbiner von Adass-Jisroel im Jahre 1869 einzig die Bedingung, in Berlin ein Rabbinerseminar errichten zu dürfen.

In der Satzung des Rabbinerseminars wurde der Zweck der Anstalt wie folgt formuliert: „(...) die mündliche und schriftliche Lehre, wie sie in der Bibel, im Talmud, in dessen Kommentaren und jüdischen Kodices niedergelegt ist, sowie die damit in Zusammenhang stehenden religiös-wissenschaftlichen und profanen Lehrgegenstände, zum Zwecke der Heranbildung von Rabbinern und zur Verbreitung dieser Wissensgegenstände unter jüdischen Jünglingen überhaupt, zu lehren und auf die sittlich-religiöse

Orthodoxes Rabbinerseminar von Esriel Hildesheimer (1878)

Bildung der Hörer zu wirken." Das Studium dauerte sechs Jahre und wurde mit einer umfassenden Abschlussprüfung beendet. Die Studenten mussten sich, wie auch in der Hochschule für die Wissenschaft des Judentums üblich, gleichzeitig an der Berliner Universität einschreiben, um wissenschaftliche Fächer zu belegen.

Das orthodoxe Rabbinerseminar entwickelte sich bald zur wichtigsten Schule für orthodoxe Rabbiner in ganz Europa. Zählte es im ersten Jahr noch 20 Hörer, erreichte es mit 67 eingeschriebenen Studenten Anfang der 90er-Jahre des 19. Jahrhunderts seinen Höhepunkt. Einer der Schüler und späteren Dozenten dieses Seminars war der bekannte Judaist **ALEXANDER ALTMANN** (1906–1987), der im Jahre 1938 gerade noch rechtzeitig in die USA emigrieren konnte. Seine umfangreiche Monografie über Moses Mendelssohn, die in der Wissenschaft als Standardwerk gerühmt wird, liegt bedauerlicherweise bis heute nur im englischen Original vor.

Die Lehreinrichtung war zunächst in der Gipsstraße 12a untergebracht. Seit der Errichtung des neuen Gemeindezentrums von Adass-Jisroel in der Artilleriestraße 31 (heute Tucholskystraße 40) im Jahre 1904 befand sich das Rabbinerseminar dort im Vorderhaus. Nachdem auch die Lehranstalt für die Wissenschaft des Judentums in die Artilleriestraße umgezogen war, bezeichnete der Volksmund die beiden Bildungseinrichtungen als „die schwere und die leichte Artillerie". Jede reklamierte natürlich für sich, die „schwere Artillerie" zu sein.

**Adresse**
Mitte, Tucholskystraße 40
**Anfahrt**
S1, S2, S25 Oranienburger Straße, Bus 142 Tucholskystraße

Der damalige Leiter Rabbiner Meir Hildesheimer versuchte noch 1934 erfolglos, das Seminar nach Palästina umziehen zu lassen. Das Rabbinerseminar musste bereits am 10. November 1938 schließen.

## Ehemalige Jüdische Mädchenvolksschule

Im Jahre 1835 wurde die erste Mädchenschule der Jüdischen Gemeinde gegründet. Sie befand sich zunächst im Gemeindehaus in der Heidereutergasse 5 und ab 1874 in der Rosenstraße 2. Erst im Jahre 1904 konnte die Schule ein eigenes Schulgebäude, das nach Plänen des Gemeindebaumeisters Johann Höniger neu errichtet wurde, in der Kaiserstraße 29/30 (heute: ungefähr Jacobystraße) beziehen. Als in dieses Haus die jüdische Knabenschule einzog, musste die Mädchenschule nochmals umziehen. Wiederum hatte die Gemeinde einen Neubau errichten lassen.

Der rote Klinkerbau in der Auguststraße wurde in den Jahren 1927/28 nach Plänen des Gemeindebaumeisters Alexander Beer im nüchternen Stil der Neuen Sachlichkeit gebaut. Ein 200 Quadratmeter großer Dachgarten diente als Pausenhof. Die Mädchenschule wurde hier am 31. August 1930 eröffnet. Wurden 1932 noch 441 Schülerinnen unterrichtet, waren es 1937 schon 869. Der Grund für den Anstieg dieser Zahl lag in der anwachsenden Schikanierung jüdischer Kinder an den öffentlichen Schulen.

Auch die Mädchenvolksschule musste am 30. Juni 1942 zwangsweise schließen. Das Gebäude diente im Zweiten Weltkrieg als Lazarett. Zur DDR-Zeit und nach ihrem Untergang war hier bis 1995/96 die Bertolt-Brecht-Oberschule untergebracht.

Im Rahmen der 4. Berlin Biennale im Jahre 2006 konnte das Schulhaus, in dessen Räumen Kunstexponate ausgestellt wurden, erstmals wieder für einige Wochen von einer breiten Öffentlichkeit betreten werden.

Nachdem das lange leerstehende Gebäude im Jahre 2009 an die Jüdische Gemeinde rückübertragen wurde, konnte es endlich gründlich, aber denkmalgerecht saniert werden. Seit 2012 befinden sich hier ein edles Restaurant, ein amerikanisches Deli, drei moderne Kunstgalerien und das Museum The Kennedys.

**Adresse**
Mitte, Auguststraße 11–13
www.maedchenschule.org
**Anfahrt**
S1, S2, S25 Oranienburger Straße, Bus 142 Tucholskystraße

## Jüdische Volkshochschule

Die 1962 gegründete Jüdische Volkshochschule ist im Gemeindezentrum in der Fasanenstraße untergebracht. Die Volkshochschule richtet sich an jüdische

**Adresse**
Charlottenburg, Fasanenstraße 79/80
030/88 02 82-65, -64
Bürozeiten: nach telefonischer Vereinbarung
www.jvhs.de
**Anfahrt**
U1 Uhlandstraße, U1, U9 Kurfürstendamm, Bus M49 Uhlandstraße / Kantstraße

und nichtjüdische Erwachsene, die sich für jüdische Kultur und Bildung interessieren. Hier können Studenten Kurse der hebräischen und jiddischen Sprache sowie Seminare zur jüdischen Geschichte, Religion, Philosophie, Kunst und Literatur belegen. Das umfangreiche Bildungsangebot wird durch Vorträge, Lesungen, Podiumsgespräche und Konzerte ergänzt. Gemeinsam mit den „Freunden der Deutschen Kinemathek e. V." wird seit 1995 ein jüdisches Filmfestival veranstaltet. Das aktuelle Kursprogramm ist in den beiden Gemeindezentren erhältlich und wird auf Wunsch auch zugeschickt.

## Heinz-Galinski-Schule

**Anfahrt**
S5, S7, S75 Messe Süd, Bus M19 Waldschulallee / Harbigstraße

Die Grundschule, die nach dem langjährigen Vorsitzenden der Jüdischen Gemeinde zu Berlin benannt ist, wurde am 15. September 1995 eingeweiht. Der moderne Entwurf stammt von dem israelischen Architekten Zvi Hecker. Die kranzförmige Anordnung der sechs Gebäude des Schulkomplexes, die um einen Innenhof gruppiert und miteinander verbunden sind, ist dem Umriss einer Sonnenblume nachempfunden. Der Lageplan des Bauensembles in einer durchbro-

Die Heinz-Galinski-Schule von Zvi Hecker

chenen Sichtbetonwand im Eingangsbereich dient gleichsam als Erkennungssignet. Durch die in spitzen Winkeln aufeinander zulaufenden Wände, die vorgesetzten sowie farblich abgehobenen Blenden und die abgerundeten Segmente wirken die Bauten sehr dynamisch. Etwa 300 jüdische und nichtjüdische Schüler werden hier unterrichtet.

**Adresse**
Charlottenburg, Waldschulallee 73
030 / 301 19 40
www.heinz-galinski-grundschule.cidsnet.de

## Rabbinerseminar / Jeschiwa Beth Zion / Lauder Midrascha

Das Jüdische Lehrhaus der Lauder Foundation wurde im Jahre 2000 gegründet und bezog Schul- und Wohnräume im Vorderhaus der Synagoge Rykestraße. Die 1987 von dem Sohn von Estée Lauder, der Gründerin der gleichnamigen Kosmetikfirma, ins Leben gerufene Stiftung fördert jüdisches Leben in Mittel- und Osteuropa und bildet Lehrer und Erzieher aus, die anschließend ihr Wissen über die jüdische Tradition vermitteln sollen. Die etwa 30 Studenten des Berliner Lehrhauses stammen sowohl aus Deutschland als auch aus Osteuropa und sind zwischen 16 und 25 Jahre alt. Die wenigsten von ihnen wollen Rabbiner werden; die meisten lernen hier die

Studiensaal im Rabbinerseminar

Innenansicht der Synagoge Brunnenstraße

**Adresse**
Rabbinerseminar:
Mitte, Brunnenstraße 33
030 / 405 04 69 44
www.rabbinerseminar.de
**Anfahrt**
U8, Tram M10 Bernauer Straße, Tram 12, M8 Pappelplatz

jüdische Traditionsliteratur zusätzlich zu ihren weltlichen Studien an anderen Bildungseinrichtungen. Der junge amerikanische Rabbiner **JOSHUA SPINNER** ist der Berliner Direktor der Lauder Stiftung und des Lehrhauses. Da die Räumlichkeiten für den wachsenden Schülerkreis zu eng wurden, suchte man nach einem neuen Schulgebäude für etwa 50 Schüler und fand es in einer ehemaligen Hinterhofsynagoge in der Brunnenstraße 33.

Seit dem Jahr 2006 werden auch Studentinnen am Jüdischen Lehrhaus in Berlin, in der Lauder-Midrascha, unterrichtet, und zwar in den vorhande-

Lauder Beth-Zion Schule in der Rykestraße

nen Räumen in der Rykestraße. Am Lehrhaus kann man keine staatlich anerkannten Abschlüsse erwerben, sondern es wird nur Weiterbildung angeboten. Es werden Stipendien für sozial schwache Studierende verliehen, außerdem gibt es einen Kindergarten sowie streng koschere Verpflegung.

**Adresse**
Prenzlauer Berg, Rykestraße 53
030 / 405 04 69 30
**Anfahrt**
Tram M2 Knaackstraße

## Touro College Berlin

Das Touro College Berlin ist die erste US-amerikanisch-jüdische Hochschule in Deutschland und wurde im Oktober 2003 feierlich eingeweiht. Ihr Gründer ist der amerikanische Rabbiner **BERNARD LANDER**, der seit 1970 eine Reihe von Touro Colleges unter anderem in New York, Jerusalem und Moskau eröffnet hat. Der Name der Hochschule geht auf **ISAAC TOURO** und seinen Sohn **JUDAH** zurück, zwei bedeutende jüdische Philanthropen der Gründerzeit der USA. Besonders wichtig ist es für Rabbiner Lander, dessen Berliner Verwandte 1943 ermordet wurden, dass in Berlin wieder jüdisches Leben und Lernen gedeiht.

Die rund 120 Studierenden können an dieser privaten Hochschule in drei Jahren den international anerkannten Bachelor of Science in Business, Management and Administration mit Fächern aus der Betriebswirtschaftslehre und, das ist das Besondere, Liberal Arts (Hebräisch, jüdische und amerikanische Geschichte, Philosophie und Grundlagen jüdischer Feiertage) erwerben. Weiterhin wird ein Studium für den Erwerb eines Master of Arts in Holocaust Communication and Tolerance angeboten. Etwa die Hälfte der Studierenden ist nichtjüdisch. Alle können aus dem Fächerangebot der Liberal Arts wählen; nur die Kurse über die Schoa sind Pflicht. Am Schabbat und an den jüdischen Feiertagen finden keine Lehrveranstaltungen statt. Koscheres Essen wird von einer Cateringfirma geliefert. Unterrichtssprache für die international zusammengesetzte Studenten- und Lehrerschaft ist Englisch.

Die Villa, in der die Hochschule untergebracht ist, wurde 1929/30 für die jüdische Familie **PAUL** und **MINNIE LINDEMANN** nach Plänen des Architekten

**Adresse**
Charlottenburg, Am Rupenhorn 5
030 / 300 68 60
www.touroberlin.com
**Anfahrt**
S5, S75 Pichelsberg, Bus M49 Stößenseebrücke

Bruno Paul errichtet. Nach 1933 musste sie zwangsweise und unter Wert verkauft werden. Ab 1935 war hier die Residenz des NS-Ministers für kirchliche Angelegenheiten, Hanns Kerrl, untergebracht. 1948 zog zunächst eine Jugendleiterschule der britischen Alliierten Streitkräfte und 1953 die Senatsverwaltung für Jugend ein. Als diese 2003 auszog, konnte noch im selben Jahr das Touro College einziehen.

# Sozialeinrichtungen

## Jüdisches Wohlfahrtswesen

Das universelle Gebot der Nächstenliebe, in der jüdischen Religion erstmals formuliert und damit weit über sie selbst hinaus wirkend, gilt im Judentum als Aufforderung zum sozialen Engagement für die Bedürftigen. Zu den „Liebestaten" zählen die Versorgung von Kranken, Alten, Waisen und Witwen, die Erziehung armer Kinder, die Bestattung der Toten, das Trostspenden, das Friedenstiften, die Hilfe für Fremde und das Almosengeben.

Aus diesem umfassenden Aufgabenbereich entwickelte sich schon früh ein überaus vielseitiges jüdisches Wohlfahrtswesen, das sich ausschließlich über private Spenden finanzierte und einen großen Anteil an ehrenamtlichem Engagement aufwies. Zahlreiche Sozialeinrichtungen wie Altersheime, Krankenhäuser, Waisen-, Kinder- und Flüchtlingsheime, Blindenanstalten und Volksküchen wurden gegründet.

Die erste wohltätige Stiftung dieser Art, der sogenannte *Hekdesch* (hebräisch „Geweihtes"), wurde im Jahre 1703 gegründet. Sie errichtete unter anderem 1756 das Krankenhaus in der Oranienburger Straße 8. Als die Jüdische Gemeinde die Hilfeleistung vom orthodoxen Lebenswandel des Bedürftigen abhängig machte, gründete Joseph Mendelssohn mit gleichgesinnten Aufklärern 1792 die **GESELLSCHAFT DER FREUNDE**, die der gegenseitigen Unterstützung bei Not und Krankheit diente und sich auch um den Dialog zwischen Juden und Christen bemühte. Sie wurde erst 1938 von den Nationalsozialisten zwangsweise aufgelöst.

Nach US-amerikanischem Vorbild gründete sich im Jahre 1882 auch in Deutschland die erste jüdische Loge, die Deutsche Reichsloge **BNE BRISS**. Ziel dieses reinen Männerordens war neben kulturellen Aktivitäten vor allem das soziale Engagement für Arme, Kranke, Opfer von Verfolgungen und Arbeits-

Joseph Mendelssohn, Bankier und Mitbegründer der „Gesellschaft der Freunde"

lose. In diesem Sinn nahm im Jahre 1896 z. B. der Verein für Arbeitsnachweis in der Rosenthaler Straße 34/35 seine Arbeit auf. Er vermittelte Stellen an jüdische Arbeitslose. Frauen, die in Deutschland von der Logenarbeit ausgeschlossen waren, organisierten sich in Schwesternverbänden. In Berlin unterhielten sie z. B. ein Heim für ledige Mütter in der Brunnenstraße 41.

Ein eindrucksvolles Beispiel für privates Engagement stellt Hermann Abraham (1847–1932) dar, der im Jahre 1891 die Israelitische Volksküche in der Klosterstraße 99 gründete und leitete. Diese Küche bot zunächst jüdischen und nichtjüdischen Bedürftigen eine warme Mahlzeit und musste nach 1939 jüdische Zwangsarbeiter und später die Insassen der Deportationssammellager versorgen.

Die 1917 gegründete **ZENTRALWOHLFAHRTSSTELLE DER DEUTSCHEN JUDEN** war der Dachverband von zeitweise über 200 jüdischen Hilfsorganisationen. Sie wurde nach dem Krieg, im Jahre 1951, wiedergegründet und hat ihren Sitz erneut in Berlin, in der Oranienburger Straße 31. Gegen Ende der 1920er-

Jahre verzeichnete das „Jüdische Jahrbuch für Groß-Berlin" allein zwölf jüdische Waisenhäuser und Kinderheime sowie acht jüdische Altersheime in der deutschen Hauptstadt.

In der NS-Zeit wuchs die wirtschaftliche Not für jüdische Bürger durch immer neue Verordnungen. Im Oktober 1935 wurde die Jüdische Winterhilfe gegründet, die in dem Gebäude der Gemeindeverwaltung in der Rosenstraße 2–4 untergebracht war. Sie organisierte die Verteilung von Lebensmitteln und Kohlen. Die Ausgabestellen in Mitte befanden sich in der Auguststraße 16 und 17. Zusätzlich wurde eine Kleiderkammer eingerichtet. Die 1933 gegründete Zentralstelle für Jüdische Wirtschaftshilfe, die in der Oranienburger Straße 31 ihren Berliner Sitz hatte, bot Rechtsberatung, Kredite, Stellenvermittlung und Umschulungen für jüdische Kleinunternehmer und Selbstständige an, bis auch sie 1940 aufgelöst wurde.

## Ehemaliges Altersheim Große Hamburger Straße*

Am 27. Juli 1827 wurde das erste jüdische Altersheim gegründet, das sich zunächst in der Oranienburger Straße 6–8 befand. Am 28. Juli 1844 konnte ein Neubau, der vom Magistrat mit 2000 Talern unterstützt worden war, in der Großen Hamburger Straße 26 bezogen werden. Großzügige Spenden ermöglichten in den Jahren 1867 und 1874 notwendig gewordene Anbauten. Die Bewohner lebten in Ein- oder Zweibettzimmern und konnten im Heim auch eine Bibliothek und verschiedene Aufenthaltsräume nutzen. Die sanitären Anlagen und die Küche wurden entsprechend dem technischen Fortschritt wiederholt modernisiert. Der spätere Landesrabbiner der ostdeutschen Gemeinden **MARTIN RIESENBURGER** wirkte ab 1933 in diesem Altersheim.

Im Jahre 1942 räumte die Gestapo das Heim und missbrauchte es als Sammellager. Im Keller und im ersten Obergeschoss wurden vergitterte Gefängniszellen eingerichtet. Bewaffnete Posten bewachten

**Martin Riesenburger**
**Geboren 1896 in Berlin, gestorben 1965 ebenda, studierte Religionsphilosophie und Musik, war als Pianist und Religionslehrer sowie ab 1933 im Jüdischen Altersheim als Prediger und Seelsorger tätig, hielt nach dem Zweiten Weltkrieg den ersten Gottesdienst in Berlin, ab 1953 Gemeinderabbiner, ab 1961 Landesrabbiner der DDR**

das Gebäude, dessen Vorder- und Hinterfront zusätzlich durch Scheinwerfer gesichert waren. Dennoch gelang einigen hier Festgehaltenen während eines Bombenangriffs in der Silvesternacht 1943 die Flucht über den Friedhof.

Gegen Kriegsende wurde das Gebäude von Bomben zerstört und später abgerissen. Eine Gedenktafel erinnert an die Deportationen der Berliner Juden. Rechts daneben wurde eine von Will Lammert gestaltete Skulpturengruppe aufgestellt. Seit der Umgestaltung des Areals in den Jahren 2007/08 markieren rote Ziegelbänder den Grundriss des ehemaligen Altersheims.

**Adresse**
Mitte, Große Hamburger Straße 26
**Anfahrt**
S3, S5, S7, S75 Hackescher Markt, Tram M1, M5 Monbijouplatz

## Ehemaliges Altersheim Schönhauser Allee

Anlässlich ihrer Silberhochzeit im Jahre 1880 übernahm das Ehepaar **BERTHA** und **MORITZ MANHEIMER** die Finanzierung eines neuen Altersheims. Moritz Manheimer hatte mit seinem älteren Bruder Valentin die Damenkonfektionsfirma „Gebrüder Manheimer" in der Oberwallstraße 6–7 in Mitte betrieben, widmete sich seit 1872 jedoch nur noch seinen zahlreichen wohltätigen Stiftungen.

In dem am 11. November 1883 eingeweihten Gründerzeitbacksteinbau fanden bis zu 89 bedürftige alte Menschen eine Unterkunft. Bertha Manheimer besuchte das Heim täglich, um sich um die Versorgung zu kümmern. Die Eheleute Manheimer sind auf dem Jüdischen Friedhof in der Schönhauser Allee, hinter dem Altersheim, begraben.

Im Jahre 1941 wurden die verbliebenen Senioren mitsamt dem Pflegepersonal nach Auschwitz verschleppt. Anschließend nutzte die SS das auf diese Weise freigeräumte Gebäude. Nach dem Krieg zog die Volkspolizei ein, und seit der Wiedervereinigung bis 2003 war hier die Polizeidirektion von Prenzlauer Berg untergebracht. Nach langem Leerstand wurde das Haus verkauft, ab 2010 saniert und mit teuren Eigentumswohnungen ausgestattet. Eine Gedenktafel und eine Informa-

**Adresse**
Prenzlauer Berg, Schönhauser Allee 22
**Anfahrt**
U2 Senefelderplatz

tionsstele zur Erinnerung an die einstigen Bewohner und ihr Schicksal wurden am 30. Oktober 2015 enthüllt.

## Leo-Baeck-Altenwohnheim und Jeanette-Wolff-Heim – Jüdisches Seniorenzentrum

Die beiden Einrichtungen für jüdische Senioren befinden sich in einem Gebäudekomplex. Benannt sind sie nach bedeutenden jüdischen Persönlichkeiten. Der Rabbiner und Gelehrte Leo Baeck war der letzte Präsident der Reichsvertretung deutscher Juden, und die sozialdemokratische Politikerin Jeanette Wolff war Mitglied des Deutschen Bundestages und des Abgeordnetenhauses von Berlin.

Beide Wohnheime wurden im Jahre 1980 eingeweiht. Speisesaal, Cafeteria, Friseursalon, Bibliothek und auch eine kleine Synagoge stehen den Bewohnern der insgesamt 150 Appartements im Haus selbst zur Verfügung.

**Adresse**
Leo-Baeck-Altenwohnheim:
Charlottenburg, Herbartstraße 26
Jeanette-Wolff-Heim:
Charlottenburg, Dernburgerstraße 36
**Anfahrt**
S41, S42, S46, S47
Messe Nord / ICC

## Ehemaliges Gemeindehaus Auguststraße

Das Gebäude Auguststraße 17 beherbergte im Laufe seiner Geschichte zahlreiche jüdische Sozialeinrichtungen. Zuerst wurde hier im Jahre 1895 ein Schwesternheim für das benachbarte Jüdische Krankenhaus eingerichtet. Von 1917 bis 1920 verwaltete der „Jüdische Volksverein" von hier aus einige Herbergen für jüdische Flüchtlinge aus Russland. Ab 1920 nutzten unter anderem der „Verband der Ostjuden" und das „Arbeiterfürsorgeamt der jüdischen Organisationen Deutschlands" das Haus.

Die letztgenannte Institution kümmerte sich mit Rechtsberatungen sowie der Vermittlung von Unterkunft und Arbeit um jüdische Flüchtlinge. Im Jahre 1923 wurde die „Arbeitsgemeinschaft der jüdischen Arbeitsnachweise" gegründet; ihr Büro eröffnete ebenfalls in diesem Gebäude. Allein 1929

**Adresse**
Mitte, Auguststraße 17
**Anfahrt**
S1, S2, S25 Oranienburger Straße, Bus 142
Tucholskystraße

waren hier 11 543 jüdische Arbeitslose registriert. Ab 1933 befanden sich auch ein Heim für obdachlose Frauen und Mädchen sowie das Wohlfahrtsamt Mitte, beides Institutionen der Jüdischen Gemeinde, in der Auguststraße 17.

## Ehemaliges Jüdisches Krankenhaus Auguststraße

Der Architekt Eduard Knoblauch (um 1850)

Nachdem das Jüdische Krankenhaus in der Oranienburger Straße den Anforderungen nicht mehr genügte, wurde es im Jahre 1861 in den Neubau im Hinterhof der Auguststraße verlegt. Das streng wirkende Gebäude aus Klinkersteinen hatte **EDUARD KNOBLAUCH** entworfen, der wenig später auch die Neue Synagoge in der Oranienburger Straße bauen sollte. Beide Einrichtungen befanden sich auf demselben langgezogenen Grundstück der Gemeinde. Das Krankenhaus mit zunächst 120 Betten besaß eine moderne sanitäre Ausstattung mit Badezimmern und Wasserklosetts.

Nachdem das Krankenhaus 1914 in die Exerzierstraße in Wedding umgezogen war, befanden sich hier zahlreiche soziale und kulturelle Einrichtungen der Jüdischen Gemeinde. Im Jüdischen Jahrbuch aus dem Jahre 1928 werden folgende Einrichtungen allein im Gebäudekomplex Auguststraße 14–16 erwähnt: Mädchenwohnheim des Verbandes Berlin vom Jüdischen Frauenbund, Tagesheim für Säuglinge, Beerdigungsgesellschaft *Chewra Kaddischa* Groß-Berlin, Kochschule der Jüdischen Gemeinde, Jüdisches Kinderheim *Ahawah*, Nähstube für Frauen und Mädchen, Zahnklinik und orthopädischer Turnsaal der Jüdischen Kinderhilfe, Kinderstube des Wohlfahrtsamtes der Jüdischen Gemeinde, Jüdisches Mädchenheim *Ahawah*, Kindergarten *Agudas Jisroel* und Kleiderkammer *Peah* der Jüdischen Gemeinde.

Das von der Jüdischen Gemeinde unterhaltene Heim für Flüchtlingskinder aus Osteuropa hieß seit 1922 **AHAWAH** (hebräisch „Liebe"). Der Kernsatz des Erziehungskonzepts lautete: „Die Kinder werden im absolut jüdischen Sinne erzogen und erst dann

**Beate Berger**
Geboren 1886 in Niederbreisig (heute Bad Breisig), gestorben 1940 in Kirjat Bialik (heute Israel), Krankenschwester, Sozialarbeiterin und Heimleiterin, schuf ein Kinder- und Jugenddorf in Palästina für die von ihr aus Deutschland geretteten Kinder

entlassen, wenn sie nach Erlernung eines Berufs auf eigenen Füßen stehen können." In den Jahren 1934/35 wanderte ein Teil der Kinder mit der Leiterin Beate Berger nach Palästina aus. Von 1941 bis 1943 richtete die Gestapo in der Auguststraße 14–16 ein Sammellager für alte und kranke Juden ein.

Nach Kriegsende wurden hier eine Hilfsschule, die Max-Planck-Oberschule und ein Internat für sehschwache Kinder untergebracht. Nach der Wiedervereinigung erfolgte die Rückübertragung an die Jüdische Gemeinde, die das dringend sanierungsbedürftige Gebäudeensemble voraussichtlich wieder für soziale und kulturelle Zwecke nutzen möchte. Nachdem im Jahre 2011 der Komplex zum „Kulturdenkmal von nationaler Bedeutung" erklärt wurde, begann im selben Jahr die nutzungsneutrale Substanzsicherung und Restaurierung.

**Adresse**
Mitte, Auguststraße 14–16
**Anfahrt**
S1, S2, S25 Oranienburger Straße, Bus 142 Tucholskystraße

## Ehemaliges Israelitisches Krankenhaus

In dem viergeschossigen Klinkerbau befand sich ab 1909 das neun Jahre zuvor von Adass-Jisroel gegründete Israelitische Krankenhaus, das bis dahin unzureichend in der Prenzlauer Allee 36 und in der Königgrätzer Straße 46 (heute: Stresemannstraße) untergebracht gewesen war. Die Gründung eines eigenen Krankenhauses der orthodoxen Separatgemeinde war durch eine großzügige Geldspende von Abraham Zamory, einem Tuchfabrikanten und Mitbegründer der Gemeinde, ermöglicht worden. Das Krankenhaus stand allen Kranken ohne Unterschied des Standes, des Geschlechts und der Herkunft für ärztliche Behandlung offen. Die Patienten erhielten koschere Verpflegung. Ende September 1941 wurde das Krankenhaus zwangsweise geschlossen.

Danach wurden in dem Gebäude infamerweise zugleich ein Heim der Hitlerjugend und ein Büro der Reichsvereinigung der Juden in Deutschland untergebracht. In der Nachkriegszeit beherbergte das Haus zuerst das Polizeipräsidium Berlin, später eine Dienststelle der Deutschen Reichsbahn.

**Adresse**
Mitte, Torstraße 146
**Anfahrt**
U8, Tram M1, M8
Rosenthaler Platz

Im Mai 2002 zerstörten Unbekannte in dem seit der Wiedervereinigung leerstehenden Gebäude zahlreiche Einrichtungsgegenstände. Auf die Geschichte dieses dringend sanierungsbedürftigen Hauses verweist noch immer keine Gedenktafel.

## Jüdisches Krankenhaus Berlin

Im Jahre 1914 bezog das Jüdische Krankenhaus seinen neuen Standort in Wedding. Auf dem gemeindeeigenen Grundstück wurden sieben neue Gebäude mit insgesamt 270 Betten errichtet. Die Krankenhauseinrichtung befand sich auf dem neuesten Stand der Technik. Gleich gegenüber, in der Exerzierstraße 13 (heute Iranische Straße 3), war schon seit 1902 ein Jüdisches Altersheim untergebracht.

In der Pathologie des Krankenhauses richtete die SS 1941 ein Sammellager und ein Gefängnis ein. Von hier wurden die Insassen in das Konzentrationslager Theresienstadt oder ins Massenvernichtungslager Auschwitz verschickt. In der „Krankenhaus-Aktion" wurde am 10. März 1943 die Hälfte des Personals deportiert. Als am 10. Juni 1943 mit der Reichsvereinigung der Juden in Deutschland und der Jüdischen Kultusvereinigung zu Berlin die letzten verbliebenen jüdischen Organisationen in Deutschland von der Gestapo aufgelöst wurden, gab es nur noch zwei jüdische Einrichtungen in Berlin: den Jüdischen Friedhof in Weißensee und das Jüdische Krankenhaus in der Exerzierstraße. Allerdings wurden beide Einrichtungen scharf von der Gestapo überwacht. Im Krankenhaus wurde der Obermedizinalrat **WALTER LUSTIG** (1891–1945), der in „Mischehe mit einer Arierin" lebte, mit dessen Leitung und der Selektion der letzten verbliebenen Juden Berlins für die Deportation beauftragt. Offenbar verrichtete er seine Aufgabe mit gründlichem Gehorsam, da er nach dem Krieg als Kollaborateur angezeigt und von der sowjetischen Militäradministration vermutlich hingerichtet wurde.

Durch Denunziation aufgespürte Juden, die mit falschen Papieren oder im Versteck lebten, wurden in das im Krankenhaus eingerichtete Gestapo-Gefängnis gebracht, um sie unter Folter zum Verrat weiterer „Illegaler" zu zwingen. Aus allen Teilen Deutschlands verschleppte die Gestapo zahlreiche Juden, die bis dahin in „Mischehen" überlebt hatten und nun als nicht mehr arbeitsfähig eingestuft wurden, in die Exerzierstraße in Berlin. Bis zum Kriegsende waren im Krankenhaus zeitweise bis zu 1000 Menschen unter unmenschlichen Bedingungen interniert. Viele von ihnen konnten aufgrund ihres schlechten Gesundheitszustandes nicht deportiert werden. Der letzte Todestransport verließ das Krankenhaus noch am 27. März 1945.

Im Mai 1945 wurden insgesamt 800 Überlebende, die zumeist schwer krank und unterernährt waren, im Krankenhaus befreit. Schon in der langen Genesungszeit begannen einige von ihnen mit den ersten Aktivitäten zur Wiederbelebung einer jüdischen Gemeinde. Die meisten wanderten jedoch, sobald sie konnten, aus Deutschland aus.

Da das Krankenhaus für die nun relativ kleine Jüdische Gemeinde von Berlin bald zu groß und zu kostspielig war, wurde es im Jahre 1963 in ein öffentliches Krankenhaus unter Trägerschaft einer Stiftung umgewandelt. Im Kuratorium sitzen jedoch satzungsgemäß immer zwei Gemeindevertreter, sodass weiterhin enge Kontakte zwischen den beiden Institutionen bestehen. Erst in jüngster Zeit werden mit dem schwungvollen Anwachsen der Jüdischen Gemeinde wieder zunehmend jüdische Patienten behandelt. Ende Dezember 2000 konnte die ehemalige kleine Synagoge, die nach dem Krieg als Umkleidekabine für einen Baderaum genutzt wurde, nach ihrer Sanierung wieder durch einen Gottesdienst geweiht werden.

**Adresse**
Wedding, Heinz-Galinski-Straße 1
030 / 499 40
www.juedisches-krankenhaus.de
**Anfahrt**
U8, U9, Tram 50, M13
Osloer Straße

## Ehemaliges Jüdisches Waisenhaus

Bereits seit 1882 befand sich an dieser Stelle ein Waisenhaus, das von Hermann Makower gegründet wurde. 1912 wurde ein Neubau für das Jüdische Waisenhaus errichtet und ein Jahr später eröffnet. Bis zu 100 Kinder waren in dem dreistöckigen

**Hermann Makower**
Geboren 1830 in Santomischel (heute Polen), gestorben 1897 in Berlin, Jurist, 1866–1892 Mitglied und ab 1870 Vorsitzender der Repräsentantenversammlung der Jüdischen Gemeinde zu Berlin

neobarocken Gebäude untergebracht. Die mit kunstvollen Bemalungen verzierte Kassettendecke der im Haus eingerichteten Synagoge wurde von Josef Garbáty gestiftet, der die benachbarte Zigarettenfabrik besaß. Nach der zwangsweisen Schließung und der Deportation der letzten Kinder zog hier 1943 eine Dienststelle des Reichssicherheitshauptamtes ein. Nach dem Krieg beherbergte das Gebäude zunächst die Pankower Bezirksverwaltung und den deutschen Sportbund, dann die polnische und seit den 1970er-Jahren die kubanische Botschaft. Die Walter-und-Margarete-Cajewitz-Stiftung kaufte 1999 von der Jewish Claim Conference das Haus, das grundlegend saniert wurde und in dem jetzt die Stadtbibliothek, die Ersatzschule „Pankower Früchtchen" und eine Suchthilfeeinrichtung eingezogen sind. Wie einst ist im Giebelfeld der Fassade wieder zu lesen: „II. Waisenhaus der jüdischen Gemeinde in Berlin erbaut im Jahre 1912–13". Der frühere Betsaal im zweiten Stock konnte Anfang 2002 nach der Restaurierung der kostbaren Kassettendecke feierlich wiedereröffnet werden. Hier finden mitunter Konzerte, Lesungen und Ausstellungen vor allem mit interkulturellem Charakter statt.

**Adresse**
Pankow, Berliner Straße 120/121
www.juedisches-waisenhaus-pankow.de
**Anfahrt**
S2, S8, S9, U2, Tram 50, M1 Pankow

# Jüdische Friedhöfe

## Beisetzungsriten

Die Anlage eines eigenen Friedhofs gehört immer zu den ersten Anstrengungen einer neu gegründeten jüdischen Gemeinde. Jüdische Friedhöfe werden für die Ewigkeit angelegt; die Gräber bleiben erhalten, sie werden nicht aufgelöst oder neu belegt. Die üblichen hebräischen Bezeichnungen für einen Friedhof lauten übersetzt: „Haus der Gräber", „Haus des Lebens" oder „Ewiges Haus". Im deutschsprachigen Raum ist auch die euphemistische Bezeichnung „Guter Ort" für einen jüdischen Friedhof weit verbreitet.

Die Beisetzung erfolgt in der Regel innerhalb kürzester Zeit nach dem Tod. Ursprünglich ist das Klima des Vorderen Orients für diesen Brauch verantwortlich. Im traditionellen Judentum gibt es keine Feuerbestattung, da an die Auferstehung der Toten geglaubt wird. Die engsten Familienangehörigen des Toten zerreißen als Zeichen der Trauer und des Schmerzes ihre Kleider. Heute wird nur noch symbolisch ein Kleidungsstück – z. B. eine Krawatte oder ein angeheftetes Bändchen – zerrissen. Traditionell spricht der älteste Sohn am Grab ein aramäisches Gebet, das *Kaddisch*. Dies verleiht nicht dem Schmerz der Hinterbliebenen Ausdruck, sondern ist ein einziger Lobpreis Gottes. Es heißt darin: „Erhöht und geheiligt werde sein großer Name in der Welt, die er erneuern wird, wenn er die Toten belebt und zum ewigen Leben führt, die Stadt Jerusalem erbaut und den Tempel wieder errichtet."

Anstelle von Blumen legen die Besucher zur Erinnerung Steine auf die Grabsteine. Jede Art von Totenkult ist im Judentum eigentlich unerwünscht. Jeder ist im Tode gleich; die sozialen und geistigen Unterschiede sind aufgehoben. Alle Toten werden, eingehüllt in ein schlichtes Leichengewand, in den gleichen einfachen Holzsärgen begraben. Doch die Übernahme von nichtjüdischen Gebräuchen der Umwelt auch in diesem Bereich führte zu einer weit-

Grabstein Heinz Galinski auf dem Friedhof Heerstraße

gehenden Differenzierung. Schon auf dem Friedhof in der Schönhauser Allee und noch mehr auf dem später angelegten Friedhof der Hauptgemeinde in Weißensee befinden sich zahlreiche repräsentative Grabanlagen mit reichlich Schmuck und Verzierungen. Die Individualität des Verstorbenen und natürlich die materielle Ausstattung seiner Familie haben zunehmend die Größe und künstlerische Umsetzung des Grabes bestimmt.

Die hebräischen Inschriften, die Namen der Verstorbenen und Angehörigen, die Lebensdaten und mitunter Berufsbezeichnungen sind von großer kulturgeschichtlicher Aussagekraft. Besonders ältere Grabsteine sind oft die einzigen Zeugnisse für jüdische Gemeinden und ihre Mitglieder, da Archivalien wie die Kirchenbücher christlicher Gemeinden fehlen. Für die Zeit nach 1875 kann man allerdings auch auf die Eintragungen in den Standesämtern zurückgreifen. Die hebräischen Inschriften folgen häufig festgelegten Formularen. Besonders bestimmte Formeln werden abgekürzt. Die Inschrift beginnt fast immer mit zwei hebräischen Buchstaben (*Pe* und *Tet* bzw. *Nun*), die als Abkürzung stehen für die einleitenden Worte (deutsch: hier ist geborgen bzw. begraben). Die hebräische Buchstabenfolge am Ende der Inschrift (*Taw*, *Nun*, *Zade*, *Bet* und *He*) ist die Abkürzung für einen hebräischen Lobspruch, der in deutscher Übersetzung „Es sei seine / ihre Seele eingebunden in den Bund des (ewigen) Lebens" lautet. Mit zunehmender Assimilierung ist die hebräische Sprache kontinuierlich weniger und die deutsche mehr für Grabinschriften verwendet worden. Oft sind Grabsteine auch zweisprachig beschriftet, wobei es mitunter feine Nuancierungen der parallelen Texte zu entdecken gibt.

Kommen bildnerische Darstellungen auf jüdischen Grabsteinen vor, so handelt es sich fast ausschließlich um jüdische Symbole. Oft sind es Davidsterne, es kommen aber auch Abbildungen von siebenarmigen Leuchtern, Kronen, Trauben und Tieren vor. Die Tierbildnisse spielen meistens auf den Namen des Verstorbenen an. Bei Gelehrten findet man auch Löwen, Bundestafeln oder Torarollen. Die zum Priestersegen

Gräber von Rabbi Michael Landsberger (1804–1870) und seiner Gattin

gespreizten Hände sind den Nachfahren der Priester (hebräisch *Kohen*), die an ihren Namen, z. B. Cohen, Kahn oder Katz, zu erkennen sind, vorbehalten. Das Motiv eines Kruges – manchmal zusammen mit einer Schüssel zu sehen – verweist auf die Nachfahren der Leviten, der einstigen Tempeldiener.

Durch die Anpassung an die nichtjüdische Umwelt haben allerdings auch einige ursprünglich nichtjüdische Symbole Eingang auf jüdischen Friedhöfen gefunden. Zweige, Kränze, Girlanden, Fackeln, Sanduhren, umgeknickte Bäume oder Rosen sind besonders zahlreich auf dem Friedhof der Hauptgemeinde in Weißensee zu sehen. In diese Entwicklung gehören auch die skulpturalen Darstellungen von abgebrochenen Säulen, Baumstümpfen, Vasen oder Trophäen. Ebenso waren Blumensträuße und Zierrabatten traditionell im Judentum unbekannt.

Jeder männliche Besucher eines jüdischen Friedhofs muss eine Kopfbedeckung tragen. Zur Not kann am Eingang eine einfache Kappe aus Pappkarton entliehen werden. Wie auf jedem Friedhof herrschen auch hier Ruhe, Trauer und Besinnung. Die Teilnahme an einer Beerdigung gehört zu den religiösen Geboten im Judentum. Zu den Aufgaben der einstigen ehrenamtlichen Beerdigungsgesellschaften (*Chewra Kaddischa*) gehörten die Krankenpflege, die rituelle Waschung der Leiche, die Bewachung derselben, um eine mögliche Entweihung und Verunreinigung zu verhindern, die Einkleidung in das Sterbegewand, die Bestattung des Toten und schließlich die Begleitung der Hinterbliebenen bei allen Beerdigungsformalitäten. Heutzutage werden diese Aufgaben von modernen Bestattungsinstituten erledigt.

## Juden-Kiewer Spandau*

Die Bezeichnung **KIEWER**, die in dieser Schreibweise in älteren Chroniken belegt ist, kommt vom hebräischen Wort *Kewer* (hebräisch „Grab"). Es wird geschätzt, dass im 13. und frühen 14. Jahrhundert etwa 150 bis 200 Juden in Spandau lebten. Aus dem Jahre 1324 stammt die erste urkundliche Erwähnung

Grabstein vom Spandauer Juden-Kiewer

des jüdischen Friedhofs in Spandau. Er muss jedoch schon weit früher existiert haben, da der älteste hier gefundene Grabstein die Jahreszahl 1244 trägt. Für ihre gepachtete Begräbnisanlage mussten die Spandauer Juden an den Stadtrat einen jährlichen Grundzins von einem Schock und 13 Groschen entrichten. Auch Juden aus Berlin wurden in Spandau begraben, was darauf hindeuten könnte, dass sie zu dieser Zeit keinen eigenen Friedhof besaßen. Als im Jahre 1510 die Juden aus Berlin und der Mark Brandenburg vertrieben wurden, zerstörten die christlichen Bewohner den Friedhof und verwendeten die Grabsteine als Baumaterial für die in den folgenden Jahren errichtete Zitadelle.

In den Jahren 1955/56 fand man bei Rekonstruktionsarbeiten in den Grundfesten der Spandauer Zitadelle die ersten 19 eingemauerten jüdischen Grabsteine. Nach weiteren Ausgrabungen in den 1980er-Jahren wurden bis heute insgesamt 80 Steine sowie kleinere Fragmente entdeckt. Bei den Grabsteinen handelt es sich zumeist um kaum bearbeitete Findlinge, die mit knappen, schmucklosen hebräischen Inschriften versehen sind. Die meisten Steine stammen aus der ersten Hälfte des 14. Jahrhunderts.

Die Grabsteine können seit 2015 im sogenannten Archäologischen Fenster in der Westkurtine der Zitadelle besichtigt werden. Vier weitere Grabsteine vom Spandauer Juden-Kiewer sind zu beiden Seiten des Mittelweges auf dem Jüdischen Friedhof in der Heerstraße aufgestellt worden.

**Öffnungszeiten**
Tägl. 10–17 Uhr
**Adresse**
Zitadelle Spandau,
Am Juliusturm 64
030/354 94 40
www.zitadelle-berlin.de
**Anfahrt**
U7 Zitadelle, Bus X33
Zitadelle Spandau

## Friedhof Große Hamburger Straße

Im Häusermeer der Spandauer Vorstadt liegt etwas versteckt in der Großen Hamburger Straße eine kleine grüne Oase. Doch nicht umsonst beginnt der Berliner Schriftsteller und Feuilletonist Heinz Knobloch sein Buch „Herr Moses in Berlin" mit der Warnung „Misstraut den Grünanlagen!". Denn diese so harmlos ausschauende Grünfläche bedeckt den im Nationalsozialismus zerstörten ältesten Friedhof der 1671 gegründeten Jüdischen Gemeinde Berlins. Er wurde im Jahre 1672 eingeweiht und musste 1827 aus Kapazitätsgründen geschlossen werden. Danach wurden hier nur noch Familien- und Erbbegräbnisse durchgeführt. Ein Teil des von Model Riess erworbenen Grundstücks wurde im Jahre 1714 der benachbarten evangelischen Sophienkirche für ihren Friedhof als Schenkung überlassen.

Auf dem 0,59 Hektar kleinen jüdischen Friedhof sollen einst mehr als 12 000 Gräber angelegt worden sein. Doch diese Zahl ist nicht gesichert und könnte auch etwas zu hoch gegriffen sein. Zahlreiche Grabsteine und einfache Grabzeichen aus Holz, für ärmere Verstorbene errichtet, fielen einem Feuerwehreinsatz auf dem Friedhof zum Opfer. Der einstige Friedhofsverwalter Leiser Landshuth legte jedoch im Jahre 1872 ein handschriftliches Verzeichnis von immerhin noch 2767 entzifferbaren Grabsteinen mit ihren Inschriften an. Die Inschriften waren ohne Ausnahme in hebräischer Schrift, selbst die wenigen deutschsprachigen.

Die Gestapo zerstörte den Friedhof im Jahre 1943 fast vollständig, als sie quer über die Begräbnisanlage einen Splittergraben ausheben und mit Grabsteinen absteifen ließ. Zahllose Bombentote der letzten Kriegstage wurden hier in Massengräbern verscharrt.

Auf dem Friedhof wurden zahlreiche berühmte Mitglieder der ersten Gründergeneration der Jüdischen Gemeinde begraben, unter ihnen z. B. der Rabbiner David Fränkel (1707–1762), der Seidenfabrikant Isaak Bernhard (gestorben 1768), der Hofjuwelier und Münzpächter Veitel Heine Ephraim (1703–1775), der Philosoph Moses Mendelssohn (1729–1786), der Bankier Daniel Itzig (1725–1799), der Arzt Marcus Herz (1747–1803), der Bankier und Hofbaurat Isaak Daniel Itzig (1750–1806) und der Zuckerfabrikant Jacob Herz Beer (1769–1825).

Heute ist auf dem Friedhof Große Hamburger Straße nur noch ein einziger frei aufgestellter Grabstein zu sehen. Es handelt sich um das Grab von **MOSES MENDELSSOHN**. Schon früh wurde er verehrt, und nicht wenige Besucher pilgerten nur seinetwegen auf diesen Friedhof. Als ein Zeichen der

Grabstein für Moses Mendelssohn in der Großen Hamburger Straße

Wertschätzung wurde der ursprüngliche Grabstein im Jahre 1880 durch einen neuen, größeren Granitstein mit Sockel und dreieckigem Giebel, ersetzt. Auf der Vorderseite trug der Stein in goldenen Lettern eine hebräische und eine deutsche Inschrift, umgeben war er von einem hohen Eisenzaun. Auch dieser Grabstein fiel der Zerstörung des Friedhofs im Jahre 1943 zum Opfer. Der dritte Grabstein für Mendelssohn, dieses Mal ein sehr schlichter quaderförmiger Muschelkalkstein, wurde im Jahre 1962 ungefähr dort aufgestellt, wo man das einstige Grab vermutet. Wegen Witterungsschäden ersetzte man ihn im Jahre 1990 durch den vierten, heute noch zu sehenden Grabstein. Dieser wirkt, verglichen mit seinem unmittelbaren Vorgänger, durch den Bogengiebel wieder altertümlicher. Er trägt, allerdings auf Vorder- und Rückseite verteilt, die Inschrift des zweiten Steins. Übersetzt lautet die hebräische Inschrift, die nicht genau mit der deutschen übereinstimmt (Ergänzungen zum leichteren Verständnis stehen in Klammern):

„Hier ist begraben der Weise Rabbi Moses aus Dessau. Er ist geboren am zwölften (Tag des Monats) Elul (des Jahres) 5489. Er ist heimgegangen am vierten Tag (der Woche = Mittwoch), dem fünften (Tag des Monats) Schewat. Und er wurde begraben am anderen Morgen, am fünften Tage (= Donnerstag), dem sechsten (Tag) desselben (Monats Schewat des Jahres) 5546. Es sei seine Seele eingebunden im Verbund des Lebens."

Typisch ist die Verwendung der hebräischen Monatsnamen und der hebräischen Jahreszählung, der abgekürzten Einleitungsformel und der Schlusseulogie. Beachtenswert sind hingegen die Ehrentitel „Weiser" und „Rabbi", die in der deutschsprachigen Version fehlen.

Seit 1974 ist der Friedhof eine denkmalgeschützte Parkanlage. Eine zweisprachige Gedenktafel wurde schon 1948 vom Vorstand der Jüdischen Gemeinde zu Berlin zur Erinnerung an die Geschichte dieser Begräbnisstätte an der südlichen Friedhofsmauer angebracht. Auch hier unterscheidet sich die hebräische Inschrift durch Einfügung eines Psalmverses, Verwendung des hebräischen Kalenders sowie den persönlicher gehaltenen Wortlaut deutlich von dem nüchternen deutschsprachigen Text. Zerstörte Sarkophaggräber, Abdrücke von Wandgrabsteinen und Sockelreste abgebrochener Grabsteine kann der aufmerksame Besucher noch heute am begrünten Randstreifen des Friedhofs entdecken.

In die Südmauer des Friedhofs eingelassen und dadurch vor den Verwüstungen geschützt, blieben 19 weitere, teilweise stark verwitterte, Grabsteine erhalten. Sie wurden im Jahre 1988 entfernt, um sie restaurieren zu lassen. Sie konnten im Jahre 2009 wieder an ihren ursprünglichen Platz zurückkehren. Unter ihnen befindet sich auch der Grabstein von Mordechai Gompricht, dem Begründer der Jüdischen Gemeinde zu Berlin.

Eine mehrsprachige, bebilderte Informationstafel wurde 2001 am Zugang zum Friedhof aufgestellt.

**Öffnungszeiten**
**Mo–Do 7.30–16 Uhr (Winter) bzw. 17 Uhr (Sommer), Fr 7.30–14.30 Uhr, So 8–16 Uhr (Winter) bzw. 17 Uhr (Sommer), samstags und an jüdischen Feiertagen geschlossen**

Mit den umfangreichen Umbauarbeiten von 2007 bis 2009 wurde der Friedhof gärtnerisch komplett umgestaltet und der Eingangsbereich mit einem Zaun gesichert. Der Friedhof wurde der Jüdischen Gemeinde zurückübertragen, und es gilt wieder eine Friedhofsordnung, das bedeutet, dass es Öffnungs- und Schließzeiten gibt und männliche Besucher eine Kopfbedeckung tragen müssen.

**Adresse**
Mitte, Große Hamburger Straße 26
030 / 88 02 80
**Anfahrt**
S3, S5, S7, S75 Hackescher Markt, Tram M1, M5 Monbijouplatz

## Friedhof Schönhauser Allee

Der Friedhof in der Schönhauser Allee wurde im Jahre 1827 eingeweiht, nachdem es schon 1794 im Preußischen Allgemeinen Landrecht hieß, dass „in bewohnten Gegenden keine Leichen beerdigt werden sollen". Der alte Friedhof in der Großen Hamburger Straße war inzwischen von Wohnvierteln umgeben und bot auch nicht mehr ausreichend freie Fläche für neue Gräber. So kaufte die Jüdische Gemeinde 1824 von dem Meiereibesitzer Wilhelm Gotthold Büttner für 5800 Taler ein etwa fünf Hektar großes Grundstück vor dem Schönhauser Tor, an der damaligen Pankower Chaussee. Am 29. Juni 1827 fand hier das erste Begräbnis für **SARA MEYER**, geborene Benda, statt. Ihr Grabstein trägt eingemeißelt die Nummer 1 und befindet sich auf Feld A, gleich hinter der Ehrenreihe, das dritte Grab von rechts. Bis zur Schließung im Jahre 1880 wurden auf dem Friedhof insgesamt 22 500 Einzelgräber und 750 Erbbegräbnisse angelegt. In der Zeit des Zweiten Weltkrieges wurden die Trauerhalle und benachbarte kleinere Gebäude sowie zahlreiche Grabsteine, besonders im Feld J, durch Bomben und Granaten zerstört. Ein 1961 am einstigen Standort der Trauerhalle, gleich links am Friedhofseingang, aufgestellter Gedenkstein von **FERDINAND FRIEDRICH** erinnert daran. Er trägt die Inschrift: „Hier stehst Du schweigend. Doch wenn Du Dich wendest, schweige nicht." An dieser Stelle ist ein moderner Beton-Glas-Neubau errichtet worden, der von den Architekten Ruth Golan und Kay Zareh entworfen wurde. Am 10. Juni 2005 wurde hier ein **LAPIDARIUM** eingeweiht, in dem eine Aus-

2005 eingeweihtes Lapidarium des Friedhofs Schönhauser Allee

stellung von 52 Grabsteinen, deren ursprünglicher Standort nicht mehr bekannt ist, sowie Tafeln mit einführenden Informationen zur jüdischen Begräbniskultur untergebracht sind. Der Friedhof steht heute unter Denkmalschutz und wird seit 1990 restauriert.

Auf diesem Friedhof kann man sicherlich Stunden und Tage verbringen und dabei doch immer wieder Neues, Interessantes entdecken. Demjenigen, der nur ein bis zwei Stunden Zeit hat, sei jedoch der folgende Rundgang, vorbei an den Gräbern einiger ausgewählter Prominenter und besonders bemerkenswerter Grabanlagen, empfohlen. Er beginnt am Eingang, biegt links ab in den Weg zwischen Feld L1 und L4, kehrt dann wieder um, passiert die Ehrenreihe und folgt der Friedhofsmauer immer im Uhrzeigersinn, bis der Eingang wieder erreicht ist.

**Öffnungszeiten**
Mo–Do 8–16 Uhr, Fr 7.30–13 Uhr

Auf dem linken Weg kommt nach etwa 35 Metern auf der linken Seite (Feld L4), hinter dem schwarzen Granitmal der Familie Croner, das Grab von **GERSON VON BLEICHRÖDER** (1822–1893), dem Berater Bismarcks und Hofbankier von Kaiser Wilhelm I. Noch zu Lebzeiten bestellte der sehr vermögende Bleichröder bei dem mit ihm befreundeten Bildhauer Reinhold Begas einen Entwurf für ein Erbbegräbnis in der Gestalt eines Mausoleums. Doch die von Begas geschätzten Baukosten von 75 000 Mark waren selbst Bleichröder zu hoch. Den schließlich errichteten und wesentlich preiswerteren Grabstein hat Begas immerhin noch in echtem Carrara-Marmor entworfen. Auf quadratischem Grundriss erhebt sich ein Postament, das nicht nur die Grabinschriften trägt, sondern auch das 1872 erworbene Adelswappen. Der freistehende Grabstein wird von einer großen, geschmückten Vase bekrönt.

An der nächsten Wegkreuzung links findet man auf Feld L3 das Erbbegräbnis des Unternehmers und Mäzens **JAMES HENRY SIMON** (1851–1932). Es besteht aus drei schlichten schwarzen Granitsteinen. Die Bescheidenheit, die hier zum Ausdruck kommt, entspricht der Großzügigkeit, mit der Simon seine zahlreichen Schenkungen und Stiftungen tätigte.

Auf demselben Weg zurückgekehrt, erreicht der Besucher gegenüber vom Ehrenmal einen Weg, der zwischen den Feldern L und J ein kleines Stück in den Friedhof hineinführt. An der nächsten Weggabelung führt der linke Weg zwischen den Feldern A und L entlang. Hier beginnt die Ehrenreihe des Friedhofs, die an der Westseite der nun rechter Hand liegenden Felder A und B angelegt wurde. Die hohen Grabsteine sind sehr gleichförmig und schmucklos gestaltet. In der Ehrenreihe sind die Grabstätten gleich zahlreicher bekannter Persönlichkeiten der Jüdischen

**Jüdischer Friedhof in der Schönhauser Allee**

Gemeinde zu finden, von denen hier nur einige kurz vorgestellt werden sollen.

Etwa in der Mitte der Ehrenreihe des Feldes A liegt das Grab von **MICHAEL SACHS** (1808–1864). Der Rabbiner wurde im schlesischen Glogau geboren. Nach seiner zehnjährigen Predigttätigkeit in Prag kam er im Jahre 1844 nach Berlin, wo er bis zu seinem Tode als Rabbiner wirken sollte. Er galt als brillanter und populärer Prediger. Er wandte sich vehement gegen die Einführung der Orgel in den Synagogalgottesdienst, unterstützte jedoch andererseits die Reformbestrebungen durch seine Übersetzungen der Gebetbücher in die deutsche Sprache. Als bedeutender Gelehrter, der Philosophie, Orientalistik und klassische Philologie studiert hatte, gehörte er zu den Vertretern der Wissenschaft des Judentums. Zusammen mit deren Begründer Leopold Zunz übersetzte er die Hebräische Bibel ins Deutsche. In der langen, inzwischen stark verwitterten hebräischen Inschrift des Grabsteins von Sachs heißt es unter anderem (nach einer älteren Übersetzung von Henriette Hirschberg):

„Des Abends- und Morgenlands Weisheit als Krone umglänzte ihn klar, / das Erbe seiner Väter ihm teuer vor allem war. / In dunkle Talmudsprache, bedeckt mit Staubesschicht, / bracht', weither aus der Ferne, er leuchtend helles Licht. / Und die unsere Ahnen gesungen, die Lieder ernst und trüb, / in unserer Zeiten Sprache macht' er sie aufs neue uns lieb."

Ironischerweise liegt nur ein kleines Stück weiter ein lebenslanger Gegenspieler von Sachs begraben, der radikale Reformer und Rabbiner des Tempels in der Johannisstraße **SAMUEL HOLDHEIM** (1806 bis 1860). Als Holdheim starb, drohte Sachs mit seinem Rücktritt, sollte der Tote in der Ehrenreihe begraben werden. Nun, er wurde hier begraben, und Sachs blieb trotzdem in seinem Amt. Geboren in Kempno bei Posen, erhielt Holdheim eine traditionelle Ausbildung in Tora und Talmud. Nach der gescheiterten Ehe mit einer gebildeten Frau, die ihn die deutsche Sprache und weltliche Fächer lehrte, studierte er in Prag Philosophie. Schon als Rabbiner in Frankfurt / Oder predigte er auf Deutsch und forderte eine Reformierung des überkommenen Erziehungssystems der Juden. Als Provinzrabbiner von Mecklenburg-Schwerin reformierte er schrittweise den Gottesdienst und gründete eine seinen Vorstellungen entsprechende Schule. Im Jahre 1847 kam er nach Berlin, um in der neu gegründeten Reformgemeinde als Rabbiner zu wirken. Hier führte er radikale Neuerungen ein, z. B. die Verlegung des Gottesdienstes auf den Sonntag, den Verzicht auf die Kopfbedeckung der Männer in der Synagoge und auf die Beschneidung.

Daneben sind die beiden Grabsteine des Ehepaares **EMMA** (1816–1878) und **BARUCH AUERBACH** (1793–1864) zu sehen. Baruch Auerbach leitete 22 Jahre lang die Knabenschule der Gemeinde. Im Jahre 1833 gründete er die „Baruch-Auerbachschen Waisen- und Erziehungsanstalten für jüdische Knaben und Mädchen", die zuerst in der Rosenstraße 12 und ab 1858 in der Oranienburger Straße 38 untergebracht waren. Auerbach, der selber nicht vermögend war, finanzierte die Einrichtungen allein durch Spendensammlungen. Von 1897 bis 1942, also lange nach seinem Tode, befanden sich die beiden fortbestehenden Heime in einem Gebäude in der Schönhauser Allee 162, schräg gegenüber vom Friedhof. Die letzten Kinder wurden zusammen mit ihren Erziehern in die Vernichtungslager deportiert.

Das Grab von **MORITZ VEIT** (1808–1864) liegt nur wenige Meter weiter. Veit stammte aus einer wohlhabenden Berliner Familie. Zusammen mit seinem Schwager gründete er in jungen Jahren einen Verlag, der unter anderem den „Berliner Musenalmanach" und verschiedene Lieder- und Gedichtsammlungen herausgegeben hat. Von 1839 bis 1848 wirkte er als Vorsitzender der Jüdischen Gemeinde in Berlin und förderte besonders die jüdische Schule und das Lehrerseminar. Im Jahre 1848 wurde er in die erste Frankfurter Nationalversammlung gewählt, und von 1858 bis 1861 war er Abgeordneter des Preußischen Landtages. Über 20 Jahre engagierte er sich auch als Stadtverordneter und Stadtrat in Berlin.

Wiederum nur ein paar Schritte entfernt, befindet sich das Grab von **SARA** (1814–1881) und **MORITZ**

**REICHENHEIM** (1815–1872). Das Ehepaar stiftete im Jahre 1870 das „Reichenheimsche Waisenhaus der Jüdischen Gemeinde", das sich am Weinbergsweg 13 (Mitte) befand. Im Jahre 1917 wurde hier der Film „Das Waisenkind" mit Asta Nielsen gedreht. Das Heim wurde 1941 zwangsweise geschlossen, und Zöglinge wie Lehrer wurden deportiert.

An der Ecke von Feld A gelangt man nun zum Doppelgrab der miteinander befreundeten Politiker **EDUARD LASKER** (1829–1884) und **LUDWIG BAMBERGER** (1823–1899). Zwischen zwei Säulen war ein Stein aufgestellt, dessen deutschsprachige Inschrift lautete: „Hier ruhen im Tode vereint, die im Leben gemeinsames Streben für Deutschlands Einheit und Freiheit verband." An den verschwundenen Stein erinnert heute eine kleine Tafel auf dem Grab. Lasker wurde in Posen geboren und studierte in Breslau Rechtswissenschaften. An den Kämpfen der Revolution von 1848 beteiligte er sich in einer Studentenkompanie. Er zählte gemeinsam mit Bamberger zu den Mitbegründern der Nationalliberalen Partei und wurde zu ihrem Vorsitzenden gewählt. Er war Mitglied des Preußischen Abgeordnetenhauses und wie Bamberger auch des Deutschen Reichstages. Bamberger wurde für seine Beteiligung an der Revolution von 1848 zum Tode verurteilt; das Urteil wurde jedoch nicht vollstreckt. Als Parlamentarier waren beide Männer an der Ausarbeitung des Gesetzes von 1876 beteiligt, mit dem der Austritt aus der Jüdischen Gemeinde ohne Konversion möglich wurde. Aus Protest gegen das Einlenken der Nationalliberalen Partei auf die restriktive Politik Bismarcks sind sie ebenfalls gemeinsam 1880 aus ihr ausgetreten.

Hinter der Wegkreuzung wird die Ehrenreihe mit Feld B fortgesetzt. Hier liegt das Grab des Literaturwissenschaftlers **LUDWIG GEIGER** (1848–1919), Sohn des liberalen Rabbiners Abraham Geiger. Er hat unter anderem eine immer noch lesenswerte „Geschichte der Juden in Berlin" verfasst und außer den „Goethe-Jahrbüchern" noch zahlreiche weitere Zeitschriften herausgegeben.

Zwei imposante Marmorsarkophage bilden die Grabstätte des Juristen **HERMANN MAKOWER** (1830 bis 1897) und seiner Gattin. Die reichgeschmückten, antikisierenden Grabmale sind allerdings leer, da die Verstorbenen unter ihnen begraben wurden. Makower war nicht nur Vorsteher der Berliner Gemeinde, sondern auch Anwalt des Hauses der Hohenzollern. Darüber hinaus gründete er das Knabenwaisenhaus in der Berliner Straße 120/121 in Pankow, das ursprünglich für die Kinder von den Opfern der russischen Pogrome von 1881 gedacht war.

Dem Weg weiter folgend, entdeckt man das Grab von **LEOPOLD ZUNZ** (1794–1886), dem Begründer der Wissenschaft des Judentums. Neben ihm wurde seine Ehefrau Adelheid (1802–1874) bestattet; über 50 Jahre war sie Gastgeberin eines literarischen Salons. Die beiden schlichten, abgerundeten Grabsteine sind aus hellem Marmor. In der langen hebräischen Inschrift für Leopold Zunz heißt es unter anderem: „Hier ruht die sterbliche Hülle/des ausgezeichneten, in seiner Generation einzigartigen Mannes,/der mit seinem Lichte die Augen seiner Gemeinde erleuchtete, alle Geistesschätze Israels zu erkennen."

Es folgt das Grab des Rabbiners **ABRAHAM GEIGER** (1810–1874). Er war ein entschiedener Verfechter des Reformjudentums und wurde erst 1870 als Rabbiner nach Berlin berufen. Er war an der Gründung der Hochschule für die Wissenschaft des Judentums beteiligt und lehrte dort während seiner letzten beiden Lebensjahre. An der Stelle seines einstigen Wohnhauses, im Durchgang zwischen dem ersten und zweiten der Hackeschen Höfe (Mitte), wurde 2010 eine Berliner Gedenktafel angebracht.

Am Ende dieses Weges geht der Rundgang rechter Hand weiter, immer an der Friedhofsmauer entlang. Nach etwa 35 Metern liegt links das Grab von **MENO BURG** (1789–1853). Er war der einzige Jude, der im 19. Jahrhundert in der Armee Preußens den Offiziersrang eines Majors erreichte. Juden war es normalerweise nicht erlaubt, höhere Dienstgrade beim Militär zu erklimmen. Nur durch den persönlichen Einsatz des General-Inspecteurs der Artillerie, Prinz August, der von den Fähigkeiten Burgs überzeugt war, konnte Burg Karriere machen. Der „Judenmajor" Burg wirkte vor allem als Lehrer an der Artillerie-Offiziersschule in Berlin. Sein Bruder, Jakob Moses Burg, war lange Jahre Gemeindevorsteher.

Etwa zwölf Meter weiter liegt links das Erbbegräbnis der Familie Beer, das als klassizistisches Wandgrabmal mit erhöhter Rückwand und niedrigeren Seitenflügeln gestaltet wurde. Der berühmteste Spross dieser Familie ist sicherlich der Komponist **GIACOMO MEYERBEER** (1791–1864). Seine marmorne Grabplatte ist auf einem Sockel gegen den rechten Seitenflügel gelehnt. Die Begräbnisanlage wurde anlässlich des 200. Geburtstages von Meyerbeer restauriert. Seitdem stehen auch wieder die Repliken antiker Amphoren auf den Mauern. Auch Meyerbeers Mutter, Amalia Beer (1767–1854), seine Brüder Heinrich (1794–1842) und Wilhelm Beer (1797–1850) sind hier bestattet. Die Gedenktafel in der Mitte der Rückwand erinnert an seinen Bruder Michael Beer (1800–1833), den Dichter, der jedoch in München begraben wurde. Sein Vater Jacob Herz Beer wurde noch auf dem Friedhof in der Großen Hamburger Straße bestattet.

Ungefähr 40 Meter entfernt, folgt links das Grab von **DAVID FRIEDLÄNDER** (1750–1834), dem Mitbegründer der Jüdischen Freischule und ersten jüdischen Stadtrat von Berlin.

Geht man am Ende des Weges nach rechts um die Ecke, stößt man nach etwa 20 Metern an der Friedhofsmauer auf das Erbbegräbnis der Familie Hirschfeld. Der Bankier **ISRAEL HIRSCHFELD** (1801–1866) ließ sich von dem Schinkelschüler **JOHANN HEINRICH STRACK** (1805–1880), der auch die Siegessäule entwarf, eine klassizistische Grabanlage erbauen. Die dreiflügelige Anlage besteht aus Sockelmauern, auf denen dorische Säulen einen mit Lorbeerkränzen geschmückten Architrav tragen. Die später, bei der Errichtung der benachbarten Wohnhäuser zugemauerten Zwischenräume zwischen den Säulen sind inzwischen wieder freigelegt worden. Einst waren die auf dem Innenhof aufgestellten Grabsteine auch durch ein Eisengitter an der Wegseite geschützt. Dieses fehlt heute ebenso wie die Vasen auf dem Architrav.

Unterschiedliche Grabsteinformen auf dem 1827 eingeweihten Friedhof

Weiter der Friedhofsmauer folgend, passiert man den verschlossenen zweiten Eingang des Friedhofs, das sogenannte Tor zur „Kommunikation". Der dahinterliegende, etwa 400 Meter lange „Judengang" ist 2002/03 rekonstruiert worden. Am mit Davidsternen geschmückten Tor am Kollwitzplatz ist eine Informationstafel aufgestellt. Neben dem Tor zur „Kommunikation" gelangt man zum Grab von **JOSEPH MENDELSSOHN** (1770–1848), dem ältesten Sohn von Moses Mendelssohn.

Gegenüber, in dem Eckstück von Feld E, befindet sich das repräsentative Erbbegräbnis der Familie des Botanikers **NATHANAEL PRINGSHEIM** (1823–1894). Eine niedrige Mauer umfasst fast vollständig die Gräberfläche. Nur der Mittelteil der etwas erhöhten Rückwand wird durch einen wuchtigen Giebel hervorgehoben, unter dem der Name Pringsheim zu lesen ist. Pringsheim untersuchte mithilfe von Mikroskopen das lichtempfindliche Chlorophyll der Pflanzen und das „Sexualleben" der Algen. Er war ab 1856 Mitglied der Akademie der Wissenschaft und hat die „Jahrbücher für die wissenschaftliche Botanik" herausgegeben.

Weiter auf demselben Weg liegt am nächsten Abzweig rechts, im Feld E, eines der meistbesuchten

Überwachsene Gräber auf dem Friedhof Schönhauser Allee

Gräber dieses Friedhofs: das Familiengrab der Liebermanns, in dem auch der Maler **MAX LIEBERMANN** (1847–1935) bestattet wurde. Die L-förmige Anlage im Stil der Neorenaissance hat der Architekt Hans Grisebach entworfen. Die Inschrift in deutscher Fraktur auf der Grabplatte von Max Liebermann ist der biblischen Geschichte vom Kampf Jakobs mit dem Engel entnommen. Weiterhin sind hier seine Eltern, sein Bruder Georg und seine Ehefrau Martha beigesetzt.

Ein Abstecher in das Feld E hinein führt zum Grab von **LEOPOLD ULLSTEIN** (1826–1899). Für ihn und seine beiden neben ihm begrabenen Ehefrauen wurden jeweils rötliche, sehr schlichte Granitsteine errichtet, deren knappe Inschriften vergoldet sind.

Zurück auf dem Weg an der Friedhofsmauer, gelangt man am nächsten Abzweig zum Eckgrundstück von Feld G. Hier wurde **SOPHIE LOEWE** (1847–1876) in einer der auffälligsten Grabanlagen überhaupt beerdigt. Ihr wurde eine Pyramide, die sich bei näherer Betrachtung als Flachrelief erweist, errichtet. Ein Medaillon mit ihrem Porträt im Halbprofil, das von einem Kranz eingefasst wird, ist über einer angedeuteten Pforte an der Pyramide angebracht. Das Bildnis ist in Berlin das früheste Zeugnis für die ohnehin nicht sehr zahlreichen Verstöße gegen das Bilderverbot auf jüdischen Friedhöfen. Im angedeuteten Türrahmen ist die beschriftete Grabplatte eingelassen. Die deutsche Inschrift enthält ungewöhnlicherweise auch das Datum der Vermählung. Ihr gegenüber begrabener Ehemann, **LUDWIG LOEWE** (1837–1886), wollte damit dem schmerzhaften Verlust seiner jungen Gattin nach nur neun Ehejahren Ausdruck verleihen. Loewe war nicht nur ein erfolgreicher Fabrikant, sondern zeitweise auch der Privatsekretär von Ferdinand Lassalle.

Die letzte Grabanlage links an der Friedhofsmauer zur Straßenseite ist die der Eheleute **BERTHA** (1837 bis 1918) und **MORITZ MANHEIMER** (1826–1916), die das ehemalige Jüdische Altersheim, dessen Gebäude sich gleich hinter der Friedhofsmauer befindet, gestiftet haben. Das gemauerte Grabmal wird durch einen aufwendig gestalteten Mittelteil, in dem eine Nische mit einer Vase eingelassen ist, sowie einige mit Rundbögen verbundene Säulen geschmückt.

Rechter Hand gelangt man nun wieder zum Eingang des Friedhofs.

**Adresse**
Prenzlauer Berg, Schönhauser Allee 23–25
030/441 98 24
**Anfahrt**
U2 Senefelderplatz

## Friedhof Herbert-Baum-Straße

Der Jüdische Friedhof in Weißensee befand sich einst „janz weit draußen" oder abgekürzt „jwd", wie der Berliner gern abwinkend zu sagen pflegt. In Weißensee wurden noch im letzten Jahrhundert in weithin unbebauter Landschaft einige großflächige Friedhöfe angelegt. Doch die Großstadt Berlin fraß sich bald auch bis in diese Randgebiete vor. Heute grenzt das riesige Areal des Jüdischen Friedhofs längst an Wohnsiedlungen, Fabrikgelände und Schrebergärten. An der östlichen Begrenzungsmauer des Friedhofs, die 1983/84 aus Betonfertigteilen, verziert mit siebenarmigen Leuchtern, neu aufgebaut wurde, braust der Verkehr auf der Indira-Gandhi-Straße.

Als die Mitgliederzahl der Jüdischen Gemeinde in Berlin schon um 1875 auf 65 000 angewachsen war, wurde absehbar, dass auch der Friedhof in der Schönhauser Allee bald seine Kapazitätsgrenze erreicht haben würde. Deshalb erwarb die Gemeinde ein ausreichend großes neues Grundstück, das insgesamt 43 Hektar umfasst. Für die Friedhofsgestaltung wurde von der Gemeinde im Jahre 1878 ein Wettbewerb ausgeschrieben, zu dem nur Mitglieder des Berliner Architektenvereins eingeladen waren. Immerhin 25 Entwürfe wurden eingereicht. Aus zunächst drei ausgewählten gleichwertigen Entwürfen entschied man sich schließlich für den von **HUGO LICHT**, dem späteren Stadtbaurat und Professor für Baukunst in Leipzig. In Leipzig entfaltete Licht eine rege Bautätigkeit, aus der unter anderem das Neue Rathaus und das nach seinem Stifter benannte Grassimuseum hervorgingen.

Am 9. September 1880 wurde der Jüdische Friedhof in Weißensee eingeweiht. Das Friedhofsgelände ist streng geometrisch in einzelne Felder, die übersichtlich mit Buchstaben und Nummern bezeichnet sind, aufgeteilt. Für den Eingangsbereich entwarf Licht eine Trauerhalle, einen Klinkerbau im Stil der Neorenaissance. Die offenen Arkaden an der Eingangsseite des T-förmigen Gebäudes sind nach hinten verglast. Die eigentliche, auf der Rückseite des Hauses gelegene Trauerhalle ist auf quadratischem Grundriss als Zentralbau mit einem achteckigen Tambour errichtet. Im Eingangsbereich ließ Licht ein Rondell anlegen, das einst von Bäumen eingefasst war. Die Friedhofsanlage selbst stellt eine veritable Nekropole dar: eine ganze Totenstadt mit Prachtalleen, Nebenstraßen, Gassen, Plätzen, Rondellen und Wegkreuzungen.

Eine eigene Gärtnerei mit Gewächshäusern wurde angelegt, um den Besuchern Kränze und Blumen, die eigentlich nicht in die jüdische Friedhofstradition gehören, anbieten zu können. Nach der nationalsozialistischen Machtübernahme ließen sich hier zahlreiche Juden vor ihrer Auswanderung zu Gärtnern und Landwirten umschulen, um sich so eine berufliche Perspektive in den Exilländern, vor allem in Palästina, zu eröffnen.

Im Jahre 1910 wurde der Bau einer zweiten Trauerhalle notwendig, da zu dieser Zeit durchschnittlich fünf bis sechs Begräbnisse pro Tag allein auf diesem

Friedhof stattfanden. Die am 13. Januar 1911 eingeweihte neue Halle war sogar mit einem elektrischen Fahrstuhl ausgestattet, mit dem die Särge aus dem Kellergeschoss in die Bethalle hinaufgefahren werden konnten.

Vor dieser Trauerhalle legte man in den Jahren ab 1914 einen Ehrenhain für die im Ersten Weltkrieg gefallenen jüdischen Soldaten an, der 1927 von dem Gemeindebaumeister **ALEXANDER BEER** gestaltet und am 27. Juni desselben Jahres eingeweiht wurde. Das gesamte Areal ist durch eine zwei Meter hohe Mauer vom übrigen Friedhof abgesetzt. Das drei Meter hohe zentrale Denkmal aus Muschelkalkstein soll einen Altar darstellen. Den gepflasterten Platz um das Ehrenmal umgeben gleichförmige, niedrige Grabsteine, die nur die Namen und Lebensdaten der Gefallenen tragen.

Nach heftigen Auseinandersetzungen und einem Gemeindebeschluss wurden ab 1909 auch die im Judentum bis dahin unüblichen Feuerbestattungen zugelassen. Die Asche der Toten wurde seit 1926 auf eigens angelegten Urnenfeldern beigesetzt.

Der Jüdische Friedhof in Weißensee war – neben dem Jüdischen Krankenhaus in der Exerzierstraße in Wedding – die letzte verbliebene jüdische Einrichtung, die bis zum Ende der nationalsozialistischen Diktatur und Verfolgung in jüdischer Verwaltung blieb. Ausgerechnet auf einem Friedhof fand noch jüdisches Leben statt. Hier wurden nicht nur die Verstorbenen nach jüdischem Ritus bestattet, sondern auch an jüdischen Feiertagen von Martin Riesenburger heimliche Gottesdienste gehalten. Nach den Erinnerungen des damaligen Leiters der Friedhofsverwaltung Arthur Brass fand zwischen „1938 und 1945 keine Kontrolle des Friedhofsgeländes und der Gebäude auf dem Friedhof durch die Gestapo statt". So konnten sich untergetauchte Juden auch zeitweise auf dem Friedhofsgelände verstecken. Natürlich musste man trotz allem immer damit rechnen, dass die Gestapo das Gelände durchkämmen würde. Selbst die wenigen verbliebenen Friedhofsarbeiter hätten jederzeit deportiert werden können.

In der Zeit der Deportationen nahm die Zahl der

verübten Selbstmorde drastisch zu. Allein im Jahre 1942 wurden hier 811 Menschen begraben, die den Freitod gewählt hatten, um der sicheren Ermordung zuvorzukommen. Die Grabfelder der Abteilung 7 wurden für die Urnen, die aus den Konzentrationslagern kamen, angelegt. Im Zweiten Weltkrieg wurden etwa 4000 Gräber, die zweite Trauerhalle und die Gewächshäuser durch Bombenangriffe zerstört.

Unmittelbar nach Kriegsende am 11. Mai 1945 hielt Riesenburger auf diesem Friedhof die ersten legalen jüdischen Gottesdienste in Berlin. Bis zur Eröffnung des Jüdischen Friedhofs in der Heerstraße wurden hier auch die Mitglieder der West-Berliner Gemeinde beerdigt. Die stark dezimierte Gemeinde sah sich außerstande, den Friedhof vor Verwahrlosung zu schützen. Zur DDR-Zeit, in der Antisemitismus zwar offiziell als nicht existent galt, war der Friedhof doch schon in den späten 1950er-Jahren und erneut in den 1980er-Jahren Opfer von Grabschändungen.

Die Friedhofsinspektion führt ein Beisetzungs- und Grabstellenregister, in dem bis heute über 115 000 Gräber verzeichnet sind. Der Friedhof in Weißensee ist damit einer der größten jüdischen Friedhöfe in Europa. In den 1920er-Jahren wurden für seine Pflege noch über 200 Arbeitskräfte beschäftigt. Da nur etwa 1500 Grabstellen von den wenigen Hinterbliebenen und Überlebenden der Schoa, die noch in Berlin wohnhaft sind, gepflegt werden, sind die Arbeitskräfte, die heute in geringer Zahl noch hier tätig sind, völlig überfordert. Besonders abseits der großen Alleen sind weite Teile des Friedhofs überwuchert. Die Gemeinde investiert jährlich rund 800 000 Euro allein in die Pflege des riesigen Areals. Da der Friedhof unter Denkmalschutz steht, kommen noch Zuschüsse vom Berliner Senat hinzu. Aber auch der Bund, die Bundeswehr und das Landesdenkmalamt finanzierten die Sanierung von Gräbern. Außer den 20 Angestellten und 80 zeitweilig beschäftigten Ein-Euro-Jobbern helfen mitunter auch freiwillige Schülergruppen bei Aufräumungs- und Gartenarbeiten. Ein Beispiel für die zahlreichen rechtsradikalen Anschläge auch auf diesen Friedhof stammt von Anfang Oktober 1999, als unbekannte Täter 103 Grabsteine umgestürzt und zum Teil irreparabel zerstört haben. Zur selben Zeit wurde auch das Mahnmal an der Putlitzbrücke mit Hakenkreuzen beschmiert. Eine Steinmetzfirma aus Marzahn erklärte sich sofort bereit, die Schäden auf dem jüdischen Friedhof unentgeltlich zu reparieren. Daraufhin drangen Unbekannte in die Werkstatt ein und lädierten 150 Grabsteine. Da für den verursachten Schaden von rund 80000 Mark keine Versicherung aufkam, wurde in der Öffentlichkeit zu Spenden aufgerufen. Die Verantwortlichen der genannten Straftaten wurden bis heute nicht gefasst. In Gesprächen, die zwischen der Jüdischen Gemeinde, dem Staatsschutz, der Polizei und dem Berliner Senat stattfanden, wurde über ein neues Sicherungskonzept für den Friedhof beraten.

Jahrelange Bemühungen, den Friedhof in die Unesco-Liste der Weltkulturerbestätten aufzunehmen, scheiterten 2014, als die deutsche Kultusministerkonferenz den Berliner Vorschlag abwies.

Im Eingangsbereich steht in der Mitte des Rondells ein Gedenkstein, der an die ermordeten Juden der Jahre 1933 bis 1945 erinnert. Auf einem ringförmigen Rasenstreifen, der diesen Stein umgibt, liegen

**Gedenkstein für die in der Schoa ermordeten Juden auf dem Friedhof Weißensee**

**Öffnungszeiten**
Mo–Do 7.30–16 Uhr (Winter) bzw. 17 Uhr (Sommer), Fr 7.30–14.30 Uhr, So 8–16 Uhr (Winter) bzw. 17 Uhr (Sommer), samstags und an jüdischen Feiertagen geschlossen

weitere, kleinere Gedenksteine, auf denen die Namen der großen Konzentrationslager zu lesen sind.

Rechter Hand führt ein Weg zur Ehrenreihe, die in der ersten Reihe der Felder A1 und G1 angelegt wurde. Herausgegriffen sind nur einige der bekannten jüdischen Persönlichkeiten, die hier bestattet wurden.

Schlicht ist die Grabstelle des Gelehrten **DAVID CASSEL** (1818–1893), der als Dozent an der Hochschule für die Wissenschaft des Judentums wirkte. Er gehörte zu den Mitbegründern des Hilfsvereins für jüdische Studierende und leitete über 30 Jahre die „Dina-Nauensche-Erziehungsanstalt für Waisenkinder" in Berlin. Obwohl er ein Rabbinerdiplom erworben hatte, wirkte er nie in diesem Amt, sondern widmete sich seinen Studien zur Geschichte der hebräischen Literatur und zu den Psalmen. Er hat einige hebräische Werke jüdischer Philosophen herausgegeben sowie Lehr- und Wörterbücher geschrieben.

Der helle Grabstein für **LOUIS LEWANDOWSKI** (1821–1894) und seine Gattin besteht aus abgestuftem Sockel, Postament und dreieckigem Giebel. Eine am Postament befestigte schwarze Inschrifttafel endet mit dem Motto: „Liebe macht das Lied unsterblich." Die unsterbliche Liebe der beiden Eheleute zueinander und das unsterbliche Lied, das der Komponist für die Synagogalliturgie vertonte, sind hier gleichermaßen ausgedrückt.

Der Gelehrte und bedeutende Vertreter der Wissenschaft des Judentums, **MORITZ STEINSCHNEIDER** (1816–1907), arbeitete vor allem auf dem Gebiet der Bibliografie von hebräischen Handschriften und Druckwerken. Seine zahlreichen und meistens umfangreichen Schriften besitzen den Charakter von riesigen Datenbanken, allerdings ohne dass die überquellende Fülle an Informationen so bequem zugänglich wäre wie bei moderner Computertechnologie. Hinzu kommt, dass Steinschneider kein Interesse für die stilistische und inhaltliche Überarbeitung der endlos aneinandergereihten Notizen, Anmerkungen und Verweise aufbrachte, sondern lieber die nächste Bibliothek nach Hebraica durchforstete. Steinschneider verstand sich selbst als eine Art

Totengräber, der der für ihn abgeschlossenen hebräischen Literaturgeschichte nur noch ein „ehrenvolles Begräbnis" bereitet. Er starb, ohne das katastrophale Ende der trügerischen deutsch-jüdischen Symbiose erleben zu müssen und ohne das bemerkenswerte Wiederaufleben einer hebräischen Literatur bestaunen zu können. Der mit einem Davidstern und zwei Palmwedeln geschmückte Granitstein ist ihm und seiner Gattin gewidmet.

Ein schwarzer Granitstein wurde für den Schriftsteller **KARL EMIL FRANZOS** (1848–1904) errichtet. Sein Hauptwerk ist der Roman „Der Pojaz", in dem die Geschichte eines galizischen Juden erzählt wird, der versucht, seine Berufung fürs Theater gegen den Widerstand seiner orthodoxen Glaubensbrüder durchzusetzen.

Der Rabbiner **MARTIN RIESENBURGER** (1896 bis 1965) wirkte ab 1933 im Jüdischen Altersheim in der Großen Hamburger Straße, bis es von der Gestapo in ein Sammellager umgewandelt wurde. Danach setzte er seine seelsorgerische Arbeit auf dem Friedhof in Weißensee fort. Er führte Bestattungen und mitunter sogar heimlich Gottesdienste durch. Mutig half er auch, untertauchende Juden und gerettete Torarollen zu verstecken. Schon am 11. Mai 1945 hielt er auf diesem Friedhof den ersten Gottesdienst ab. Zur DDR-Zeit war er der Landesrabbiner der ostdeutschen Jüdischen Gemeinden.

Nun ist die Ehrenreihe auf Feld G1 erreicht. Ein in Weißensee selten verwendeter Sarkophag schmückt das Grab von **HERMANN COHEN** (1842–1918), dem Philosophen der Marburger Schule des Neukantianismus. Die segnenden Hände des Priesters an der Giebelwand verweisen auf den Namen Cohen, der Priester bedeutet. Nach seiner Emeritierung zog Cohen nach Berlin, um sich gegen Lebensende stärker mit der jüdischen Religion auseinanderzusetzen. Er unterrichtete an der Hochschule für die Wissenschaft des Judentums und schrieb an seinem späten Hauptwerk „Die Religion der Vernunft aus den Quellen des Judentums", das erst nach seinem Tode veröffentlicht wurde.

Eine spitzgiebelige Stele aus Muschelkalk bildet

das Grab von **MICHA JOSEF BIN-GORION** (1865 bis 1921). Sie zeigt eine besonders gelungene Typografie der hebräischen Lettern. Ein zum Sprung ansetzender Löwe verweist auf den etwas ungewöhnlich vokalisierten hebräischen Nachnamen. Geborener Berdyczewski, hat er sich diesen Namen erst zugelegt, als er sich um die Wiederbelebung des Hebräischen als Literatursprache zu bemühen begann. Sehr populär wurde er durch seine Sammlungen jüdischer Legenden und Geschichten, die unter dem Titel „Der Born Judas" und „Die Sagen der Juden" von ihm herausgegeben wurden.

**Grabstein für den kommunistischen Widerstandskämpfer Herbert Baum**

Gegenüber befindet sich auf dem Weg ein einzeln stehender Grabstein, der zu Ehren des im Widerstand aktiven Kommunisten **HERBERT BAUM** (1912 bis 1942) errichtet wurde. Sein Grab wurde erst nach dem Krieg in Mahrzahn ausfindig gemacht. Die sterblichen Überreste wurden im Jahre 1949 nach Weißensee umgebettet. Zugleich wurde die zum Friedhof führende Lothringenstraße ihm zu Ehren in Herbert-Baum-Straße umbenannt. Die Rückseite des schwarzen Granitsteins zählt die Namen und das junge Alter der hingerichteten Mitglieder der Herbert-Baum-Gruppe auf. In unmittelbarer Nähe, auf Feld Z1, befindet sich die Grabstelle von **RICHARD** (1911 bis 1975) und **CHARLOTTE HOLZER** (1909–1980), die als Einzige der Widerstandsgruppe nicht ermordet wurden.

Wiederum in der Ehrenreihe liegt das Grab des impressionistischen Malers und Grafikers **LESSER URY** (1861–1931), dessen Grabstein durch seine schnörkellose, moderne Gestaltung besticht. Bis auf die hebräische Schlussformel, die hier allerdings eigenartigerweise an den Anfang gesetzt wurde, ist die Inschrift deutschsprachig. Ury blieb die ihm gebührende Anerkennung durch Kunstkritik und Publikum zeitlebens verwehrt, nicht zuletzt wegen früher Streitigkeiten mit dem einflussreicheren Max Liebermann. Wohnung und Atelier des vereinsamten Künstlers befanden sich von 1888 bis zu seinem Tod am Nollendorfplatz 1.

Nicht mehr in der Ehrenreihe, sondern am Wegrand der zehnten Reihe von Feld A1 liegt der Journalist und Literat **THEODOR WOLFF** (1868–1943) begraben. Er war seit 1894 der Pariser Korrespondent für das „Berliner Tageblatt" und setzte sich dort gemeinsam mit Emile Zola und Anatole France für die Rehabilitierung des jüdischen Hauptmanns Dreyfus ein, der unschuldig des Verrats bezichtigt wurde. Ab 1906 war er Chefredakteur des Tageblatts, in der Weimarer Republik gehörte er zu den wichtigsten Journalisten. Unmittelbar nach Hitlers Machtübernahme verfasste er einen Leitartikel, in dem er den Widerstand gegen die Nationalsozialisten beschwor. In der Nacht des Reichstagsbrandes flüchtete er, wurde jedoch zehn Jahre später in Nizza von der Gestapo verhaftet. Der schon 75-Jährige durchlitt mehrere Gefängnisse und das KZ Sachsenhausen, bis er völlig entkräftet im Jüdischen Krankenhaus in der Exerzierstraße (heute Iranische Straße) in Wedding verstarb.

Gegenüber von Feld M1 befindet sich an der Friedhofsmauer das Mausoleum der Familie des Verlegers **RUDOLF MOSSE** (1843–1920). Das klassizistische Grabmal aus rotem Granit ist ein typisches Beispiel für die Übernahme antiker Formensprache unter gleichzeitigem Verzicht auf jüdische Symbolik und Epigrafik. Mosse gründete 1872 einen Zeitungsverlag, in dem das „Berliner Tageblatt", die „Berliner Morgenzeitung", die „Berliner Volkszeitung", das „8-Uhr-Abendblatt" und einige Illustrierte erschienen. Nach seinem Tode wurde der Firmensitz, das Mosse-Haus in der Schützenstraße 15–18 (Mitte), von Erich Mendelsohn und Richard Neutra umgebaut und erweitert. Das beeindruckende Architekturdenkmal kann man heute noch bestaunen. Das Unternehmen wurde 1933 von den Nationalsozialisten enteignet.

**Mausoleum für den Verleger Rudolf Mosse und seine Familie**

Auf Feld U1, Reihe 11 wurde **LINA MORGENSTERN** (1830–1909) begraben. Der Volksmund nannte sie so treffend wie liebevoll „Suppen-Lina" – sie hatte eine Reihe von Volksküchen eingerichtet. Die überaus engagierte Sozialarbeiterin gründete verschiedene Vereine, darunter den Kinderschutzverein, den Frauenverein zur Beförderung der Fröbelschen Kindergärten, den Arbeiterinnen-Bildungsverein, den Berliner Hausfrauenverein gegen Verteuerung und Verfälschung der Lebensmittel und den Frauenverein zur Rettung sittlich verwahrloster und strafentlassener minderjähriger Mädchen. Die knappe Inschrift auf dem Grabstein, den sie mit ihrem Gatten teilt, rühmt sie als „große Menschenfreundin". Ein Ehrenkranz schmückt den abgerundeten Giebel des Granitsteins.

Auf Feld C2, am Rondell, befindet sich das Erbbegräbnis der Familie des Bankiers **SIGMUND ASCHROTT** (1826–1915). Das stark nachgedunkelte Mausoleum aus einst rötlichem Granit ließ der Königlich-Preußische Geheime Kommerzienrat Aschrott ursprünglich für seine Ehefrau Anna errichten. Der Entwurf stammt von dem Architekten des Leipziger Völkerschlachtdenkmals Bruno Schmitz. Ein als Oberlicht dienender, durchbrochener Davidstern schmückt das pyramidenförmige Dach. Das kolossale Grabmal erweckt dennoch den Eindruck einer zwar kostspieligen, doch zugleich geschmacklosen Abkehr von jüdischer Grabkunst.

Grabstätte der Familie des Warenhausbesitzers Hermann Tietz

Die schlichten Erbbegräbnisse der Familien der Kaufhausunternehmer **HERMANN TIETZ** (1837 bis 1907) und **OSKAR TIETZ** (1858–1923) befinden sich auf Feld O2, gegenüber von Feld G2.

Auf Feld T2, am Rondell, erblickt man das Erbbegräbnis der Familie des Gastronomen **BERTHOLD KEMPINSKI** (1845–1910). Es besteht aus einer Säulenreihe, die mit Grabplatten geschlossen ist und bogenförmig die Rückseite des Grundstücks darstellt. Auf der großen geschmückten Urne, die auf einem freistehenden Säulenstumpf angebracht ist, ist ein Medaillon mit dem Porträt Kempinskis zu sehen. Im Jahre 1873, ein Jahr nach seiner Ankunft in Berlin, eröffnete Kempinski seine erste Weinhandlung in der Friedrichstraße 178. Später folgten noch eine Weinversandhandlung, ein Delikatessengeschäft, ein Weinlager und ein Weinrestaurant am Kurfürstendamm 27, Ecke Fasanenstraße. An dieser Stelle befindet sich heute das Hotel Kempinski, das zwar noch den alten Namen trägt, aber von den Nationalsozialisten „arisiert" wurde. Die Mitglieder der Familie Kempinski wurden vertrieben oder ermordet.

Familiengrabstätte des Gastronomen Berthold Kempinski

Gegenüber von Feld T2 liegt an der Umfriedungsmauer das Erbbegräbnis der Familie des Kaufhausunternehmers **ADOLF JANDORF** (1870–1932). Nachdem er auf einer Reise in die USA die dortigen Verkaufstechniken kennengelernt hatte, eröffnete Jandorf im Jahre 1892 in Berlin am Spittelmarkt (Mitte) sein erstes Kaufhaus nach amerikanischem Vorbild. Ihm sollten noch fünf weitere folgen, darunter das 1907 eröffnete Kaufhaus des Westens, das „KaDeWe".

Auf dem Eckgrundstück von Feld D4, in Richtung C4 und M4, befindet sich das Erbbegräbnis der Familie des Zigarettenfabrikanten **JOSEF GARBÁTY-ROSENTHAL** (1851–1939). Die fast geschlossene, klassizistische Grabanlage besteht aus einer leicht geschwungenen Säulenreihe, die nach vorn in niedrigere Mauerflügel ausläuft. Die Rückwand wird beherrscht von zwei dorischen Säulenpaaren, die einen abgestuften Giebel mit dem Familiennamen tragen. Der erfolgreiche Fabrikant stiftete unter anderem die Synagoge im Jüdischen Waisenhaus in Pankow, einen Lehrstuhl an der Hochschule für die Wissenschaft des Judentums und verschiedene Sozial- und Freizeiteinrichtungen für seine Belegschaft. Im Jahre 1938 wurde die Familie enteignet und das Unternehmen „arisiert". Die Söhne konnten mit ihren Familien in die USA emigrieren. Das über 88-jährige Familienoberhaupt blieb zurück und verstarb ein Jahr später.

Auf Feld J4, gegenüber von den Urnengräbern am Ehrenfeld, liegen die Gräber des Verlegers **SAMUEL FISCHER** (1859–1934) und seiner Familie. Sein schlichter Grabstein, der den Namen und die Lebensdaten trägt, wird nur durch das bekannte Firmensignet geschmückt.

**Grabstätte des Verlegers Samuel Fischer und seiner Familie**

Ein schlanker, oben abgerundeter und sehr schlichter Grabstein in Feld P4 wurde für **MORITZ HEIMANN** (1868–1925), den verdienstvollen Cheflektor im S. Fischer Verlag, errichtet.

Ebenfalls auf Feld P4, gegenüber von Feld 04, befindet sich das Grab des Kaufmanns **ALBERT MENDEL** (1866–1922). Der Entwurf für das immer noch modern wirkende Grabmal stammt von dem wegweisenden Bauhaus-Architekten Walter Gropius (1883–1969), der schon die Inneneinrichtung für

Grabmal des Kaufmanns Albert Mendel

Mendels Haus am Lützowplatz entworfen hatte. Die 1924 aufgestellte asymmetrische Grabanlage besteht aus einer oben und rechts gerahmten Rückwand und einem stilisierten, völlig schmucklosen und spröden Sarkophag, der schräg davor steht. Mit diesem Grabmal hat Gropius die Forderung des Wiener Architekturtheoretikers Adolf Loos (1870 bis 1933), auf die Verwendung von Ornamenten zu verzichten, konsequent umgesetzt.

Auf Feld F5 lohnt es sich, den Grabstein des Regierungsbaumeisters **LOUIS FRÄNKEL** (1863–1922) in der 19. Reihe aufzusuchen. Das ausdrucksstarke Grabmal besteht aus sieben, nach oben spitz zulaufenden Scheiben, die, hintereinanderstehend, immer größer werden und entfernt an die Bundestafeln erinnern. Die vorderste und kleinste Platte trägt die Namen von Louis Fränkel und seiner Gattin sowie ihre Lebensdaten. Die zweite, deutlich größere wird von einem Davidstern geschmückt. Das gesamte Grabmal steht auf einem fünfstufigen Sockel. Es stellt sicherlich ein äußerst gelungenes Beispiel für den Versuch dar, sich einer modernen Formensprache zu bedienen und zugleich auf die jüdische Tradition zu verweisen. Letzteres geschieht durch Anzahl und Gestalt der einzelnen Bauelemente, die in die Höhe weisende Linienführung und den Davidstern.

Auf Feld G5 findet man das Erbbegräbnis der Familie Scholem. Allein das Familienoberhaupt, der Druckereibesitzer Arthur Scholem (1863–1925), hat hier wirklich seine letzte Ruhe gefunden. Der berühmteste Sohn dieser völlig assimilierten Berliner Familie ist sicherlich der Geisteswissenschaftler **GERHARD GERSHOM SCHOLEM** (1897–1982). Der glühende Zionist wanderte schon 1923, unmittelbar nach seiner Promotion in München, nach Palästina aus, wo er in Jerusalem zunächst als Bibliothekar und wenig später als Dozent und Professor an der neu gegründeten Hebräischen Universität wirkte. Er ist der Begründer der wissenschaftlichen Erforschung der Kabbala, der mystisch-theosophischen jüdischen Geheimlehre. Nachdem er in hohem Alter der Einladung als erster Fellow an das neu eröffnete Wissenschaftskolleg in Berlin gefolgt war, erkrankte er in dem für ihn ungewohnt kalten Winter und verstarb nach seiner Rückkehr in Jerusalem, wo er auch begraben wurde. Seine Mutter Betty Scholem (1866–1946) folgte ihrem Sohn Erich Scholem (1893–1965) 1939 hochbetagt ins australische Exil, wo sie auch verstarb und beerdigt wurde. Ein weiterer Sohn, der Kommunist Werner Scholem (1895 bis 1940), war Abgeordneter im Deutschen Reichstag und wurde im Konzentrationslager Buchenwald ermordet. Wie in einem Kaleidoskop vereinigen sich in dieser deutsch-jüdischen Familie typische Schicksale, die durch die Stichworte Unternehmertum, Assimilation, Zionismus, Emigration, Kommunismus und Ermordung angedeutet werden können.

Mausoleum für den Opernsänger Joseph Schwarz

Das Mausoleum des Kammersängers **JOSEPH SCHWARZ** (1881–1926) auf Feld A6, gegenüber von Feld E6, hat die Gestalt eines griechischen Tempels. Dorische, nichtkannelierte Säulen tragen einen verzierten Architrav, auf dem das durch dreieckige Giebel abgeschlossene Satteldach aufliegt. Die offene Grabanlage wird nur durch die Rückwand, die von Lichtöffnungen durchbrochen ist und auf deren Innenseite der Name des Verstorbenen steht, geschlossen. Im Innern befindet sich ein klassizistisch gestalteter Steinblock, der auf seiner Vorderseite den Psalmvers „Herr, du bist meine Zuflucht für und für" zeigt. In der Zeit des Zweiten Weltkrieges wurde die Grabanlage selbst zur Zuflucht von untergetauchten Juden, die sich in der Nacht im Dachaufbau versteckten.

**Adresse**
Weißensee, Herbert-Baum-Straße 45
030 / 925 33 30
www.jewish-cemetery-weissensee.org
**Anfahrt**
Tram 12, M4, M13
Albertinenstraße

## Adass-Jisroel-Friedhof

Eine der ersten Bemühungen der neu gegründeten Separatgemeinde Adass-Jisroel galt der Anlage eines eigenen Friedhofs, da die zahlreichen Neuerungen des Reformjudentums, die von den orthodoxen Juden abgelehnt wurden, auch das Friedhofswesen betrafen. So änderten die Reformrabbiner z. B. die Friedhofsliturgie. Sie erlaubten den Friedhofsbesuch am Schabbat und an den Feiertagen. Auch gestatteten sie die Beerdigung der Toten in einem geschnitzten Sarg, während nach altem Brauch alle Juden gleichermaßen in einem einfachen Holzschrein bestattet wurden. Besonders anstößig für das religiöse Empfinden der Orthodoxen waren die repräsentativen und mitunter protzigen Grabanlagen. Gegen diese Entwicklungen formulierte die Austrittsgemeinde später eine eigene „Friedhofs- und Begräbnis-Ordnung". Darin wurde die genaue Beachtung der religionsgesetzlichen Vorschriften festgelegt: keinerlei Grabschmuck, keine Blumen und Kränze, weiße, leinerne Sterbegewänder und keine repräsentativen Erbbegräbnisse. Nichthebräische Inschriften dürfen nur auf der Rückseite der Grabsteine angebracht sein, die immer vor dem Holzschrein stehen sollen. Alle Mitglieder von Adass-Jisroel und ihre Angehörigen haben Anspruch auf eine Grabstätte des Friedhofs, aber auch Nichtmitglieder werden auf Antrag hier beigesetzt.

Am 22. Dezember 1873 erwarb die Gemeinde ein etwas über zwei Hektar großes Gelände zwischen der heutigen Wittlicher und der Piesporter Straße in Weißensee. Nachdem am 28. Juli 1876 das Austrittsgesetz verabschiedet worden war, drohte die Hauptgemeinde den Mitgliedern von Adass-Jisroel, sie nicht mehr auf den Friedhöfen der Hauptgemeinde bestatten zu lassen. Erst 1880 wurde das erste Gemeindemitglied, Abraham Michelson, auf dem neuen Friedhof beerdigt (Feld A, Reihe 1). Eine eigene Beerdigungsgesellschaft, eine *Chewra Kaddischa*, gründete man 1890. Etwa 3000 Gräber wurden auf dem Friedhof angelegt.

In der NS-Zeit wurde er kaum beschädigt. Nur die Feierhalle, die sich links am Eingang befand, wurde von Bomben getroffen und musste nach dem Krieg abgerissen werden. Bis 1974 pflegte der Friedhofswart Arthur Sterr den Friedhof. Nachdem er pensioniert war, übernahm der Friedhof in der Herbert-Baum-Straße die Verwaltung. Ungefähr ein Drittel des Geländes, das nicht parzelliert war, wurde verkauft. Der seinem Schicksal überlassene Friedhof verwahrloste und wurde überwuchert. Durch einen wegen der beschädigten Umfriedungsmauer offenen Zugang gelangten einige Zeit Anwohner der benachbarten Siedlungen auf den Friedhof. Es kam auch zur Schändung durch gedankenlose Jugendbanden. Anschließend waren über 2000 Grabsteine zerstört und einige hundert – offensichtlich durch Diebstahl – verschwunden. Dann wurde die Friedhofsmauer erneuert und rechts vom Eingang ein neues Wärterhaus errichtet. Am 26. Juni 1986 wurde der Friedhof unter Teilnahme von ehemaligen Gemeindemitgliedern, die aus aller Welt angereist waren, feierlich neu geweiht.

Unmittelbar hinter dem Eingang sind zwei Gedenksteine aufgestellt. Der rechte Stein ist ein Denkmal für etwa 90 geschändete Torarollen. Die gehörten zu einem Konvolut von einst insgesamt 583 Schriftrollen, die aus den aufgelösten jüdischen Gemeinden Preußens stammten und von den Nationalsozialisten für eine in der Synagoge Münchener Straße 37 (Schöneberg) geplante antijüdische Hetzausstellung geraubt wurden. Sie wurden dann zunächst im Israelitischen Krankenhaus in der Elsässer Straße 85 (heute Torstraße) zwischengelagert. Der damalige Leiter der Friedhofsverwaltung, Landgerichtsdirektor a. D. Arthur Brass, und einige wenige Helfer brachten sie von dort heimlich zum Friedhof der Hauptgemeinde in Weißensee und versteckten sie in der Neuen Halle und in einem benachbarten Gebäude. Unglücklicherweise wurde im Sommer 1943 die Neue Halle durch Fliegerbomben getroffen. Ein jüdischer Lehrer sortierte die ungefähr 90 zerstörten Rollen aus. Sie wurden auf dem Friedhof von Adass-Jisroel bestattet. Die knapp 500 geretteten Torarollen konnten nach Kriegsende an verschiedene neu gegründete Synagogen in Deutschland und in anderen europäischen Ländern verteilt werden. Der linke Stein wurde anlässlich der Wiedereinweihung 1986 errichtet und erinnert auf seiner Vorderseite in hebräischer und deutscher Sprache an die von deutschen Nationalsozialisten ermordeten Gemeindemitglieder. Auf seiner Rückseite sind stellvertretend für alle Opfer einige Namen verzeichnet.

**Öffnungszeiten**
Nur nach telefonischer Vereinbarung unter 030 / 281 31 35

Der Friedhof ist in buchstabierte Felder (A–G) aufgeteilt, die jeweils durch Schilder angezeigt werden. Durch die beabsichtigte Gleichförmigkeit der hohen Grabsteine, die nur vereinzelt Abweichungen aufweist, wird der Friedhof die an Sepulkralkunst Interessierten nicht so sehr begeistern. Doch im Gegensatz zur äußeren Grabgestaltung sind die hebräischen Inschriften besonders abwechslungsreich und charakteristisch. Je nach Interesse empfiehlt sich daher entweder ein eher überblicksartiger Rundgang über die Hauptwege oder auch das Abgehen der engen durchnummerierten Reihen.

Die linke Ecke des Friedhofsgeländes an der Wittlicher Straße beherbergt circa 200 Gräber des zweiten Spandauer Friedhofs, der ab 1859 bestand. Im Frühjahr 1940 musste dessen Grundstück an die Wehrmacht verkauft werden, und die Toten konnten auf den Friedhof der Adass-Jisroel umgebettet werden. Sogar die Grabsteine wurden in dieser, wohl in der NS-Zeit einmaligen, Transaktion am neuen Ort wieder aufgestellt.

Auch auf dem Adass-Jisroel-Friedhof wurden zahlreiche bekannte Persönlichkeiten der Gemeinde bestattet. In der jeweils ersten Reihe der Felder liegen, leicht zu finden, unter anderem die Gräber von Esriel Hildesheimer, David Hoffmann, Hirsch Hildesheimer, Meir Hildesheimer, Salomon Winter und der Familie Schocken.

In einer Gelehrtenfamilie geboren, besuchte der spätere Rabbiner **ESRIEL HILDESHEIMER** (1820 bis 1899) in seiner Heimat Halberstadt die jüdische Schule. Es war die erste in Deutschland, in der religiöse und weltliche Fächer zusammen unterrichtet wurden. Diese Verknüpfung zweier Bildungshorizonte blieb für Hildesheimer bestimmend. Er studierte an der Universität in Berlin semitische Sprachen, Philosophie, Geschichte und Naturwissenschaften. Nach seiner Ausbildung zum Rabbiner trat er dieses Amt im österreichischen Eisenstadt an. Der Lehrplan in der von ihm dort gegründeten Jeschiwa (hebräisch „Talmudschule") schloss auch die weltlichen Fächer ein. Anschließend wurde Hildesheimer von der neu gegründeten Adass-Jisroel-Gemeinde zu ihrem ersten Rabbiner berufen. Eine seiner ersten Handlungen war die Gründung des orthodoxen Rabbinerseminars.

Die Studenten widmeten sich auch hier zugleich den modernen wissenschaftlichen Disziplinen; sie waren zeitgleich an der Universität eingeschrieben. An seinem Begräbnis sollen Tausende Gemeindemitglieder, Kollegen und Studenten teilgenommen haben.

**DAVID HOFFMANN** (1843–1921) war nach dem Tode von Esriel Hildesheimer Rektor des Rabbinerseminars und unterrichtete vor allem Tora und Talmud. Der in der Slowakei geborene Hoffmann war schon in Eisenstadt Schüler von Hildesheimer und galt als ebenso vielseitig gebildet. Gegen Ende seines Lebens wurde er als die führende religionsgesetzliche Autorität der orthodoxen Juden in Deutschland anerkannt. Den Professorentitel verlieh ihm die deutsche Regierung zu seinem 75. Geburtstag.

**HIRSCH HILDESHEIMER** (1855–1910), der Sohn von Esriel Hildesheimer, wirkte als Dozent für jüdische Geschichte und Palästina-Geografie am Rabbinerseminar. Er hatte in Berlin und Leipzig Geschichte, Philosophie und Geografie studiert und bei Theodor Mommsen, dem Verfasser der „Römischen Geschichte", promoviert. Neben seiner Lehrtätigkeit veröffentlichte er zahlreiche geografische und religionsgesetzliche Schriften. Besonders vehement setzte er sich für die Anerkennung der rituellen Schlachtung von Tieren als die beste Methode ein. Er war außerdem der Herausgeber der Wochenzeitschrift „Jüdische Presse". Im Jahre 1901 gehörte er zu den Gründern des „Hilfsvereins der deutschen Juden".

Der Rabbiner **MEIR HILDESHEIMER** (1864–1934), ein weiterer Sohn von Esriel Hildesheimer, vertrat die Gemeinde in verschiedenen jüdischen Organisationen. Im Jahre 1923 gab er eine Sammlung der Schriften seines Vaters heraus.

Das Grab des 1910 verstorbenen Gemeindekantors **SALOMON WINTER** (Feld C, Reihe 1) ist eines von nur elf Gräbern auf diesem Friedhof, die mit einem Eisengitter umzäunt sind.

Der expressionistische Architekt Erich Mendelsohn entwarf das Grabmal der Familie **SCHOCKEN** (Feld F, Reihe 1), bestehend aus drei Stelen, die aus weißem Muschelkalkstein gefertigt sind. Im Jahre 1901 gründete Simon Schocken (1929 gestorben) zusammen mit seinem Bruder Salman (1877–1959), der später auch als Bibliophiler und Verlagsgründer bekannt wurde, in Zwickau ein Warenhaus, das in der Weimarer Republik zu einer erfolgreichen Warenhauskette erweitert wurde.

Der Bildhauer **JAKOB PLESSNER** (1871–1936) wurde auf Feld D, Reihe 1, beigesetzt. Er hat zahlreiche Porträtbüsten – z. B. von Moses Mendelssohn, Oskar Tietz und dem Großen Kurfürsten – geschaffen.

Der überaus populäre Kraftakrobat und Zirkusartist **SIEGMUND BREITBART** (1893–1925) wurde unter großer öffentlicher Anteilnahme begraben (Feld G, Reihe 16). Der Zirkus Busch kündigte ihn als stärksten Mann der Welt an. Er verbog Eisenstangen und Hufeisen und sprengte Ketten mit bloßen Händen. Angepriesen als „Eisenkönig", machte er in US-amerikanischen Shows Karriere. Ein Ritz mit einem verrosteten Nagel wurde dem Riesen zum Verhängnis; er verstarb an Blutvergiftung.

**Adresse**
Weißensee, Wittlicher Straße 14
**Anfahrt**
Tram 12, 50, M1, M2, M4, M13 Berliner Allee / Rennbahnstraße, Bus 156 Wittlicher Straße

## Friedhof Heerstraße / Scholzplatz

Für die Jüdische Gemeinde im Westteil Berlins wurde im November 1955 ein neuer Friedhof am Rande des Grunewalds eingeweiht. Der Architekt Kurt Lechnitzer und der Landschaftsarchitekt Bernhard Kynast gestalteten die Begräbnisanlage. Durch ein eisernes Tor gelangt man in einen Hof, auf dem sich linker Hand die Leichenhalle und gegenüber das Verwaltungsgebäude befinden. Ein zweites Tor führt zum eigentlichen Friedhof. Bis heute zählt der Friedhof knapp 5000 Gräber. Vier Grabsteine, die vom Juden-Kiewer aus Spandau stammen, stehen auf beiden Seiten des Mittelweges. Sie wurden bei Restaurierungsarbeiten in der Spandauer Zitadelle entdeckt. Der Mittelweg führt direkt zu einem zentralen Gedenkstein, der 1960 zur Erinnerung an die in der Schoa ermordeten Juden aufgestellt wurde. Vor dem von Josef M. Lellek entworfenen Mahnmal, das aus Steinen der zerstörten Synagoge Fasanenstraße besteht, wurde Asche aus dem KZ Auschwitz begraben. Hier verläuft auch die Querachse des Friedhofs mit der Ehrenreihe, in

**Gedenkstein auf dem Jüdischen Friedhof Heerstraße**

der unter anderem Heinz Galinski – gleich zu Anfang und etwas abgesetzt –, Estrongo Nachama, Jeanette Wolff und Hans Rosenthal beigesetzt wurden.

Die sozialdemokratische Politikerin **JEANETTE WOLFF** (1888–1976) verbrachte die ganze NS-Zeit in Gefängnissen und Konzentrationslagern. Ihre gesamte Familie wurde ermordet. Dennoch engagierte sie sich nach dem Krieg unermüdlich in der Entwicklung der Demokratie Westdeutschlands, nicht zuletzt als Bundestagsabgeordnete. In Berlin wurde sie zur Stadtverordneten und zum Mitglied des Abgeordnetenhauses gewählt. Sie war Vorsitzende der Repräsentantenversammlung und der Zentralwohlfahrtsstelle der Jüdischen Gemeinde zu Berlin (West).

Der Fernsehmoderator **HANS ROSENTHAL** (1925 bis 1987) wurde besonders durch seine Quizsendung „Dalli-Dalli" in den 1970er-Jahren populär. Er entkam den Deportationen der NS-Zeit, indem er sich die letzten zwei Kriegsjahre in einer Lichtenberger Schrebergartenanlage versteckt hielt. Sein jüngerer Bruder wurde umgebracht. Nach dem Krieg fing Rosenthal beim Rundfunk an und wurde später der Leiter der Unterhaltungsabteilung des RIAS Berlin. Weiterhin engagierte er sich als Mitglied des Zentralrates der Juden in Deutschland und im Vorstand der Jüdischen Gemeinde zu Berlin. Rosenthal verfasste eine Autobiografie unter dem bezeichnenden Titel „Zwei Leben in Deutschland". Im Dezember 2000 wurde eine Berliner Gedenktafel am Geburtshaus des Showmasters in der Winsstraße 62/63 in Prenzlauer Berg angebracht. Die Sportanlage „Kühler Weg" in Berlin-Eichkamp ist 2007 nach Hans Rosenthal, der in den 1960er-Jahren der erste Vorsitzende von Tennis Borussia war, benannt worden.

Der in Prag geborene Schauspieler **ERNST DEUTSCH** (1890–1969), zu seiner Zeit einer der bekanntesten Theaterschauspieler Deutschlands, liegt auf Feld WI begraben. Sein Grab ist von einer hohen Hecke eingefasst. Max Reinhardt engagierte Deutsch von 1917 bis 1921 am Deutschen Theater in Berlin. Anfang der 1930er-Jahre spielte er am Wiener Burgtheater. In der NS-Zeit emigrierte Deutsch über England in die USA und nach Argentinien. Im Jahre 1947 kehrte er nach Berlin (West) zurück und spielte besonders eindrücklich den Nathan und den Kaufmann Shylock von Venedig.

Das efeuumrankte Grab von **JULIUS KLAUSNER** (1874–1950) liegt in Feld BII, Reihe 1. Die Schuhladenkette des Unternehmers ist in Berlin unter dem Mädchennamen seiner Ehefrau Dora Klausner, geborene Leiser (1882–1959), noch heute gut bekannt. Vor 1933 betrieb die Firma allein in Berlin 33 Filialen. Nachdem Julius Klausner 1935 für kurze Zeit inhaftiert gewesen war, wurde er gezwungen ein Viertel des Unternehmens zu verkaufen. Weitere Zwangsveräußerungen folgten 1937. Das Ehepaar emigrierte über die Niederlande nach Argentinien. Das nach dem Krieg an Klausner zurückübereignete Unternehmen verkaufte er wieder. Im Jahre 1950 ist Julius Klausner in Buenos Aires verstorben. Seine Frau kehrte nach Berlin zurück und veranlasste die Überführung ihres verstorbenen Gatten zum neueröffneten Friedhof Heerstraße.

**Öffnungszeiten**
Mo–Do 7.30–16 Uhr (Winter) bzw. 17 Uhr (Sommer), Fr 7.30–14.30 Uhr, So 8–16 Uhr (Winter) bzw. 17 Uhr (Sommer), samstags und an jüdischen Feiertagen geschlossen

**Adresse**
Charlottenburg, Heerstraße 141
030/304 32 34
**Anfahrt**
S5, S75 Pichelsberg, Bus 218, M49 Scholzplatz

# Schoa – Gedenkstätten und Mahnmale

## Die Vernichtung des Judentums in Berlin durch die Nationalsozialisten

Der hebräische Ausdruck Schoa, der sich mit „Katastrophe" oder „Untergang" übersetzen lässt, steht für das, was den Juden zwischen 1933 und 1945 angetan wurde. Der planmäßig organisierte und technisierte Massenmord an Millionen unschuldiger Juden aus allen Teilen Europas wird mit diesem Begriff, der auch von jüdischer Seite benutzt wird, sicherlich besser erfasst als mit dem häufig verwendeten Wort „Holocaust". Das mit der gleichnamigen US-amerikanischen Fernsehserie bekannt gewordene griechische Wort bezeichnete nämlich ursprünglich ein kultisches Brandopfer, eine heilige Handlung.

Berlin war als Reichshauptstadt Sitz der Regierung sowie von Ministerien, Organisationen, Institutionen und Behörden, die an der Entrechtung, Vertreibung und Vernichtung des europäischen Judentums beteiligt waren. Skrupellose Schreibtischtäter wie Hitler, Himmler, Heydrich, Kaltenbrunner oder Eichmann befahlen und organisierten den millionenfachen Massen- und Völkermord. Die rechtsstaatliche Tarnung der schrittweisen Ausgrenzung der Juden aus der deutschen Gesellschaft, die unmittelbar auf die nationalsozialistische Machtübernahme 1933 folgte, verdeutlichen z. B. die Tafeln mit Zitaten aus antijüdischen Verordnungen, die im Bayerischen Viertel an Straßenmasten angebracht wurden. Aber auch zahlreiche Zwangsarbeiterlager, KZ-Außenstellen, Sammelstellen für zu Deportierende oder für ihren Besitz wurden an vielen Orten Berlins eingerichtet. Häufig missbrauchte man zu diesem Zweck jüdische Gemeindeeinrichtungen. Die Konzentrationslager Sachsenhausen und Ravensbrück befanden sich in der näheren Umgebung Berlins.

Im Jahre 1935 wurden die berüchtigten „Nürnberger Rassegesetze" erlassen. In der Folgezeit kündigten die Städtischen Wohnungsbaugesellschaften

Berlins ihren jüdischen Mietern. Es wurden Parkbänke mit der Aufschrift „Nur für Juden" aufgestellt, und an zahlreichen Geschäften, Restaurants und sogar Ortsschildern fand sich der Hinweis „Juden unerwünscht". Dieser in der Öffentlichkeit für jedermann sichtbare Ausdruck von Rassismus wurde nur während der Olympischen Spiele 1936 in Berlin für kurze Zeit wieder zurückgenommen.

Am 28. März 1938 verlor die Jüdische Gemeinde ihren Status als anerkannte, öffentliche Körperschaft und war nur noch eine private Organisation. Das Pogrom in der Nacht vom 9. zum 10. November 1938 bezeichnete einen dramatischen Wendepunkt in der Geschichte der nationalsozialistischen Verfolgungspolitik. Zahlreiche Synagogen und private Beträume brannten oder wurden demoliert. Etwa 10 000 Juden aus Berlin und anderen Orten wurden im KZ Sachsenhausen inhaftiert. Gottesdienste fanden danach nur noch in drei Synagogen (Levetzowstraße, Lützowstraße und Kaiserstraße) und einigen kleineren Betsälen statt. Nachdem die meisten Rabbiner ausgewandert waren, wirkten nur noch Leo Baeck, Felix Singerman (1942 in Riga ermordet) und Martin Salomonski (1944 in Auschwitz ermordet) für das verbliebene Drittel an Mitgliedern der Berliner Jüdischen Gemeinde.

Am 24. Januar 1939 richtete die Gestapo die „Zentralstelle für jüdische Auswanderung" in Berlin ein, die der legalen Emigration von Juden diente. Diese wurde am 23. Oktober 1941 verboten. Die letzten jüdischen Auswanderer verließen Berlin am 18. Oktober 1941 in einem versiegelten Zug in Richtung Marseille und Lissabon. Danach gelang es nur noch wenigen, Deutschland auf legalem Wege zu verlassen.

Mit dem Ausbruch des Zweiten Weltkrieges wurden Juden zur Zwangsarbeit verpflichtet. Am 31. Januar 1940 richtete man zu diesem Zweck in Berlin das „Arbeitsamt für Judenarbeiter" ein. Im September 1941, am Versöhnungstag, wurde Leo Baeck während seiner Predigt aufgefordert, unverzüglich zur Gestapo zu kommen, wo er erfuhr, dass die Gemeinde in der kommenden Zeit evakuiert werden würde. In der Synagoge in der Levetzowstraße wurde ein erstes Sammellager für 1000 Menschen eingerichtet, dem weitere in jüdischen Gemeindeeinrichtungen folgen sollten. Die Deportationen aus Berlin gingen zunächst nach Riga, Minsk, Kovno, Lodz, Lublin, Theresienstadt, Auschwitz und Tallinn, später nach Bergen-Belsen, Ravensbrück und Sachsenhausen. In 63 „Osttransporten" wurden insgesamt 35 000 Juden in die Todeslager im Osten deportiert. Von ihnen sind etwa 95 Prozent ermordet worden. In 117 „Alterstransporten" wurden etwa 15 000 hauptsächlich ältere Juden nach Theresienstadt deportiert, von denen etwa 90 Prozent nicht überlebten. Ab Frühjahr 1942 wurden nur noch Zwangsarbeiter in der Rüstungsproduktion und unabkömmliche Gemeindeangestellte von den Deportationen ausgenommen. Am 10. Juni 1943 schloss die Gestapo sämtliche jüdischen Gemeindeeinrichtungen. Sechs Tage danach wurden die „Volljuden" der Gemeindeverwaltung nach Theresienstadt deportiert. Jüdischer Protest oder Widerstand gegen das nationalsozialistische Regime war bei der so konsequent organisierten antijüdischen Politik kaum möglich. Zu den wenigen Beispielen gehören die Aktion der kommunistischen Widerstandsgruppe um Herbert Baum gegen die Propagandaausstellung im Berliner Lustgarten und der Frauenprotest in der Rosenstraße gegen die „Fabrikaktion". Einige nichtjüdische Deutsche, wie z. B. der Berliner Otto Weidt, halfen, Juden vor Deportationen zu retten, allerdings viel zu wenige.

Berlin wurde am 16. Juni 1943 von den Nationalsozialisten offiziell für „judenrein" erklärt. In Wirklichkeit lebten immer noch einige Tausend jüdischer Menschen in der Stadt. Sie waren entweder im Jüdischen Krankenhaus im Wedding interniert oder arbeiteten auf dem Jüdischen Friedhof in Weißensee. Mehrere Tausend illegale, untergetauchte Juden versteckten sich oder lebten mit gefälschten Papieren in Berlin.

Zahlreiche Orte des Gedenkens in Berlin erinnern an die furchtbaren Geschehnisse dieser Zeit.

Seit 1996 werden jeweils am israelischen Gedenktag an die Schoa die Namen der 55 696 ermordeten Jüdinnen und Juden Berlins an wechselnden Orten, wie dem Gedenkstein Große Hamburger Straße, dem Gemeindezentrum Fasanenstraße oder auf dem Wittenbergplatz, von Schülerinnen und Schülern verlesen. Für diese Aktion reichen die 24 Stunden des Gedenktages allein nicht aus, da man etwa 30 Stunden benötigt, die endlos scheinenden Namenlisten zu verlesen.

## Museum Blindenwerkstatt Otto Weidt

Im ersten Hinterhof des Hauses in der Rosenthaler Straße 39 befand sich im linken Seitenflügel in der ersten Etage die Besen- und Bürstenfabrik von **OTTO WEIDT** (1883–1947). Er beschäftigte jüdische Zwangsarbeiter, von denen die meisten blind oder taubstumm waren. Nach Kriegsbeginn produzierte er für die Wehrmacht, und sein Betrieb wurde als kriegswichtig eingestuft.

Er hat mindestens 56 Juden geholfen, indem er sie beschäftigte, versteckte, ihnen Ausweise und Lebensmittel besorgte sowie wiederholt die Gestapo und das Arbeitsamt bestach. Im Herbst 1942 holte er sogar eine Gruppe von blinden und taubstummen Juden, die die Gestapo aus seiner Werkstatt weggebracht hatte, aus dem Sammellager in der Großen Hamburger Straße wieder zurück. Er mietete Lagerräume in der Brücken- und Großbeerenstraße und richtete dort ein Versteck für die Familien seiner Arbeiter ein. Hier wurden die meisten allerdings durch Denunziation entdeckt und ins Konzentrationslager deportiert. Insgesamt 27 Überlebende verdanken Weidt ihr Leben. Nach dem Krieg beteiligte er sich am Wiederaufbau eines Kinder- und Altersheims der Jüdischen Gemeinde in Pankow-Niederschönhausen.

Schon um 1947 forderte Weidt in der Öffentlichkeit, ein Mahnmal für die ermordeten Juden auf einem öffentlichen Platz in Berlin zu errichten. Er starb 1947 arm und verbittert. Posthum wurde ihm 1971 von der israelischen Gedenkstätte Yad Vashem die Auszeichnung „Gerechter unter den Völkern" verlie-

Museum in der ehemaligen Blindenwerkstatt von Otto Weidt

hen. Ein Ehrengrab für Weidt wurde erst 1994 auf dem Städtischen Friedhof an der Onkel-Tom-Straße in Zehlendorf eingerichtet.

Die deutsch-israelische Journalistin Inge Deutschkron hat in ihren Erinnerungen „Ich trug den gelben Stern" beschrieben, wie sie und andere Juden von Weidt gerettet wurden. Für Deutschkron besorgte Weidt das Arbeitsbuch einer Prostituierten, um sie in seinem Werkstattbüro beschäftigen zu können. Aus der Vorlage entstand das Stück „Ab heute heißt du Sara", das vom Berliner Grips-Theater uraufgeführt wurde.

Die von Studenten organisierte Ausstellung „Blindes Vertrauen" in den Räumen der Werkstatt fand so viel Anklang, dass sie dauerhaft erhalten wird. Die Blindenwerkstatt war zunächst seit Anfang 2001 eine Dependance des Jüdischen Museums Berlin und gehört nunmehr zur Stiftung Gedenkstätte Deutscher Widerstand. Im Jahre 2006 wurde die Blindenwerkstatt geschlossen, grundlegend saniert und erweitert. Die neue Ausstellung konnte am 27. Oktober 2008 eröffnet werden.

Die zugleich eröffnete benachbarte **AUSSTELLUNG „STILLE HELDEN"** informiert mithilfe von Text-, Ton- und Bilddokumenten über weitere 250 Menschen,

**Öffnungszeiten**
Tägl. 10–20 Uhr, am 24. Dezember geschlossen

Ausstellung „Stille Helden" über den Widerstand gegen die Judenverfolgung

die verfolgten Juden geholfen haben, indem sie Lebensmittel und falsche Papiere beschafften oder Fluchtmöglichkeiten und Verstecke organisierten. Auch diese Dokumentation wird von der Stiftung Gedenkstätte Deutscher Widerstand verantwortet.

Gleich gegenüber im selben Hinterhof hat das 2002 eröffnete **ANNE-FRANK-ZENTRUM**, die Berliner Dependance des Amsterdamer Hauses, sein Domizil. Die ständige Ausstellung über Anne Frank sowie Wechselausstellungen über verwandte aktuelle Themen wie Kinder auf der Flucht, im Krieg oder in der Illegalität wenden sich besonders an Schulklassen. Die Öffnungszeiten sind von Dienstag bis Sonntag von 10.00 bis 18.00 Uhr.

**Adresse**
Mitte, Hinterhof Rosenthaler Straße 39
030 / 28 59 94 07
www.museum-blindenwerkstatt.de
**Anfahrt**
S3, S5, S7, S75 Hackescher Markt, U8 Weinmeisterstraße

## Carl-Herz-Denkmal

Seit 1985 erinnert eine Bronzeskulptur vor dem Bezirksrathaus von Kreuzberg an **CARL HERZ** (1877 bis 1951). Die von dem Bildhauer **JOACHIM DUNKEL** geschaffene Skulptur besteht aus einer Porträtbüste, die auf einem zylindrischen Sockel ruht. Auf dem Sockel sind in Schreibschrift der Name von Herz, seine Lebensdaten, die Geschichte seiner Vertreibung und ein Zitat von ihm eingraviert.

Der Sozialdemokrat und promovierte Jurist Herz wurde im Jahre 1926 für zwölf Jahre zum Bezirksbürgermeister von Kreuzberg berufen. Schon kurz nach der nationalsozialistischen Machtübernahme, am 10. März 1933, stürmten SA-Männer sein Büro und schleppten ihn brutal nach draußen. Sie hängten ihm ein Schild um den Hals, auf dem „Ich bin ein Judenschwein" stand. Dann zwangen sie ihn zum Hitlergruß. Anschließend hetzten sie ihn bis zum Marheinekeplatz, wo er von einem mutig eingreifenden Polizisten durch Schutzhaft gerettet wurde. Obwohl Herz auf so demütigende Weise aus seinem Amt geworfen worden war, blieben er und seine Ehefrau noch bis 1939 in Deutschland. Sie emigrierten dann nach London und gingen nach dem Krieg, im Jahre 1947, nach Palästina. Carl Herz ist am 14. September 1951 in der israelischen Hafenstadt Haifa gestorben. Sein Sohn geriet im holländischen Exil in die Fänge der SS, die ihn nach Auschwitz deportierte.

Das eingravierte Zitat von Herz stammt aus seinem Todesjahr und lautet: „Die überaus große organisatorische, wirtschaftliche und wissenschaftliche Kraft des deutschen Volkes muss nicht der Vernichtung der Welt, sondern ihrer Verschönerung dienstbar gemacht werden."

**Adresse**
Kreuzberg, Yorckstraße 4–11
**Anfahrt**
U6, U7 Mehringdamm, Bus 140, M19 Yorckstraße / Großbeerenstraße

## Denkmal für den Frauenprotest in der Rosenstraße „Block der Frauen"

Die massiven, rötlichen Sandsteine mit figürlichen Darstellungen und jüdischen Symbolen stammen von der Bildhauerin **INGEBORG HUNZINGER** (1915 bis 2009), die selbst jüdischer Herkunft war. Vom Magistrat in Ost-Berlin hatte sie 1988 den Auftrag für ein Denkmal des antifaschistischen Widerstandes bekommen. Sie wählte den erfolgreichen Protest von Ehefrauen gegen die sogenannte Fabrikaktion

**Ingeborg Hunzinger**
Geboren 1915 in Berlin, gestorben 2009 ebenda, für ihre kraftvollen Frauenskulpturen bekannte, von Michelangelo beeinflusste Bildhauerin, während der NS-Zeit als Kommunistin im Widerstand aktiv, Meisterschülerin und später Dozentin an der Kunsthochschule Weißensee

aus. Das Denkmal, das nach der Wiedervereinigung auch ohne Auftrag vom Senat übernommen wurde, sollte eigentlich schon 1993, am 50. Jahrestag des Ereignisses, aufgestellt werden. Doch das Bezirksamt Mitte konnte hierfür kein Geld aufbringen, sodass es erst am 18. Oktober 1995 eingeweiht werden konnte.

Anfang 1943 lebten in Berlin noch etwa 27 000 Juden. Es handelte sich um Zwangsarbeiter in kriegswichtigen Betrieben, die zum Teil in „Mischehen" lebten. Darunter verstand die NS-Rassengesetzgebung Ehen zwischen Juden und „Ariern". Die SS verhaftete am 27. Februar 1943 circa 7000 Juden an ihren Arbeitsplätzen, um sie nach Auschwitz zu deportieren. Man internierte die Männer, die in „privilegierten Ehen" lebten, zunächst vor allem im ehemaligen Wohlfahrtsamt der Jüdischen Gemeinde in der Rosenstraße 2–4. Neben den Sammellagern in der Synagoge in der Levetzowstraße 7–8 und in dem Altersheim in der Großen Hamburger Straße 26 wurde auch diese Einrichtung als „Hilfsauffanglager" missbraucht.

Vom 28. Februar bis zum 11. März protestierten einige Hundert Ehefrauen und Mütter, aber auch Verwandte und Passanten in der Rosenstraße für die Freilassung der inhaftierten Familienangehörigen. Sie handelten, ohne politisch organisiert zu sein, aus reiner Verzweiflung, spontan und gewaltfrei. Am 4. März wurden Maschinengewehre in Anschlag gebracht, und man drohte, die illegalen Demonstranten mit Schüssen auseinanderzutreiben. Durch den schweren alliierten Luftangriff auf Berlin in der Nacht vom 1. zum 2. März und die starken Verluste an der Ostfront drohte die allgemeine Stimmung der Berliner Bevölkerung gegen die nationalsozialistische Führung zu kippen. Um nicht noch Öl aufs Feuer zu gießen, befahl Goebbels die Freilassung der Inhaftierten, selbst von den 25 bereits nach Auschwitz Deportierten. Viele der befreiten Juden konnten sich noch retten, indem sie sich falsche Pässe besorgten oder in Verstecken untertauchten.

Allerdings haben inzwischen Recherchen des Zentrums für Antisemitismusforschung der TU Berlin

Denkmal für den Protest jüdischer Ehefrauen gegen die sog. Fabrikaktion

ergeben, dass die Inhaftierten der Rosenstraße gar nicht zur Deportation bestimmt waren, sondern die Verwaltung der Restgemeinde und ähnliche Aufgaben übernehmen sollten. So gesehen hat der Frauenprotest zwar nicht die Freilassung erwirkt, aber dennoch ein in dieser Dimension leider einmaliges Beispiel zivilen Ungehorsams von Deutschen in der NS-Zeit gegeben.

An beiden Seiten der Rasenfläche zur Rosenstraße wurden zwei Litfaßsäulen aufgestellt, die an die Ereignisse dieses Ortes erinnern. Die Idee stammt von Studenten der Fachhochschule für Sozialarbeit und -pädagogik, die bereits 1992 eine Säule aufstellten, sie wegen der hohen Standmiete jedoch bald wieder abbauen mussten. Seit Anfang 1993 stehen hier nun die heutigen Litfaßsäulen. Der umstrittene Kinofilm „Rosenstraße" von Margarethe von Trotta war 2003 ein internationaler und preisgekrönter Erfolg.

**Adresse**
Mitte, Rosenstraße 2–4
**Anfahrt**
S3, S5, S7, S75 Hackescher Markt, Tram M4, M5, M6 Spandauer Straße / Marienkirche

## Denkmal für die ermordeten Berliner Juden „Der verlassene Raum"

In der dichtbebauten Spandauer Vorstadt laden nur wenige Grünflächen Kinder zum Spielen und Anwohner oder Touristen zum Luftholen ein. Eine davon befindet sich am Koppenplatz, am Ende der Großen Hamburger Straße, Ecke Linienstraße. Neben einem Spielplatz sind einige Parkbänke im Karree aufgestellt. In der Mitte erblickt man – in Originalgröße – einen bronzenen Parkettfußboden, auf dem ein Tisch und zwei Stühle stehen. Einer der beiden Stühle ist umgerissen, so als wäre jemand erschrocken von ihm aufgesprungen. Sonst sind keine menschlichen Figuren oder weiteren Gegenstände zu sehen. Dieses unmittelbar beeindruckende Denkmal trägt den Titel „Der verlassene Raum" und erinnert an die ermordeten Berliner Juden. Zum 50. Jahrestag des Novemberpogroms, im Jahre 1988, schrieb der Ost-Berliner Magistrat einen Wettbewerb für eine Stätte zum Gedenken an die Berliner Juden aus. Der ausgewählte Entwurf, von **KARL BIEDERMANN** und **EVA BUTZMANN** eingereicht, wurde jedoch erst 1996 realisiert.

Denkmal am Koppenplatz

**Adresse**
Mitte, Koppenplatz
**Anfahrt**
U8, Tram M1, M8 Rosenthaler Platz

Die Inschrift, die um den Fußboden des Denkmals verläuft, stammt aus einem Gedicht der Literaturnobelpreisträgerin Nelly Sachs.

## Denkmal für die ermordeten Juden Europas

In der Bürgerinitiative „Perspektive Berlin e.V." entstand im Jahre 1988 die Idee, ein zentrales „Denkmal für die ermordeten Juden Europas" anzuregen. Die Journalistin Lea Rosh und der Historiker Eberhard Jäckel gründeten zu diesem Zweck einen Förderkreis. In den Jahren 1994/95 schrieben der Bund, das Land Berlin und der Förderkreis einen Wettbewerb aus. Ein bundeseigenes Areal auf dem ehemaligen Mauerstreifen in unmittelbarer Nähe zum Brandenburger Tor wurde für das geplante Mahnmal zur Verfügung gestellt. Über 500 Architekten und Künstler beteiligten sich an dem Wettbewerb. Der Siegerentwurf, eine fußballfeldgroße Platte mit Platz für die Namen von sechs Millionen ermordeten Juden, wurde nicht realisiert, da der damalige Bundeskanzler, Helmut Kohl, sein Veto einlegte.

In einem zweiten Wettbewerb erhielt im Oktober 1997 der gemeinsame Entwurf von dem New Yorker Architekten **PETER EISENMAN** und dem US-amerikanischen Bildhauer **RICHARD SERRA** den ersten Preis. Er sah ein Feld von 4000 Betonstelen vor. Nach heftiger Kritik und dem Vorwurf der Monstrosität, schied Serra, verärgert über die Reaktionen, aus dem Projekt aus, und Eisenman überarbeitete den Entwurf. Dabei reduzierte er die Anzahl der Stelen auf 2711 Betonquader.

In der öffentlichen Diskussion um das Mahnmal wurden ganz unterschiedliche Stimmen laut. Der damalige Bundeskanzler Gerhard Schröder wünschte sich z.B. ein Mahnmal, zu dem man gern hingeht. Kritiker bezeichneten das Ganze zynisch als Kranzabwurfstelle, an der Politiker in ihren Limousinen vorfahren, um medienwirksam Trauer zu bekunden. Auch gab es die Überlegung, ob andere Opfergruppen nationalsozialistischer Verbrechen – wie Sinti

**Luftaufnahme des Holocaust-Mahnmals**

und Roma oder Homosexuelle – nun ebenfalls Anspruch auf ein eigenes zentrales Mahnmal in der neuen deutschen Hauptstadt anmelden könnten.

Der damalige Kulturstaatsminister Michael Naumann schlug vor, Eisenmans Entwurf um ein „Haus des Erinnerns" zu erweitern. Hierin sollten ein Dokumentationszentrum mit Bibliothek und ein Genozid-Forschungsinstitut untergebracht werden. Hinter diesem Vorschlag stand das durchaus berechtigte Bedenken, der Eisenman-Entwurf entbehre nicht einer gewissen Beliebigkeit der Interpretation. Allerdings finden sich in Berlin mit der Topographie des Terrors, der Gedenkstätte Haus der Wannseekonferenz und dem Zentrum für Antisemitismusforschung an der Technischen Universität bereits dem vorgeschlagenen Dokumentationszentrum vergleichbare Einrichtungen.

Die Entscheidung des Deutschen Bundestages fiel am 25. Juni 1999; mit 314 Ja-Stimmen entschied man sich für den Entwurf von Eisenman mit der Ergänzung um einen Ort der Information. Ebenfalls wurde beschlossen, dieses Denkmal nur den ermordeten Juden Europas und nicht generell allen Opfern des Nationalsozialismus zu widmen.

**Öffnungszeiten**
Stelenfeld immer zugänglich, Ort der Information Di–So 10–20 Uhr (Sommer) bzw. 19 Uhr (Winter), letzter Einlass 45 Min. vor Schließung. An Weihnachten geschlossen.

Eine symbolische Grundsteinlegung erfolgte im feierlichen Rahmen am 27. Januar 2000, dem deutschen Gedenktag für die Opfer des Nationalsozialismus. Eigentlicher Baubeginn war allerdings erst im Herbst 2002. Die feierliche Einweihung des auch Holocaust-Mahnmal genannten Denkmals und des unterirdischen Ortes der Information fand nach jahrelangen Verzögerungen am 10. Mai 2005 statt.

Das Denkmal weckt bei manchen Assoziationen an einen jüdischen Friedhof, wogegen Eisenman selbst von einem wogenden Getreidefeld spricht. Die quaderförmigen Stelen sind bis zu vier Meter hoch und auf einem gleichmäßigen Raster, im Abstand von jeweils immer knapp einem Meter, verteilt. Das Gelände des begehbaren Denkmals senkt sich zur Mitte hin, sodass man beim Durchschreiten zwischen den Stelen eintaucht. Ihre Oberfläche ist versiegelt, um befürchtete (rechtsradikale) Graffiti leicht entfernen zu können.

Unterirdischer Ort der Information

In den sieben Räumen des Ortes der Information gibt es eine knappe Einführung in die Geschichte der Schoa anhand von Informationstafeln, eine Präsentation von 15 Selbstzeugnissen von Opfern, eine Auswahl von 15 exemplarischen Familienschicksalen, eine Lesung der Namen von Opfern, eine Darstellung ausgewählter Orte der Verfolgung und Vernichtung sowie die Möglichkeit der Computerrecherche zu weiteren Gedenkstätten und in der Namensdatenbank des Jerusalemer Schoa-Museums Yad Vashem. Ebenso steht hier das Fortunoff-Archiv der Yale University für Recherchen zur Verfügung. Dieses Archiv hat noch vor Steven Spielberg im Jahre 1979 damit begonnen, Berichte von Schoa-Überlebenden auf Video aufzuzeichnen. Ein Buchladen und Vortragsräume, Toiletten und Garderoben sind hier ebenfalls untergebracht. Allein im ersten Jahr seit der Eröffnung kamen schätzungsweise 3,5 Millionen Besucher zum Denkmal und über eine halbe Million in den Ort der Information. Leider verwechseln einige, vor allem junge Menschen das Denkmal mit einem Spielplatz, indem sie z. B. von Stele zu Stele hüpfen.

**Adresse**
Mitte, Ebertstraße, Behrenstraße, Cora-Berliner-Straße, Hannah-Arendt-Straße
030 / 263 94 30
www.stiftung-denkmal.de
**Anfahrt**
S1, S2, S25, U55 Brandenburger Tor, Bus 200 Behrenstraße / Wilhelmstraße

## Denkzeichen Hausvogteiplatz

Am Hausvogteiplatz und in seiner unmittelbaren Umgebung konzentrierte sich schon seit den 30er-Jahren des 19. Jahrhunderts die Berliner Mode- und Bekleidungsbranche. Jüdische Konfektionäre und

Das „Denkzeichen", das an das Zentrum der Berliner Konfektion erinnert

Unternehmer haben den Weltruf der Mode, die in diesem Viertel entworfen und gefertigt wurde, maßgeblich geprägt. Diese Ära fand durch die Nationalsozialisten ein Ende. Im Juli 2000 wurde das „Denkzeichen" eingeweiht. Der Berliner Künstler **RAINER GÖRSS** hat die mehrteilige Installation entworfen. Drei zueinander geneigte, längliche Spiegel sind vor dem U-Bahn-Eingang Hausvogteiplatz aufgestellt. Wer sich inmitten dieser Spiegel hinstellt, kann sich wie in einer Umkleidekabine eines Kaufhauses von allen Seiten betrachten. In den Boden eingelassene Tafeln teilen die Geschichte dieses Platzes mit. Weitere Schilder mit den Namen einstiger Modefirmen, den Daten ihrer Gründung und der Vertreibung der jüdischen Unternehmer und Angestellten sind an den Treppenstufen des U-Bahn-Eingangs angebracht. Auch die Spiegel, die man beim Hinuntersteigen auf den Bahnsteig sehen kann, gehören zum Mahnmal.

**Adresse**
Mitte, Hausvogteiplatz
**Anfahrt**
U2 Hausvogteiplatz

## Deportationsmahnmal Putlitzbrücke

Über die Gleisanlagen am Güterbahnhof Moabit führt die Putlitzbrücke. Von diesem Bahnhof wurden zwischen 1941 und 1944 zahlreiche Berliner Juden in Viehwaggons in die Vernichtungslager im Osten deportiert. Eine 1987 von dem Bildhauer **VOLKMAR HAASE** geschaffene Skulptur ist als Mahnmal am Geländer der Brücke angebracht. Eine abgeknickte längliche Platte ragt über das Geländer hinweg und symbolisiert den Weg, der zum Bahnhof und von dort in den Tod führte. Am oberen Ende sind sinnfällig abgebrochene Treppenstufen zu sehen. Eine zweite, etwa halb so lange Platte neigt sich dem Betrachter zu. Sie wird von einem Davidstern gekrönt. Ein knapper Text zur Geschichte dieses Ortes ist auf einer unter dem Stern angebrachten Tafel zu lesen.

Das Mahnmal wurde wiederholt von Rechtsradikalen geschändet. Zwischen 1989 und 1991 wurden hier insgesamt dreimal Schweinekopfhälften gefunden. In der Nacht zum 20. April 1992, dem Geburtstag von Adolf Hitler, beschmutzte ein später gefasster Mann das Mahnmal mit Fäkalien. Am 29. August des selben Jahres wurde ein Sprengstoffanschlag auf das Mahnmal verübt, der es schwer beschädigt hinterließ.

Inzwischen ist es wieder hergerichtet, und eine kleine Tafel am Brückengeländer informiert über den letztgenannten Anschlag. Seit Juni 2017 erinnert zusätzlich eine Gedenkanlage zwischen der benachbarten Quitzowstraße und der Ellen-Ebstein-Straße an die Geschichte dieses Ortes. Das Künstlerkollektiv raumlaborberlin ließ neben einem Gleisfragment einen Kiefernhain pflanzen, der hier im Gewerbegebiet so deplatziert wirkt wie die Tatsache der Deportation.

**Volkmar Haase**
Geboren 1930 in Berlin, gestorben 2012 in Brüssow, Meisterschüler an der Universität der Künste, schuf geometrische, abstrakte tanzende Stahlfiguren, davon über 40 allein in Berlin

Mahnmal Putlitzbrücke

**Adresse**
Tiergarten, Putlitzbrücke
**Anfahrt**
S41, S42, U9 Westhafen

## Deportationsmahnmal S-Bahnhof Grunewald und Gleis 17

Vom Güterbahnhof Grunewald wurden von 1941 bis 1945 die meisten Berliner Juden deportiert. Insgesamt 35 000 Menschen wurden hier wie Vieh verschickt. Eine Frauengruppe der evangelischen Grunewald-Gemeinde hat bereits im Oktober 1987 ein kleines, aus drei Eisenbahnschwellen bestehendes Mahnmal auf der Verkehrsinsel vor dem Bahnhof errichtet. Eine 18 Meter lange und bis zu drei

Mahnmal „Gleis 17" am S-Bahnhof Grunewald

Meter hohe Betonwand, die der Bildhauer **KAROL BRONITOWSKI** im Jahre 1991 gestaltet hat, erinnert ebenfalls an die Deportationen. Die Wand ist teilweise geborsten, und ihre Oberfläche wird von Rissen durchfurcht. Tiefe Eindrücke menschenähnlicher Umrisse sind unregelmäßig in die Mauer eingelassen. Eine Inschrift auf einer Stele gibt knappe Informationen über die Geschehnisse.

Ein drittes, von **NIKOLAUS HIRSCH**, **WOLFGANG LORCH** und **ANDREA WANDEL** gestaltetes Mahnmal mit dem Titel „Gleis 17" wurde 1998 ganz in der Nähe eingeweiht. Auf beiden Seiten eines Bahngleises liegen Stahlplatten, die teilweise durchbrochen sind. Texte informieren über die Anzahl der deportierten Juden, das Datum der jeweiligen „Transporte" und die Zielorte, das heißt die Vernichtungs- und Konzentrationslager. Im Jahre 2005 mussten Pläne eines privaten Investors für die Bebauung des an das Mahnmal angrenzenden Grundstücks mit Wohnhäusern und sogar einem Supermarkt nach Protest der Jüdischen Gemeinde, die die Würde des Mahnortes gefährdet sah, revidiert werden.

**Adresse**
Wilmersdorf, Am Bahnhof Grunewald
**Anfahrt**
S3, S5, S7, S75 Grunewald

## Gedenkstätte Haus der Wannseekonferenz

In einer der schönsten und teuersten Wohngegenden Berlins, am Großen Wannsee, idyllisch im Grünen gelegen, befindet sich ein Ort, mit dem der größte

Völkermord der Menschheitsgeschichte assoziiert wird. Am 20. Januar 1942 tagte in der mondänen Villa Minoux die berüchtigte Wannseekonferenz. An ihr nahmen Staatssekretäre aus verschiedenen Reichsministerien und SS-Führer im Generals- und Offiziersrang teil, um Einzelheiten der „Endlösung der Judenfrage" zu besprechen. Den Vorsitz hatte der SS-Obergruppenführer Reinhard Heydrich, der Chef der Sicherheitspolizei und des SD. Das Besprechungsprotokoll wurde nach dem Krieg im Jahre 1947 von US-amerikanischen Fahndern unter den zurückgebliebenen Aktenbergen des Auswärtigen Amtes entdeckt. Es wurde von Adolf Eichmann, dem Leiter des Judenreferats, geführt. Als die Wannseekonferenz tagte, war der Massenmord an Juden bereits in vollem Gange. Auf ihr wurde also nicht, wie oft fälschlicherweise angenommen, die „Endlösung" überhaupt erst beschlossen, vielmehr wurden organisatorische und technologische Details der Deportationen und Tötungspraktiken abgestimmt, und man weitete den Kreis der Informierten und Verantwortlichen aus. Diese unmenschliche Bürokratie der Schreibtischtäter wurde von Hannah Arendt in ihrem Buch „Eichmann in Jerusalem" als „Banalität des Bösen" charakterisiert.

**Öffnungszeiten**
Tägl. 10–18 Uhr

Das Haus der Wannseekonferenz, in dem die Schoa organisiert wurde

Im Jahre 1992, 50 Jahre nach der Wannseekonferenz, wurde die Gedenkstätte eröffnet. Zuvor hatte der jüdische Historiker und Schoa-Überlebende **JOSEPH WULF** (1912–1974) jahrzehntelang vergeblich versucht, an diesem Ort ein Forschungszentrum zur Schoa zu gründen. Die neue Dauerausstellung ist seit Anfang 2006 zu sehen. In 15 Räumen wird die Geschichte von Ausgrenzung, Vertreibung, Verfolgung, Deportation und Vernichtung zunächst der deutschen und anschließend der Juden anderer europäischer Länder dokumentiert. Das Haus beherbergt weiterhin eine Bildungsstätte, die z. B. von Schulklassen genutzt werden kann, ein Archiv, die Joseph-Wulf-Bibliothek und eine Mediathek.

**Adresse**
Zehlendorf, Am Großen Wannsee 56–58
030 / 805 00 10
www.ghwk.de
**Anfahrt**
Bus 114 Am Großen Wannsee

## Gedenkstein Jüdisches Altersheim und Skulpturengruppe

Eine Wandtafel in der Großen Hamburger Straße erinnert an das ehemalige Jüdische Altersheim, in dem die Gestapo im Jahre 1942 ein Sammellager für die zur Deportation vorgesehenen Berliner Juden einrichtete. Die rechts davon aufgestellte Skulpturengruppe, im Jahre 1957 von dem Bildhauer **WILL**

Skulptur „Jüdische Opfer des Faschismus" am ehemaligen Jüdischen Altersheim

**LAMMERT** (1892–1957) entworfen, war ursprünglich für das Frauenkonzentrationslager Ravensbrück bestimmt. Die Frauen- und Mädchenfiguren stellen nur die Modellfassung für die nicht realisierte Arbeit dar. Dieses Modell wurde 1985, lange nach dem Tod des Künstlers, hier aufgestellt. Gedankenlos widmeten die ostdeutschen Auftraggeber die weiblichen Figurinen allgemein den Opfern des Faschismus, ohne überhaupt nur zu versuchen, einen Bezug zum Altersheim und den von hier deportierten Juden herzustellen.

**Adresse**
Mitte, Große Hamburger Straße 26
**Anfahrt**
S3, S5, S7, S75 Hackescher Markt, Tram M1, M5 Monbijouplatz

## Installation „The Missing House"

Das Kunstwerk beeindruckt durch seine einfache und geniale Idee. Einem inzwischen sanierten neobarocken Wohnhausensemble aus dem Jahre 1911 fehlt in der Mitte das weit nach hinten zurückgesetzte Vorderhaus, da es im Frühjahr 1945 zerbombt und nicht wiederaufgebaut wurde. An den grau verputzten Seitenwänden, an denen durch etwas vorspringende Kanten noch die früheren Stockwerke und Zimmereinteilungen zu erkennen sind, wurden zwölf überdimensionale, weiße Schilder, schwarz umrandet, mit den Namen, Berufen und Wohndaten der einstigen Bewohner angebracht. Die Namen verweisen auf die unterschiedliche Herkunft der Menschen. Zu der buntgemischten Mietergemeinschaft zählten unter anderem der Beamte Schnapp und der Kaufmann Jacoby, beide jüdischer Herkunft. Aber auch französische Namen, die möglicherweise auf die aufgenommenen Hugenotten zurückgehen, sind zu lesen.

Die Installation des französischen Künstlers **CHRISTIAN BOLTANSKI** mit dem Titel „The Missing House" entstand 1990 im Rahmen eines Ost-West-Ausstellungsprojektes und sollte ursprünglich nur temporär sein. Das positive Echo von Kritik und Publikum ermöglichte den dauerhaften Verbleib. **HEINER MÜLLER** gab dem von ihm gemeinsam mit Rebecca Horn und Jannis Kounellis angeregten Gesamtprojekt den Titel „Die Endlichkeit der Freiheit". Der 1944 geborene Boltanski verwirklichte mit „The Missing House"

**Adresse**
Mitte, Große Hamburger Straße 15/16
**Anfahrt**
S3, S5, S7, S75 Hackescher Markt, Tram M1, M5 Monbijouplatz

seine erste Außenarbeit. Zugleich entstand mit seiner Installation „The Museum" am Lehrter Bahnhof das westliche Pendant.

## Mahnort ehemaliges „Judenreferat" von Adolf Eichmann

Dort, wo heute das Hotel „Sylter Hof" steht, befand sich einst ein Vereins- und Wohnhaus des jüdischen Brüdervereins. Im Jahre 1939 zog dann das berüchtigte „Judenreferat" IV B 4, das von Adolf Eichmann geleitet wurde, hier ein. Dieses Büro war eine Außenstelle des Reichssicherheitshauptamtes in der Prinz-Albrecht-Straße 8. Von der Kurfürstenstraße aus organisierte Eichmann die Deportation der Juden in die Vernichtungs- und Konzentrationslager. Auf zwei Schautafeln an einer Bushaltestelle informieren Fotografien und Texte über die Geschichte dieses Ortes und die Biografie Eichmanns. Eichmann wurde 1962, nachdem er in Argentinien aufgespürt und in Jerusalem verurteilt worden war, hingerichtet.

**Adresse**
Tiergarten, Kurfürstenstraße 115/116
**Anfahrt**
U1, U2, U3 Wittenbergplatz, Bus 100, 106, 187, M29 Schillstraße

## Orte des Erinnerns im Bayerischen Viertel

Im Volksmund hieß die Gegend um den Bayerischen Platz aufgrund ihres hohen Anteils an wohlhabenden jüdischen Bewohnern die jüdische Schweiz. Etwa 6000 Juden wurden allein aus diesem Viertel deportiert. Die originelle Installation von **RENATA STIH** und **FRIEDER SCHNOCK**, in einem Wettbewerb ausgesucht und im Juni 1993 umgesetzt, ist ein gelungenes Beispiel für die Veranschaulichung der Alltagsdimension der nationalsozialistischen Ausgrenzungs- und Vernichtungspolitik gegenüber den jüdischen Mitbürgern. An Straßenmasten sind insgesamt 80 weiße Schilder angebracht. Auf der einen Seite zeigen sie prägnante Zitate aus antijüdischen Verordnungen und Gesetzen der Nationalsozialisten sowie Tagebuchaufzeichnungen mit den entsprechenden Daten der Verfügungen bzw. der persönlichen Eintragungen. Auf der Rückseite illustrieren Piktogramme, z. T. ähnlich denen auf Bahnhöfen und Flugplätzen, den Text. Die kommentarlosen, kurzen Sätze verlautbaren z. B. „Juden werden aus Sport- und Turnvereinen ausgeschlossen" (vom 25. April 1933).

Die Schilder waren gerade angebracht, als besorgte Bürger Anzeige wegen vermeintlicher antisemitischer Provokation erhoben. Der Staatsschutz wurde eingeschaltet und ließ die Installation entfernen. Schließlich wurde das erneute Anbringen der Schilder genehmigt, die so viel Verwirrung gestiftet hatten. Zur Erläuterung wurde eine kleine Tafel unterhalb der Schilder angebracht, die auf den Denkmalcharakter hinweist. Zusätzlich gibt es zwei Übersichtskarten mit den Standorten der einzelnen Schilder, eine auf dem Bayerischen Platz und die andere rechts vor dem Hauptportal des Schöneberger Rathauses.

**Adresse**
Schöneberg, Bayerisches Viertel
**Anfahrt**
U4, U7 Bayerischer Platz

## Skulptur Kindertransporte

In den Jahren 1938/39 wurden fast 10 000 jüdische Kinder aus Deutschland nach Großbritannien verschickt. Einer der auf diese Weise Geretteten ist der Architekt und Künstler **FRANK MEISLER**. Seine figür-

„Züge ins Leben – Züge in den Tod", Skulptur am Bahnhof Friedrichstraße

liche Bronzeskulptur, die 70 Jahre später, im Jahre 2008, am Ausgangspunkt seiner Reise, dem Bahnhof Friedrichstraße, aufgestellt wurde, zeigt stellvertretend sieben Kinder fast in Lebensgröße, von denen nur zwei diese Reise antreten konnten, während die zurückgebliebenen Familienangehörigen wenig später deportiert und ermordet wurden. Ein Pendant dieser Skulptur steht seit 2006 am Londoner Bahnhof Liverpool Street Station, wo die Kinder in England ankamen. Historisch falsch ist es, dass eine der Figuren einen Judenstern trägt, der erst 1941 eingeführt wurde.

**Adresse**
Mitte, vor dem Bahnhof Friedrichstraße, Ecke Georgenstraße
**Anfahrt**
S1, S2, S3, S5, S7, S25, S75, U6 Friedrichstraße

## Spiegelwand für die jüdischen Bürger von Steglitz

Der Hermann-Ehlers-Platz liegt im quirligen Zentrum von Steglitz. Versteckt hinter dem Trubel des Wochenmarktes und von den meisten Passanten unbemerkt, steht die Spiegelwand, die an das Schicksal der jüdischen Bewohner von Steglitz erinnert. Sie ist nach Entwürfen von **WOLFGANG GÖSCHEL**, **JOACHIM VON ROSENBERG** und **HANS-NORBERT BURKERT** entstanden. Auf 18 Spiegeln aus poliertem Chromstahl, die zusammen eine Fläche von zwölf Metern Breite und knapp vier Metern Höhe ergeben, wurden die Namen und Anschriften von 1723 deportierten Juden aus Steglitz eingraviert. Das Marktgeschehen, die vorüberlaufenden Passanten und der Betrachter werden gespiegelt. Die Namen der Toten verschmelzen mit den Gesichtern der Lebenden. Weiterhin sind ausführliche Texte zu den Deportationen der jüdischen Bewohner sowie eingeätzte Fotografien von Berliner Synagogen zu sehen.

Der Aufstellung dieser Gedenkwand gingen jahrelange Proteste von Bürgerinitiativen und Streitereien von Bezirkspolitikern voraus, die in den Medien ein breites Echo fanden. Schließlich übernahm der Berliner Senat die Verantwortung für die Errichtung des Mahnmals. Besonders die jüdische Initiative mit dem Namen **MESHULASH** (hebräisch „Dreieck") setzte sich engagiert für die Spiegelwand ein. Die-

se Gruppe existiert nunmehr seit 1991 und besteht vor allem aus jüdischen Wahlberlinern. Meshulash nimmt künstlerisch und politisch Stellung zur deutschen Gedenkpolitik. Die Mitglieder organisierten auch die Ausstellung „DAVKA. Jüdisches Leben in Berlin – Traditionen und Visionen", die Ende 1998 im Gebäude des ehemaligen Kinderheims *Ahawah* in der Auguststraße (Mitte) stattfand. Sie widmen sich ebenfalls politischen Themen – so bisher z. B. der Änderung des Asylgesetzes und der Einweihung der Neuen Wache.

Die Spiegelwand am Steglitzer Hermann-Ehlers-Platz

Eine kleine **PRIVATSYNAGOGE** befand sich unweit der Spiegelwand im Hinterhof der Düppelstraße 41. Der Unternehmer Moses Wolfenstein ließ sie im Jahre 1897 errichten. Fast 20 Jahre zuvor, am 14. April 1878, hatte er zusammen mit 14 weiteren Steglitzer Juden den „Religionsverein zur Wahrnehmung der Interessen der in Steglitz und Umgebung wohnenden Juden" gegründet. Die Gottesdienste der schnell anwachsenden Gemeinde erfolgten nach dem konservativen Ritus. Im Novemberpogrom von 1938 wurde die Synagoge zwar geplündert, doch wegen einer benachbarten Tischlerei nicht abgebrannt. An der Stelle des inzwischen abgerissenen ehemaligen Vorderhauses steht heute ein Bürohaus. Nur noch

**Adresse**
Steglitz, Hermann-Ehlers-Platz
**Anfahrt**
S1, U9 Rathaus Steglitz

ein restaurierter Fries mit zwei Löwen, die die beiden Bundestafeln mit den zehn Geboten halten, und ein Davidstern erinnern am einstigen Eingangsportal im Hinterhof an die ehemalige Synagoge.

## Stolpersteine

Anfangs nur in Kreuzberg, aber mittlerweile auch in vielen anderen Stadtbezirken, sind an zahlreichen früheren Wohnorten der in der NS-Zeit ermordeten Juden, Roma und Sinti, Homosexuellen, Behinderten, Widerstandskämpfer und Zeugen Jehovas, z. B. in der Kreuzberger Oranienstraße, Pflastersteine in den Bürgersteig eingelassen, die auf einer Messingtafel Namen, Lebens- und Todesdaten mitteilen. Der Kölner Bildhauer **GUNTER DEMNIG** hat zusammen mit der Berliner Neuen Gesellschaft für Bildende Kunst dieses Projekt im Jahre 1996 initiiert. Die Opfer erhalten durch diese Erinnerungsarbeit wenigstens ihre Namen zurück, und ihr Leben wird durch die erfassten Daten dort, wo sie einst wohnten, aus der Anonymität der Statistik gehoben. Engagierte Schüler und Schülerinnen der Oberschulen durchstöbern alle verfügbaren Akten und Dokumente bei der Recherche nach den Opfern nationalsozialistischer Vernichtungspolitik. Sie besuchen die einstigen Wohnorte, unterhalten sich mit den heutigen Bewohnern und führen mitunter sogar Interviews mit Zeitzeugen. Unterstützt werden sie durch das Kreuz-

Stolpersteine in der Trautenaustraße in Wilmersdorf

berg Museum, das Heimatmuseum Friedrichshain, das Berliner Landesarchiv und die Gedenkstätte Deutscher Widerstand. Die Idee der Stolpersteine ist so erfolgreich, dass sie inzwischen in über 900 deutschen Städten sowie in weiteren 15 europäischen Staaten zu finden sind. Über 6000 Stolpersteine wurden allein in Berlin gestiftet und vom Künstler verlegt. Wer eine Patenschaft übernehmen möchte, wird um eine Spende in Höhe von 120 Euro pro Stein gebeten.

**Für Informationen**
Stolpersteinprojekt
c/o Gedenkstätte
Deutscher Widerstand
Tiergarten, Stauffenbergstraße 13/14
030/263 98 90 14
www.stolpersteine.eu

## Topographie des Terrors

Die Stiftung Topographie des Terrors wurde 1992 gegründet, um an einem authentischen Ort der NS-Verbrechen die Geschehnisse zu dokumentieren und zugleich auch durch anschauliche Aufklärung den demokratischen Konsens in der Gesellschaft zu sichern. Auf dem Gelände zwischen Niederkirchnerstraße (ehemalige Prinz-Albrecht-Straße), Wilhelmstraße und Anhalter Straße befanden sich die wichtigsten Einrichtungen des NS-Terrorapparates. Hier waren das Geheime Staatspolizeiamt, der Sitz der Reichsführung SS, der Sicherheitsdienst der SS

Freiluft-Ausstellung zum NS-Terror an der Niederkirchnerstraße

**Öffnungszeiten**
Tägl. 10–20 Uhr

und ab 1939 auch das Reichssicherheitshauptamt untergebracht. Die Verantwortlichen der Massenverbrechen, wie Himmler, Heydrich und Kaltenbrunner, hatten hier ihre Büroräume. Die Gestapo hatte hier ein Untersuchungsgefängnis für besonders wichtige Häftlinge eingerichtet. Die im Zweiten Weltkrieg stark zerstörten Gebäude wurden in der Nachkriegszeit abgerissen, das Gelände wurde fremdgenutzt. Erst 1987 entschied man, eine provisorische Ausstellung zur Geschichte dieses Ortes zu eröffnen.

Der Entwurf des Schweizer Architekten **PETER ZUMTHOR** für einen Neubau erwies sich als zu teuer und bautechnisch zu kompliziert. Nach jahrelangen Verzögerungen des Baus durch Kostenexplosion und Firmenpleiten sind die bereits fertiggestellten Treppentürme Ende 2004 wieder abgerissen worden.

Der Siegerentwurf eines neu ausgelobten Wettbewerbs ist dagegen wesentlich bescheidener ausgefallen. Ein eingeschossiger, verglaster und quadratischer Pavillon mit Innenhof und Unterkellerung der Architektin **URSULA WILMS** bietet auf rund 3500 Quadratmetern Platz für die neue Dauerausstellung, Sonderausstellungen, einen Veranstaltungssaal, Seminarräume, die Bibliothek, Büros und eine Cafeteria. Zeitgleich mit der Eröffnung am 6. Mai 2010 wurde auch das neugestaltete Außengelände wieder zugänglich gemacht. Auf dem Rundgang mit 15 Stationen wird anhand der freigelegten Gebäudereste die einstige Nutzung des Geländes in der NS-Zeit und nach dem Krieg vorgestellt.

**Adresse**
Kreuzberg, Niederkirchnerstraße 8
030 / 25 45 09 50
www.topographie.de
**Anfahrt**
S1, S2, S25 Anhalter Bahnhof, S1, S2, S25, U2 Potsdamer Platz

2010 eröffnetes Ausstellungshaus der Topographie des Terrors

# Museen und Ausstellungen

## Was ist jüdische Kunst?

Die Auswahl der Exponate und die Entwicklung eines Konzepts für ein jüdisches Museum oder eine jüdische Ausstellung sind an sich schon schwierig genug; zuvor stellt sich jedoch immer noch die Frage, was überhaupt jüdische Kunst ist. Handelt es sich dabei um Kunst von jüdischen Künstlern, unabhängig davon, in welchem Stil sie gearbeitet oder welches Sujet sie gewählt haben? Oder bezeichnet der Begriff eher jüdische Kultgegenstände, Darstellungen jüdischer Motive und Synagogen, unabhängig davon, ob sie von jüdischen oder nichtjüdischen Künstlern bzw. Architekten geschaffen sind? Was soll also ausgestellt werden?

Dass auf diese Frage durchaus unterschiedliche Antworten gefunden werden können, zeigt der Vergleich von dem ehemaligen Jüdischen Museum in der Oranienburger Straße und dem neuen Jüdischen Museum in der Lindenstraße, dem Libeskind-Bau. In der Vorgängereinrichtung wurden vor allem Zeugnisse jüdischer Kunst und Altertümer ausgestellt. Dagegen werden im Neubau nicht mehr allein Kunstobjekte gezeigt, sondern mithilfe modernster Technik auch exemplarische Geschichten aus dem vielschichtigen Leben von Juden „erzählt". Die Exponate wurden bei diesem narrativen Konzept nicht mehr allein nach ihrem künstlerischen Wert ausgewählt, sondern können ebenso scheinbar banale Zeugnisse des Alltags wie z. B. Ausreisepapiere oder die Koffer der Emigranten einschließen. Die Frage nach dem Wesen einer jüdischen Kunst bleibt schwer zu beantworten.

## Ehemaliges Jüdisches Museum

Als im Jahre 1906 in London eine Ausstellung jüdischer Kunst und Altertümer gezeigt wurde, entschloss sich der Berliner „Verein zur Förderung jüdischer Kunst" unter seinem Vorsitzenden, dem bekannten Schauspieler **RUDOLF SCHILDKRAUT**, zu einer vergleichbaren Aktion. Die „Ausstellung jüdischer Künstler" fand 1908 – als erste ihrer Art in Berlin – in der „Galerie für alte und neue Kunst" in der Wilhelmstraße 45 statt.

Der Dresdener Juwelier **ALBERT WOLF** (1841 bis 1907) vermachte seine umfangreiche Sammlung von Judaica bereits 1905 der Jüdischen Gemeinde Berlin. Doch erst am 18. Februar 1917 konnte die „Kunstsammlung der jüdischen Gemeinde zu Berlin (Wolf'sche Stiftung)" im Verwaltungsgebäude der Gemeinde in der Oranienburger Straße 29 zum ersten Mal öffentlich gezeigt werden. Der Oberbibliothekar und Direktor der jüdischen Gemeindebibliothek Moritz Stern (1864–1939) betreute die seit dem Tode Wolfs erweiterte Sammlung. Es wurden palästinische Altertümer, antike jüdische Münzen, Kultgegenstände, Porträts wichtiger Persönlichkeiten des Judentums, Handschriften, Drucke und Bücher gezeigt. Nachdem im Jahre 1923 Diebe wertvolle Stücke gestohlen hatten, musste die Ausstellung geschlossen werden. Der Kunsthistoriker Karl Schwarz (1885–1962) übernahm 1930 die Leitung der Kunstsammlung. Kurz zuvor, am 28. November 1929, gründete sich der Jüdische Museumsverein – mit dem Ziel, in Berlin ein jüdisches Museum zu eröffnen. Der renommierte Maler und Präsident der Akademie der Künste **MAX LIEBERMANN** konnte als Ehrenvorsitzender des Vereins gewonnen werden. Er schenkte dem Museum wenige Jahre später zur Eröffnung ein Selbstporträt.

Der Gemeindevorstand stellte das erste Stockwerk des Hauses in der Oranienburger Straße 31 für das Museum zur Verfügung. In dem 1896 von Bertha und Moritz Manheimer gestifteten Gebäude befand sich zuvor das Siechenhaus der Jüdischen Gemeinde, das erst 1931 in die Exerzierstraße (heute Iranische Straße, Wedding) umzog. Nachdem die vorgesehenen Ausstellungsräume durch den Gemeindebaumeister Alexander Beer umgebaut worden waren, wurde das Jüdische Museum am 24. Januar 1933, unmittelbar vor der Machtübernahme Hitlers, eröffnet.

Nachdem Schwarz im gleichen Jahr nach Tel Aviv ausgewandert war, übernahm für die folgenden zwei Jahre Erna Stein (1903–1983) seine Stelle, bis auch sie nach Palästina ging. Franz Landsberger (1883 bis 1964), der bis 1933 als Ordinarius für Kunstgeschichte an der Breslauer Universität gewirkt hatte, wurde neuer Direktor. Eine unter den erdrückenden Verhältnissen der NS-Zeit veranstaltete Ausstellung war die Max-Liebermann-Gedächtnisausstellung, die ein Jahr nach seinem Tod, im Februar 1936, eröffnet wurde. Im Novemberpogrom 1938 wurde auch Landsberger verhaftet und im Konzentrationslager Sachsenhausen interniert. Durch die Intervention ausländischer Freunde wurde er freigelassen und wanderte über England in die USA aus. Das Museum wurde zwangsweise geschlossen, und viele Stücke der kostbaren Sammlung gingen in den folgenden Jahren unwiederbringlich verloren.

**Adresse**
Mitte, Oranienburger Straße 31
**Anfahrt**
S1, S2, S25 Oranienburger Straße

## Jüdische Galerie Omanut

Die Jüdische Galerie wurde 1993 von der Zentralwohlfahrtsstelle der Juden in Deutschland gegründet und befand sich die ersten knapp 20 Jahre in der Oranienburger Straße 31, wo in den 1930er-Jahren das erste Jüdische Museum Berlins bestand. Wurden in der Vergangenheit jüdische Künstler aus der ehemaligen Sowjetunion ausgestellt, widmet sich die Galerie seit dem Umzug im Oktober 2016 nach Tempelhof jüdischen und nichtjüdischen Künstlern mit Behinderung und psychischen Erkrankungen. Der neue hebräische Name der Galerie Omanut bedeutet schlicht „Kunst“.

**Öffnungszeiten**
Do 15–18 Uhr und nach Vereinbarung
**Adresse**
Tempelhof, Kaiserin-Augusta-Straße 63
www.juedische-galerie.de
**Anfahrt**
U6 Kaiserin-Augusta-Straße, Bus 184, 246 Albrechtstraße / Manteuffelstraße

## Jüdisches Museum Berlin

Anlässlich der Ausstellung „Leistung und Schicksale“, zum 300. Jahrestag der Gründung der Jüdischen Gemeinde Berlins im Berliner Stadtmuseum veranstaltet, entstand schon 1971 die Idee, erneut ein Jüdisches Museum in Berlin zu gründen. Im Jahre 1975 begann der Verein „Freunde des Jüdischen Museums" sich für eine solche Gründung einzusetzen und eine neue Sammlung aufzubauen. Die Bemühungen zeigten einen ersten Erfolg, als eine **JÜDISCHE ABTEILUNG IM STADTMUSEUM** eingerichtet wurde. Das dreiflügelige Barockgebäude des ehemaligen Königlichen Collegienhauses wurde in den Jahren 1734 bis 1735 nach Plänen von Philipp Gerlach errichtet. Es war das erste Gebäude in Berlin, das ausschließlich für Ämter und Behörden vorgesehen war. Hier befand sich ursprünglich der Sitz des königlichen Kammergerichts. Nach dem Ersten Weltkrieg zog das Konsistorium der Evangelischen Landeskirche Brandenburg ein. Das Haus wurde während der Bombenangriffe vom Februar 1945 stark zerstört und erst in den 1960er-Jahren wiederaufgebaut. Das neu gegründete Stadtmuseum von Berlin (West) nahm hier seinen Sitz.

Der internationale Wettbewerb für einen Ergänzungsbau zum Stadtmuseum mit einer vergrößerten Abteilung Jüdisches Museum wurde im Jahre 1988 ausgeschrieben. Die aus allen Nähten platzende Jüdische Abteilung war zu diesem Zeitpunkt in der obersten Etage des Martin-Gropius-Baus in der Niederkirchnerstraße untergebracht.

Am 23. Juni 1989 gewann der Entwurf „Between the Lines" des Architekten **DANIEL LIBESKIND** den ersten Preis. Libeskind wurde 1946 im polnischen Lodz geboren. Nach seinem Architekturstudium in den USA und Großbritannien lehrte er an verschiedenen akademischen Einrichtungen. Zusammen mit Peter Eisenman, Frank O. Gehry, Zaha Hadid und dem Architekturbüro Coop/Himmelb(l)au gehört er zu den bekanntesten Dekonstruktivisten. Diese Schule stellt die traditionelle Architektursprache radikal infrage, indem sie z. B. den rechten Winkel weitgehend vermeidet und die Statik der Gebäude scheinbar aufhebt. Die Entwürfe wirken häufig wie das Ergebnis einer Explosion, bei der auf wundersame Weise zwar alle Gebäudeteile – wie Wände, Decken, Fenster und Türen – kräftig durcheinandergeraten, aber nicht völlig zusammengefallen sind.

Nach der Grundsteinlegung am 9. November

Das Jüdische Museum mit Libeskind-Neubau und Barockpalast

1992 begann die eigentliche Bauphase im März 1993. Das fertige Gebäude konnte im Januar 1999 nach fast sechsjähriger Bauzeit für die gespannte Öffentlichkeit zugänglich gemacht werden. Im Rahmen der „Langen Nacht der Museen" strömten zum ersten Mal wahre Publikumsmassen voller Begeisterung in das noch leere Museum. Nach diesem Erfolg wurden seit Februar 1999 regelmäßig Führungen angeboten.

Aus der Vogelperspektive wirkt das fünfgeschossige Gebäude wie ein zickzackartiger Blitz. Die Außenwände sind mit silbergrauem Zinkblech verkleidet, die schmalen Fensterschlitze unregelmäßig angeordnet. Das Haus wird in der Längsachse von Leerstellen durchbrochen, den „voids". Sie sollen das mit der Vernichtung der Juden zur Zeit des Nationalsozialismus endgültig Verlorene symbolisieren. In der Außenanlage fällt der Garten des Exils auf. Er besteht aus 49 geneigten, überlebensgroßen Betonstelen, die ein wenig an den Mahnmalentwurf von Peter Eisenman erinnern und oben bepflanzt sind. Ursprünglich war der Garten nach **E. T. A. HOFFMANN** (1776–1822) benannt, weil der als Kammergerichtsrat nebenan im Altbau gewirkt hatte. Aber da er von einigen verdächtigt wurde, Antisemit gewesen zu sein, änderte man den Namen des Gartens. Zum Altbau hin öffnet

Der Garten des Exils, Teil des Jüdischen Museums

sich zwischen zwei Flügeln des Libeskind-Baus der unregelmäßig gepflasterte Paul-Celan-Hof.

Der Neubau ist unterirdisch mit dem alten Stadtmuseum verbunden, wo sich auch der Eingang befindet. Im Neubau kommt man zunächst an ein Achsenkreuz, das von drei Achsen gebildet wird. Auf der „Achse des Exils", die den Exodus deutscher Juden aus ihrer Heimat symbolisiert, gelangt man aus dem Museum heraus in den Garten des Exils. Eine Sackgasse endet im leeren, schachtartigen sogenannten Holocaust-Turm, der aus nacktem Sichtbeton besteht. Die Hauptachse führt zu einer langen, steilen Treppe, die die einzelnen Stockwerke miteinander verbindet. Der Besucher durchwandert das Museum mitunter auf geneigten Böden, die das Gleichgewicht stören können und sollen. Diese Wirkung wird durch asymmetrisch geschnittene Räume mit spitzen Winkeln und schrägen Wänden unterstützt.

Die Deutsche Wiedervereinigung veränderte die Rahmenbedingungen für ein Jüdisches Museum radikal. Um den Status des Museums gab es jahrelang Streitigkeiten zwischen dem ersten, ab 1994 amtierenden Museumsdirektor **AMNON BARZEL** und dem Generaldirektor der Stiftung Stadtmuseum Berlin Reiner Güntzer, die in den Medien ausführlich kommentiert wurden. Barzel fühlte sich von der von ihm als preußisch kleinkariert empfundenen Bürokratie so in seinen Bestrebungen für die Autonomie des Jüdischen Museums behindert, dass er schließlich sein Amt verließ.

Der frühere US-Finanzminister **MICHAEL BLUMENTHAL** konnte im Dezember 1997 als neuer Museumsdirektor gewonnen werden, was wegen seines diplomatischen Geschicks schon bald als Glücksfall angesehen wurde. Blumenthal, dessen Familie aus Berlin stammt, hat inzwischen auch ein lesenswertes, sehr persönliches Buch über die deutsch-jüdische Geschichte geschrieben. Ihm ist es zu verdanken, dass das Jüdische Museum zunächst als Hauptabteilung der Stiftung Stadtmuseum Berlin geführt wurde und im Jahre 1999 – nach einer Übergangsperiode als unselbstständige Stiftung – in eine selbstständige Stiftung überging.

Bei der nun zur Verfügung stehenden Ausstellungsfläche von insgesamt 4500 Quadratmetern stellte sich das Problem, ausreichend Exponate aufzubringen. Eine zeitgemäße Lösung bietet das Konzept eines erzählenden Museums, das mithilfe von multimedialen Präsentationen und Repliken von Originalzeugnissen die vielfältige Geschichte der Juden in Deutschland darstellen möchte.

**Öffnungszeiten**
Mo 10–22 Uhr, Di–So 10–20 Uhr, nur an den hohen jüdischen Feiertagen Rosch ha-Schana und Jom Kippur sowie am 24. Dezember geschlossen

Bis zur Eröffnung der Ausstellung – die öffentlichen Führungen begannen am 5. Februar 1999 – kamen mehr als 350 000 Besucher und bestaunten die Räumlichkeiten, die so leer einen ganz unmittelbaren Eindruck von der skulpturalen und symbolisch aufgeladenen Architektur des Gebäudes vermittelten. Ein überraschender Nebeneffekt dieses außerordentlichen Andrangs war die Einsicht, dass die installierte Klimaanlage nicht ausreicht und auch Lichtanlage und Ausstellungstechnik überarbeitet werden müssen. So wurde die ursprünglich für Oktober 2000 vorgesehene Eröffnung des Museums auf das Jahr 2001 verschoben. Allerdings war dann gleich die gesamte Dauerausstellung zu sehen und nicht, wie ursprünglich geplant, zunächst nur der Teil, der die deutsch-jüdische Geschichte von 1848

bis 1919 behandelt. Am 13. September 2001 konnte dann endlich das Jüdische Museum mit der Dauerausstellung eröffnet werden. Das multimediale Konzept wendet sich vor allem an jüngere Besucher und Besucherinnen. Nach der berechtigten Kritik, dass das Museum zu vollgestopft und unübersichtlich sei, wurde die Exposition entschlackt und das Leitsystem überarbeitet. Bis 2009 haben über vier Millionen Menschen dieses Museum besucht. Derzeit kommen mehr als 750 000 Besucher jährlich.

Der Rundgang durchläuft in 13 Segmenten zwei Jahrtausende deutsch-jüdischer Geschichte. Zu den Höhepunkten der ausgestellten Exponate gehören sicherlich die mittelalterlichen Originalhandschriften, die Gemälde von Max Liebermann und Lesser Ury sowie die Installation „Shalechet – Gefallenes Laub" von **MENASHE KADISHMAN**. Zusätzlich werden sehr interessante, mitunter auch provozierende Wechselausstellungen gezeigt. Die erste Schau präsentierte Schtetl-Fotos des polnischen Vorkriegsfotografen Alter Kacyzne, der 1941 von ungarischen Nazi-Kollaborateuren ermordet wurde.

Der Innenhof des Altbaus wurde mit einem Glasdach versehen, das ebenfalls von Daniel Libeskind entworfen wurde. Seine typisch spitzwinklige, vielzackige Konstruktion soll an eine jüdische Laubhütte erinnern. Seit der Einweihung dieses neuen Veranstaltungsortes im September 2007 finden hier Konzerte, Theater und Empfänge statt.

Die Halle des ehemaligen Blumengroßmarktes, der sich bis 2010 gegenüber dem Museum befand, wird seit 2012 ebenfalls vom Museum genutzt – als W. Michael Blumenthal Akademie. Auch hier hat Daniel Libeskind mit seinem Entwurf „Zwischenräume" den Umbau gestaltet. In die ansonsten weitgehend unverändert gebliebene Halle wurden drei kubische Blöcke eingebaut. Der neugewonnene Platz steht für das Archiv, die Bibliothek, Büros, die Museumspädagogik und für Gastwissenschaftler zur Verfügung. Der „Garten der Diaspora" im Inneren der Halle lädt zur Kommunikation und Reflexion ein. Durch eine Partnerschaft mit dem New Yorker Leo-Baeck-Institute möchte sich das Jüdische Museum auch als ein wis-

**Außenwand des Libeskind-Baus mit unregelmäßigen Fensterschlitzen**

**Adresse**
Kreuzberg, Lindenstraße 9–14
030 / 25 99 33 00
Führungen:
030 / 25 99 33 05
www.jmberlin.de
**Anfahrt**
U1, U6 Hallesches Tor, Bus 248 Jüdisches Museum

2012 eröffnete Akademie des Jüdischen Museums

senschaftliches Zentrum deutsch-jüdischer Studien etablieren. Eine Bibliothek zu diesem Forschungsschwerpunkt ist im Aufbau begriffen.

## Stiftung Neue Synagoge Berlin – Centrum Judaicum

Siehe Seite 77–85.

## Ephraim-Palais

Im ältesten Teil von Berlin befindet sich gleich neben dem Roten Rathaus das **NIKOLAIVIERTEL**. Benannt ist es nach der erstmals 1264 urkundlich bezeugten Nikolaikirche in seinem Zentrum. Kleine Gassen, rustikale Kneipen, beschauliche Läden und Kopfsteinpflaster imaginieren eine Berliner Altstadt, die mit ihrer Mischung aus Wohnen, Arbeiten und Amüsieren den Charme einer Puppenstube ausstrahlt. Dabei stand hier vor 30 Jahren fast nichts mehr. Die Zerstörungen des Zweiten Weltkrieges haben in diesem Viertel nur die Ruine der Nikolaikirche inmitten von Trümmern hinterlassen. Erst zur aufwendigen 750-Jahr-Feier Berlins, bei der Ost und West mit ihren jeweiligen Prestigeobjekten miteinander konkurrierten, wurde das wiederaufgebaute, teils detailgetreu rekonstruierte und teils mit historisierenden Plattenbauten bestückte Nikolaiviertel der staunenden, aber auch kritischen Öffentlichkeit präsentiert.

Allerlei prominente Literaten wohnten, arbeiteten oder logierten hier, so auch Moses Mendelssohn, Friedrich Nicolai, Gotthold Ephraim Lessing und Heinrich Heine. Das einzige originale Bürgerhaus im Viertel bewohnte die angesehene und weitverzweigte Familie Knoblauch fast 170 Jahre lang. Einer ihrer Söhne war der Architekt Eduard Knoblauch, der die Neue Synagoge in der Oranienburger Straße entworfen hat. Heute befinden sich im **KNOBLAUCHHAUS** eine sehenswerte Abteilung des Stadtmuseums Berlin und im Erdgeschoss die „Historischen Weinstuben".

Das Knoblauchhaus von 1761, benannt nach dem Baumeister der Neuen Synagoge

Das prächtigste Gebäude des Nikolaiviertels, das sogar als „schönste Ecke Berlins" bezeichnet wird, ist das nach seinem einstigen Bewohner benannte Ephraim-Palais. Es steht erst seit 1987 originalgetreu wiederaufgebaut an dieser Stelle. Das wohlproportionierte, viergeschossige Gebäude hat eine klare Gliederung und vergoldete, fein ziselierte Balkonbegrenzungen. Als in den Jahren 1935/36 der Mühlendamm erweitert wurde, musste das ursprüngliche Palais abgerissen werden. Die 2493 nummerierten Fassadensteine wurden im Wedding eingelagert und

Rokokopalais, erbaut für den Fabrikanten und Bankier Veitel Heine Ephraim

im Laufe der Jahre fast vergessen. Sie konnten nahezu ein halbes Jahrhundert später – nach schwierigen Verhandlungen zwischen dem West-Berliner Senat und dem Ost-Berliner Magistrat – zurückgegeben und beim Wiederaufbau in unmittelbarer Nähe des einstigen Standorts verwendet werden. Nur etwa 15 Prozent der Fassadenteile sind neu hergestellt worden. Bei der Rekonstruktion der Fassade nahmen die Architekten Messbilder und Grundrisse aus alten Polizeiakten zu Hilfe. Die Inneneinrichtung ist gänzlich neu. Als Ersatz für das Chinesische Zimmer, das sich im zweiten Stockwerk befand und verloren ging, ist die barocke „Schlüterdecke" eingezogen worden. Sie stammt aus dem 1889 abgerissenen Palais Wartenberg, das Andreas Schlüter in den Jahren 1701 bis 1703 entwarf und einst in der Nähe des Stadtschlosses stand.

**Öffnungszeiten**
Di, Do–So 10–18 Uhr, Mi 12–20 Uhr

**VEITEL HEINE EPHRAIM** (1703–1775), nach dem das Palais benannt ist, erwirtschaftete sich als Besitzer einer Fabrik für Gold- und Silberfäden, Hofjuwelier, Bankier und Münzpächter ein beträchtliches Vermögen. Im Siebenjährigen Krieg erhielt er das Münzrecht für die eroberten sächsischen Prägestätten. Die auf Befehl von Friedrich II. in Leipzig geprägten minderwertigen Münzen nannte der Volksmund Ephraimiten. Von ihnen hieß es weiter: „Außen gut, innen schlimm, außen Friedrich, innen Ephraim." Mit Friedrich war der auf den Münzen abgebildete sächsische Kurfürst Friedrich August II. und nicht der eigentliche Auftraggeber, Friedrich II., gemeint. Von 1749 bis zu seinem Tode war Ephraim das Oberhaupt der jüdischen Gemeinde in Berlin. Im Jahre 1762 kaufte er am Mühlendamm, Ecke Poststraße ein Apothekerhaus, das von dem Apotheker Karl Walter Tonnenbinder um 1700 errichtet worden war. Bevor er einzog, ließ er es von dem Baumeister Friedrich Wilhelm Diterichs im Rokokostil in vierjähriger Arbeit prächtig ausbauen. Der preußische Staat erwarb das Haus im Jahre 1843 und brachte darin das Büro des Polizeipräsidenten unter. Im Jahre 1880 zog schließlich eine Bank ein. Heute beherbergt das Gebäude eine Abteilung des Stadtmuseums Berlin, die wechselnde Sonderausstellungen präsentiert.

**Adresse**
Mitte, Poststraße 13/14
030/24 00 21 62
**Anfahrt**
S3, S5, S7, S75, U2, U5, U8 Alexanderplatz, Bus 248, M48 Nikolaiviertel

# Kultur

Klezmer-Musiker im ehemaligen Hackeschen Hoftheater

## Geschichte und Gegenwart jüdischer Kultur in Berlin

Die jüdischen Bewohner Berlins prägten in beeindruckender Weise die Bürgerkultur dieser Stadt. Die historische Zäsur von 1933 beendete nicht nur die so augenfällige Präsenz jüdischen Lebens in Berlin, sondern bedeutete überhaupt das Ende dieser spezifischen Kultur, die entscheidend von Juden getragen und nicht von ihnen zu trennen war.

Die lange Reihe bedeutender Schriftsteller, Verleger, Mäzene, Philosophen und Künstler jüdischer Herkunft liest sich wie ein „who is who" der Berliner Kulturgeschichte. Der Freundeskreis um Moses Mendelssohn, der ganz selbstverständlich die bedeutendsten Schriftsteller und Philosophen seiner Zeit einbezog, bildete den Ausgangspunkt dieser Entwicklung. Die literarischen Salons der später getauften Jüdinnen Dorothea Schlegel, Henriette Herz und Rahel Varnhagen versammelten die geistige Elite der preußischen Hauptstadt und gaben ihr ein Zuhause. Berliner Politiker wie Eduard Lasker (1829–1884), Ludwig Bamberger (1823–1899) und Ferdinand Lassalle (1825–1864) waren maßgeblich verantwortlich für eine politische Kultur der Liberalität und Toleranz

Rahel Varnhagen von Ense, geb. Levin (Daffinger, um 1800)

Der Politiker Eduard Lasker (Die Gartenlaube, 1873)

Ferdinand Lassalle, Schriftsteller und Arbeiterführer

im Deutschland des 19. Jahrhunderts. Großzügige Mäzene wie James Henry Simon und Eduard Arnhold (1849–1929) schenkten ihre kostbaren Sammlungen den Museen der Stadt. Wirtschaftlich erfolgreiche Unternehmer wie Josef Garbáty-Rosenthal (1851–1939) und Moritz Manheimer erwiesen sich als selbstlose Förderer von Sozialeinrichtungen. Die geschmackvollen Villen z. B. von Samuel Fischer und Walther Rathenau, mit ihren gediegenen Sammlungen von Büchern und Kunstgegenständen, standen befreundeten Künstlern und Schriftstellern jederzeit offen. Familien wie die von Mendelssohn, Ullstein, Mosse, Tietz und Wertheim waren über Generationen aufs Engste mit Berlin verbunden, bis die Nationalsozialisten diese Tradition durch Vertreibung, Enteignung und Ermordung brutal beendeten.

Die Blüte deutscher Literatur und Kunst vom Anfang des 19. Jahrhunderts bis zum Beginn der 1930er-Jahre ist vor allem Schriftstellern und Künstlern zu verdanken, die erst von den Nationalsozialisten auf ihre jüdische Herkunft reduziert wurden. Hier sollen nur beispielhaft einige Prominente Erwähnung finden, die ihre jüdische Identität explizit mit in ihr Schaffen einbrachten. Der zu seiner Zeit umjubelte Schauspieler **RUDOLF SCHILDKRAUT** (1862–1930) z. B. spielte die Rolle des Shylock in Max Reinhardts Inszenierung von „Der Kaufmann von Venedig" am Deutschen Theater im Jahre 1905. In der Rolle des jüdischen Kaufmanns setzte er seine eigene jüdische Herkunft bewusst ein. Ein weiterer gefeierter Schauspieler, der wiederholt Juden verkörperte, war **ALEXANDER GRANACH** (1890–1945). Er wuchs in Galizien auf und spielte im Scheunenviertel, bevor er bei Erwin Piscator im Theater am Nollendorfplatz Karriere machte. In den Erinnerungen von Mischket Liebermann heißt es über Granach und seine Beziehung zum Scheunenviertel: „Granach suchte das Ghetto oft auf. Nicht nur, um sich dort für seinen Shylock inspirieren zu lassen – er galt als einer der besten Shylock-Darsteller. Offensichtlich fühlte er sich heimisch im Ghetto." Nach seiner Vertreibung 1933 gründete er ein jiddisches Theaterensemble. **JOSEPH ROTH** (1894–1939), der aus Galizien stammte und in den 1920er-Jahren in Berlin lebte und schrieb, hat in seinen Schriften nicht nur die untergegangene Welt der K.-u.-k.-Monarchie, sondern auch das Leben der osteuropäischen Juden geschildert. In seiner Reportage „Juden auf Wanderschaft" z. B. sind voller Anteilnahme die jüdischen Bewohner des Berliner Scheunenviertels porträtiert. **KURT TUCHOLSKY** (1890–1935), der aus der jüdischen Gemeinde ausgetreten war, spottete unter anderem in den satirischen Monologen des Herrn Wendriner oder in seinem Gedicht über den Jüdischen Friedhof in Weißensee über Berliner Juden.

Mit dem Erreichen der bürgerlichen Gleichstellung von Juden verstanden sich alle der genannten Künstler vor allem als Deutsche. Einige Kulturschaffende verließen die jüdische Religionsgemeinschaft, andere engagierten sich zeitlebens für die Belange der jüdischen Gemeinde. Die meisten waren stark assimiliert und identifizierten sich mit der deutschen Kultur, dem deutschen Volk und dem deutschen Staat. Es waren stets Antisemiten, Rassisten, Nationalsozialisten, die diesen so verschieden lebenden, denkenden und handelnden Personen unterschiedslos ihre deutsche Identität absprachen und sie nivellierend zu „Juden" erklärten. Erst durch die Ausgrenzung und Vernichtung der Mitmenschen jüdischer Herkunft sind ihre Bedeutung und der Verlust für die deutsche Kultur in voller Tragweite bewusst geworden.

Veranstaltungsorte, Termine und Programme für aktuelle jüdische Kulturveranstaltungen sind den Tageszeitungen, den verschiedenen Stadtmagazinen sowie dem Internet (www.berlin-judentum.de und www.hagalil.com/deutschland/berlin) zu entnehmen.

## Ehemaliges Theater des Jüdischen Kulturbundes*

Ein kleiner, schlichter Granitstein, im Jahre 1988 von der Bildhauerin Susanne Ahner gestaltet, erinnert an das ehemalige Theater des Jüdischen Kulturbundes. Die Inschrift der Bodenplatte informiert knapp über die Geschichte der Institution.

Bereits vor dieser war im selben Gebäude ein anderes jüdisches Theater untergebracht. Im Jahre 1891 aus Budapest nach Berlin gekommen, bezogen die Brüder Anton und Donat Herrnfeld 1906 die neu gebaute Bühne in der Kommandantenstraße und eröffneten das nach ihnen benannte Theater. Sie waren Theaterdirektoren, Stückeschreiber und Schauspieler in Personalunion. Sie gaben für ein vorwiegend aus dem Scheunenviertel stammendes, jüdisches Publikum belanglose, unterhaltsame Komödien, deren Witz in den Dialogen und in der Körpersprache der Darsteller gelegen haben soll. Immerhin bewunderten sogar Siegfried Jacobsohn und Kurt Tucholsky von der Weltbühne die schauspielerischen Fähigkeiten der beiden Akteure. Mit dem frühen Tod von Donat Herrnfeld im Jahre 1916 endete wenig später auch die Geschichte des Herrnfeld-Theaters.

In den 1920er-Jahren sollten noch zweimal berühmte jüdische Bühnen im alten Herrnfeld-Theater gastieren. In der Winterspielzeit 1921/22 führte das Jüdische Künstlertheater aus Wilna An-Skis „Dibbuk" in der jiddischen Originalfassung auf. Wenige Jahre danach zeigte das legendäre Moskauer Habimah-Theater die hebräische Fassung des gleichen Stückes.

Vom Jüdischen Kulturbund wurde das Theater in den Jahren 1935 bis 1939 genutzt. Der „Kulturbund Deutscher Juden", wie er noch bis 1935 hieß, wurde im Juni 1933 gegründet, als jüdische Musiker und Schauspieler mit Berufsverbot belegt wurden. Sie durften nun nur noch vor jüdischem Publikum auftreten. Der Leiter des Kulturbundes war der Dirigent und Musikwissenschaftler Kurt Singer, der bis zu seiner Entlassung 1933 als Intendant an der Städtischen Oper wirkte. Er wurde 1944 im Konzentrationslager Theresienstadt ermordet. Vom Kulturbund wurden nicht nur Theaterstücke, sondern auch Konzerte und Filme aufgeführt. Eigentlich waren nur Werke jüdischer Komponisten und Autoren erlaubt, doch zunächst wurden auch Stücke mit jüdischen Helden, die von „arischen" Dramatikern wie Lessing oder Hebbel stammten, geduldet. Der Kulturbund war für jüdische Künstler die einzige Möglichkeit, überhaupt noch aufzutreten, und für das jüdische Publikum,

Das Orchester des Jüdischen Kulturbundes, dirigiert von Kurt Singer (1934)

überhaupt noch Kultur zu genießen. Auf der einen Seite führte die Beschränkung der kulturellen Aktivitäten auf den Kulturbund zu einer Ghettoisierung. Doch zugleich stärkte er den Zusammenhalt der jüdischen Gemeinschaft. Durch ihre zahlreichen Initiativen schufen sich die Künstler eine Art Selbsthilfe. Die Arbeit des Kulturbundes unterlag jedoch zu jeder Zeit der nationalsozialistischen Zensur und Überwachung. Von 1939 bis zur zwangsweisen Auflösung des Jüdischen Kulturbundes am 11. September 1941 fanden die Veranstaltungen in den benachbarten Armin-Hallen statt, die in Kulturbund-Saal umbenannt wurden. Im Frühjahr 1944 zerstörten Fliegerbomben das Theater vollständig; die Ruine wurde in der Nachkriegszeit abgerissen. Seit den 1950er-Jahren steht hier die Otto-Suhr-Wohnsiedlung.

**Adresse**
Kreuzberg, Kommandantenstraße 57
**Anfahrt**
U8 Moritzplatz, U2 Spittelmarkt, M29 Alexandrinenstraße

## Jüdische Kulturtage

Die Jüdischen Kulturtage finden jährlich für etwa zehn Tage statt, wobei der Termin vom jüdischen Kalender abhängt und zwischen Ende August und Anfang Dezember variieren kann. Jedes Jahr steht dieser Kulturmarathon unter einem besonderen

Thema. Im Jahre 1999 war es z. B. Odessa, die Stadt am Schwarzen Meer, in der Isaak Babel und Sergej Eisenstein wirkten. Die 19. Jüdischen Kulturtage 2005 standen unter dem Motto „Das jüdische Berlin der Zwanzigerjahre". Es werden Konzerte, Theatervorführungen und Lesungen veranstaltet. In den letzten Jahren begeisterten besonders das Gesher-Theater aus Tel Aviv, das von jüdischen Schauspielern aus den GUS-Staaten gegründet wurde, und „Russendisko" von Wladimir Kaminer. Auch israelische Stars wie David Broza oder die Hip-Hop-Band Hadag Nachash sind hier bereits umjubelt worden. Das umfangreiche Programm wird durch zahlreiche Vorträge, Podiumsdiskussionen und Filme ergänzt.

## Jüdisches Filmfestival Berlin & Brandenburg

**Adresse**
Verschiedene Spielstätten in Berlin und Potsdam
www.jfbb.de

Das Jüdische Filmfestival wurde ursprünglich von der Jüdischen Volkshochschule und den „Freunden der Deutschen Kinemathek e. V." veranstaltet und findet seit 1995 jedes Jahr im Frühsommer statt. Für die Auswahl der vorgeführten Filme gibt es bestimmte Leitthemen wie „Die jüdische Frau im Film" oder „Heimat, Heimweh, hejmisch sein". Das weite Spektrum reicht jeweils von Klassikern der Stummfilmära über unbekannte Tonfilme, die z. B. im Vorkriegspolen in jiddischer Sprache gedreht wurden, bis zu aktuellen Produktionen z. B. aus den USA, Frankreich oder Israel.

## Philomimos e. V. (ehemaliges Hackesches Hoftheater)

Im zweiten Hinterhof der Hackeschen Höfe befand sich von 1992 bis zum Jahreswechsel 2005/06 das Hackesche Hoftheater, das fast jeden Abend zu Konzerten mit jiddischen Liedern oder Klezmer eingeladen hatte. Interpreten jiddischer, aschkenasischer und sephardischer Lieder – wie Jalda Rebling, Mark Aizikovitch und Karsten Troyke – sowie Klez-

## Klezmer

Das Wort Klezmer (der Buchstabe Z wird hier mit stimmhaftem S ausgesprochen) setzt sich aus den hebräischen Worten *klej* (Instrument, Werkzeug) und *semer* (musizieren, singen) zusammen. Die Interpreten von Klezmermusik nennt man Klezmorim. Klezmer ist ursprünglich die Hochzeits- und Tanzmusik der osteuropäischen Juden. Die Wurzeln dieser Musik reichen bis in das 16. Jahrhundert zurück. Einflüsse der rumänisch-moldawischen Folklore, orientalischer Skalen, aber auch synagogaler Gesänge und chassidischer Melodien sind unüberhörbar. Kleinere Besetzungen mit Klarinette, Geige oder Hackbrett als Soloinstrument sind traditionellerweise üblich. Die Melodien werden reich verziert und virtuos variiert. Gleitende Töne, Triller, Vorschläge und häufige Dur-Moll-Wechsel sind typische Kennzeichen des Klezmer. Besonders charakteristisch für Klezmermusik ist das Schluchzen, Kichern, Glucksen und Wiehern der Klarinette.

Die beiden Klarinettisten Naftule Brandwein und Dave Tarras gehörten zu den wichtigen, stilbildenden Virtuosen der 1920er- und 1930er-Jahre. Klezmer wurde nach der Vernichtung des osteuropäischen Judentums (Abb.: Ukraine um 1925) und seiner Kultur nur noch selten gespielt und war nur einigen wenigen Liebhabern und Sammlern bekannt. Ab Mitte der 1970er-Jahre gelang dieser Musik in den USA ein erstaunliches Comeback, und zwar nun vor allem auf den Konzertpodien. Die seit den 1920er-Jahren kontinuierlich auftretenden Epstein Brothers und der bereits genannte Dave Tarras bilden gewissermaßen die einzigen aktiven Bindeglieder zwischen dem Vorkriegsklezmer und seinem späten Revival.

Der besonders in Deutschland überaus erfolgreiche Klarinettist Giora Feidman, der für viele Laien geradezu als Inbegriff des Klezmer gilt, spielt vor allem ein Crossover von Pop bis Klassik. Wesentlich ernster zu nehmen sind dagegen Bands wie Brave Old World, The Andy Statman Klezmer Orchestra oder Klezmatics, die Klezmer durch Anleihen an Jazz, Rock und Kammermusik weiterentwickelten. Die aus Ost-Berlin stammende Gruppe Ahava Raba (hebräisch „große Liebe") hat sogar eine CD bei dem New Yorker Label Tzadik von John Zorn veröffentlicht.

**Adresse**
Lichtenberg, Franz-Jacob-Str. 2b
030/283 25 87
www.hackesches-hoftheater.de
**Anfahrt**
S8, S9, S41, S42, S85
Storkower Straße

mer-Gruppen – z. B. Aufwind, Grinsteins Mischpoche und Harry's Freilach – traten hier regelmäßig auf. Nachdem sich der künstlerische Leiter und Gründer des privaten Theaters, Burkhart Seidemann, eine drastische Mieterhöhung zum Jahresbeginn 2006 nicht mehr leisten konnte, musste das Hackesche Hoftheater geschlossen werden. Als Interimslösung werden durch den Trägerverein Philomimos derzeit im Veranstaltungszentrum „Cedio Point" des Storkower Bogens (Lichtenberg) unregelmäßig Konzerte veranstaltet. Zweimal jährlich wird ein Klezmer-Fest organisiert. Auch nachdem im April 2016 der langjährige Leiter Burkhart Seidemann verstorben ist, wird das Konzertprogramm fortgeführt.

# Mythos Scheunenviertel

Straßenszene im Scheunenviertel in den 1920er-Jahren

Schriftsteller der 1920er-Jahre, vor allem Alfred Döblin mit dem Roman „Berlin Alexanderplatz" und Joseph Roth in seinen Zeitungsreportagen, haben das Scheunenviertel als Schauplatz ihrer Geschichten und Beobachtungen verewigt. Scheunenviertel: Diese erst nach der Wiedervereinigung wieder inflationär gebrauchte Bezeichnung für die Gegend nordwestlich des Alexanderplatzes beschwört einen Mythos, der je nach Interesse von orthodoxen Juden in schwarzen Kaftanen, halbseidenen Ganoven und korrupten Polizisten oder billigen Prostituierten und ihren Freiern bevölkert wird. Dabei wird das Scheunenviertel häufig mit der gesamten Spandauer Vorstadt gleichgesetzt, was historisch noch weniger haltbar ist. Das sogenannte Scheunenviertel umfasst in etwa das Gebiet, das von der Rosa-Luxemburg-Straße im Osten bis zur Rosenthaler Straße im Westen und von der Torstraße im Norden bis zur Neuen Schönhauser Straße / Münzstraße im Süden reicht.

Im Jahre 1672 erließ der Große Kurfürst Friedrich Wilhelm eine Feuerschutzordnung, in der angeordnet wurde, Getreide, Stroh und andere leicht brennbare Materialien außerhalb der Stadtmauern zu lagern. So wurden auf dem Areal, auf dem sich heute die Volksbühne befindet, insgesamt 27 Scheunen errichtet. Im 18. Jahrhundert entstanden dann im Zuge der schrittweisen Stadterweiterung auch in dieser Gegend Wohnhäuser. Mit der gewaltig vorangetriebenen Industrialisierung und dem explosionsartigen Anwachsen der Bevölkerung Berlins ab der zweiten Hälfte des 19. Jahrhunderts verkam die Gegend schnell zum Armen- und Elendsviertel. In billigen, überbelegten Wohnungen ohne jeglichen Komfort lebten die Zugewanderten, die Ausgestoßenen, die Gescheiterten.

Vor den Pogromen in Russland, Litauen und Polen geflüchtete Juden siedelten sich vor allem in der Gegend um die Max-Beer-Straße (ehemalige Dragonerstraße) und die Almstadtstraße (ehemalige Grenadierstraße) an. Die mittellosen und jiddisch sprechenden, abfällig so genannten „Ostjuden" brachten ihre strenggläubige Lebensweise mit und schockierten die stark assimilierten und zumeist gutbürgerlichen Juden Berlins. Die wallenden Bärte und die langen schwarzen Kaftane, die vielen kleinen orthodoxen Betstuben und Talmudschulen, die selbstgenügsame und freiwillige Abgrenzung von der weltlichen Umgebung erinnerten die etablierte jüdische Gemeinde an die eigene, noch gar nicht so lange zurückliegende Vergangenheit. Chassidische Rebben und ihr kompletter Hofstaat ließen sich in der Gegend nieder. Ihre bedeutendsten Betstuben befanden sich in den Häusern der Almstadtstraße 16, 26 und 28. Im Hinterhof des Hauses Nr. 16 ist ein mit Steinen umrandeter Davidstern zu sehen, der in Eigeninitiative einiger Mieter entstand und an die einstigen Bewohner erinnern soll.

Ein geschäftiges, marktähnliches Treiben bot sich in den Straßen und Hofdurchfahrten. Altkleiderhändler, Hausierer, Gemüseverkäufer und Buchhändler versuchten – oft in Hauseingängen oder auf offener Straße – ihre Waren zu verkaufen und so ihren kärglichen Lebensunterhalt zu verdienen. Der Hauptmann von Köpenick kauft sich in dem gleichnamigen Stück von Carl Zuckmayer seine abgetragene Uniform in der Grenadierstraße, beim Trödler Krakauer. Von denen, die es zu etwas mehr gebracht hatten, wurden auch Speiselokale, Pensionen, Bäckereien und Druckereien betrieben. Die meisten Anwohner waren jedoch Arbeiter, häufig in den zahlreichen Zigarettenfabriken, oder Arbeitslose, die auf Hilfe angewiesen waren. Dank ihres gut ausgebauten Wohlfahrtswesens konnte die jüdische Gemeinde – trotz einiger Ressentiments – helfen, die Not etwas zu lindern. So öffnete im Mai 1916 das Jüdische Volksheim in der Dragonerstraße 22 (heute Max-Beer-Straße 5) seine Tore. Über die Eröffnung berichtete Gustav Landauer seiner Tochter in einem Brief, in dem es heißt: „Es sollen da Studenten, Kaufleute, Arbeiter beiderlei Geschlechts zusammenkommen, zu belehrenden Gesprächen und Vorlesungen; Mütter werden beraten; ein Kinderhort ist da, und zwei Stuben werden als Werkstätten für Tischlerei usw. eingerichtet, was gerade für die Juden, die aus dem Osten kommen und oft nichts als Hausieren und dergleichen gelernt haben, sehr wertvoll ist." In diesem Bericht finden wir soziales Engagement gepaart mit bildungsbürgerlicher Überheblichkeit.

Für Antisemiten stellte das orthodoxe Judentum im Scheunenviertel ein willkommenes Beispiel für die vermeintliche Fremdheit der jüdischen Kultur dar. Beim Kapp-Putsch 1919 und zur Zeit der Inflation 1923 war das Scheunenviertel wiederholt Schauplatz von Plünderungen, bewaffneten Kämpfen und antisemitischen Überfällen. Am 5. April 1933 verhafteten die Nationalsozialisten bei einer Razzia im Scheunenviertel zahlreiche Einwanderer. Am 28. Oktober 1938, knapp zwei Wochen vor dem Novemberpogrom, wies die nationalsozialistische Regierung rund 10 000 aus Polen stammende Juden in ihre ehemalige Heimat aus, in ein Land also, das sie nicht haben wollte. Die heute mitunter romantisch verklärte Sicht, die im Scheunenviertel ein Schtetl oder gar ein Ghetto sehen möchte, ist jedoch in der Tat irreführend und unpassend. Denn Juden bewohnten keineswegs allein dieses Viertel, das zudem nach allen Seiten hin offen für die Einflüsse der pulsierenden Metropole war, sondern lebten eng zusammen in einer – heute würden wir vielleicht harmonisierend sagen – multikulturellen Nachbarschaft.

Die verkehrsreiche Münzstraße war z. B. bekannt für ihre Unterhaltungstheater und günstigen Kinos.

**Orthodoxer Jude im Scheunenviertel (1933)**

Im Erdgeschoss des Hauses Nr. 5 gab es einst das „Biograph-Theater", das 1899 als erstes Kino in Berlin eröffnet wurde. Darüber, im ersten Obergeschoss, befand sich Bergers Wiener Restaurant, das von Adass-Jisroel in der Einhaltung der rituellen Speisevorschriften kontrolliert wurde. Ein paar Schritte weiter, in der Almstadtstraße 5, ließ man sich vom jiddischsprachigen Theater des Centrums unterhalten, das von dem Gastwirt Leo Loewenthal geleitet wurde.

Besonders in den angeblich so goldenen Zwanzigern mauserte sich die Gegend zu einem Szene- und Vergnügungsviertel. Gelangweilte Schickeria aus Theater und Film suchte hier das verruchte Ambiente der halb legalen Nachtwelt. In Spelunken, Nachtbars und Stundenzimmern blühten Glücksspielerei und Prostitution. Das Viertel war die Heimat der kleinen Ganoven und illustren Nachtgestalten. In spontanen oder groß angelegten Razzien hoffte die Polizei, illegale Einwanderer, Kriminelle oder gar Kommunisten zu finden. Die enge Schendelgasse und die Mulackstraße boten Unterschlupf für dubiose Vereine, die wie die Mafia die kleinen Geschäfte und Schenken kontrollierten.

Die berühmt-berüchtigte Kneipe Mulackritze in der Mulackstraße konnte vor deren Abriss gerettet werden, und zwar von Charlotte von Mahlsdorf, dem als Lothar Berfelde geborenen bekannten Transvestiten, der seine letzten Lebensjahre aufgrund von rechtsradikalen Drohungen und Überfällen in Schweden verbrachte. Die Theke ist heute im Gründerzeitmuseum in Mahlsdorf zu besichtigen.

Der größte Teil des Scheunenviertels verfiel jedoch in der DDR-Zeit und war zum Abriss vorgesehen. Straßennamen und Hausnummern wurden geändert. Hebräische Inschriften verblassten, Putz bröckelte, Mieter zogen fort. Seit der Wiedervereinigung wurde das Gebiet zum größten Teil saniert, wobei fast nichts mehr an die Geschichte dieses Viertels und seiner Bewohner erinnert.

# Jüdische Cafés und Restaurants

Salomon Bagels, Joachimsthaler Str.

## Was ist koscher?

Die jüdische Küche zeichnet sich durch abwechslungsreiche Rezepte und landestypische Anleihen aus. Juden aus Polen oder Russland haben eine ganz andere kulinarische Tradition als Juden aus dem Jemen oder Iran. Die Vielfalt jüdischer Gerichte kennt jedoch ein gemeinsames Prinzip: die rituellen Speisevorschriften (hebräisch *Kaschrut*). Sie gehören zu den Grundfesten des strenggläubigen Judentums und lassen sich größtenteils auf biblische Gebote zurückführen, die in späteren Schriften – wie *Mischna*, *Talmud* und *Schulchan Aruch* – weiterentwickelt wurden. Einige grundsätzliche Bestimmungen dieser insgesamt sehr komplexen Vorschriften lassen sich recht schnell verstehen.

Generell werden fleischige, milchige und neutrale Speisen unterschieden. Rein oder – wie es hebräisch heißt – koscher ist das Fleisch von gesunden Tieren, die Vierfüßler sind, ihre Nahrung wiederkäuen und gespaltene Hufe haben, wie Rind, Kalb, Lamm, Ziege und Reh, und auch das der meisten Geflügelarten. Fleisch vom Schwein, Pferd, Kamel, Kaninchen und Hasen ist dagegen nicht koscher, ebenso wenig jenes von Raubvögeln, Wildgeflügel, frisch geschossenen Fasanen und Aasfressern. Die zuerst genannten Fleischsorten sind jedoch auch nur potenziell koscher, denn zuvor müssen die Tiere den rituellen Vorschriften entsprechend geschächtet werden. Das Schächten wird von einem eigens ausgebildeten Schächter, dem *Schochet*, vollzogen. Dabei durchtrennt er die Hauptschlagader sowie die Speise- und die Luftröhre des Tieres mit einem sehr scharfen, gratfreien Messer in einem Schnitt. Das Tier stirbt sofort durch einen Hirnschlag. Es muss nun weitestgehend ausbluten. Anschließend wird das Fleisch in kleinere Stücke geteilt, und das restliche Blut mit fließendem Wasser und Salz entfernt. Erst nach dieser Prozedur ist das Fleisch koscher. Damit es koscher bleibt, muss es auch entsprechend den rituellen Speisevorschriften zubereitet werden.

Zu den milchigen Speisen gehören Milch und Milchprodukte wie Butter, Käse und Joghurt. Käse ist allerdings nur dann koscher, wenn er ohne tierisches Lab hergestellt wurde. Milchige und fleischige Speisen dürfen auf gar keinen Fall zusammen gegessen oder aufbewahrt werden. Das bedeutet z. B., dass eine Salamipizza nicht mit Käse überbacken sein darf und nach einer Fleischspeise keine Schokolade oder Quarkspeise gegessen wird. In einer koscheren Küche gibt es dreierlei Geschirr: eins für Fleischiges, eins für Milchiges und eins für Pessach.

Zu den neutralen Speisen (hebräisch *parwe*) gehören Fische, die Schuppen und Flossen besitzen, sowie Eier, Obst und Gemüse. Aale und Fische ohne

Mazzen für Pessach

echte Schuppen, wie Stör, Steinbutt, Wels oder auch Hai, sowie alle Schalentiere und Krebse sind dagegen nicht koscher. Echter Kaviar ist also auch nicht koscher, da er vom Stör stammt. Die neutralen Speisen dürfen zusammen mit milchigen oder fleischigen Nahrungsmitteln zubereitet und gegessen werden.

Einige Speisen der jüdischen Küche sind inzwischen sehr bekannt geworden:

**BAGELS** sind flache, runde Hefebrötchen mit einem Loch in der Mitte. Vor dem Backen werden sie ein bis zwei Tage bei etwa zwei Grad Celsius gekühlt und anschließend in Wasser gekocht. Es gibt sie in den verschiedensten Geschmacksrichtungen – pur, mit Mohn, Sesam oder Körnern bestreut – und ganz unterschiedlich belegt, z. B. mit Lachs, Olivenpaste oder Frischkäse. Bagels sind in Amerika populär geworden und werden auch in Deutschland immer beliebter.

**FALAFELN** sind goldbraun frittierte Bällchen aus gewürztem Kichererbsenpüree. Sie werden als Schnellimbiss zusammen mit verschiedenen Salaten und Soße im Pitabrot angeboten. Bekannt sind sie nicht nur in der jüdischen Küche, sondern im ganzen Orient.

**GEFILTE FISCH**, man ahnt es schon, ist gefüllter Fisch. Früher wurde ein enthäuteter und entgräteter Fisch mit einer Mischung aus gehacktem Fisch gefüllt und gekocht. Heute begnügt man sich damit, das Fischpüree in Form von Klößchen in Fischbrühe zu kochen. Serviert wird gefilte Fisch mit Karottenscheiben und einer Meerrettichsoße, die mit roten Rüben abgeschmeckt ist.

**HUMMUS** ist ebenfalls ein Püree aus Kichererbsen. Es wird mit Sesampaste, Zitrone und Olivenöl zubereitet sowie mit Knoblauch, Salz und Cayennepfeffer gewürzt. Hummus wird als Vorspeise mit Pitabrot oder als Beilage zum Hauptgericht serviert.

**ISRAELISCHER SALAT** ist aus besonders fein gewürfelten Tomaten, Gurken, grünen Paprikaschoten und Zwiebeln zubereitet. Der Salat wird mit Olivenöl, Salz, Pfeffer, Zitronensaft und frischer Petersilie angerichtet. Er kann mit frischen Minzeblättern garniert werden.

**LATKES** sind kleine, flache Kartoffelpfannkuchen,

die sowohl als Beilage zu herzhaften Gerichten wie gebratenem Geflügel als auch mit Apfelmus oder Zucker gegessen werden können.

## Beth Café

**Mitte**
**Tucholskystraße 40**
**adassjisroel.de**

Das Beth Café, das von der Adass-Jisroel-Gemeinde betrieben wird, ist koscher. Das hebräische Wort *Beth* bedeutet einfach nur „Haus". Ein *Beth Café* ist also ein Café(haus). Die Werbeschilder mit den schwarz-weißen Feldern und der hebräischen Beschriftung machen schon von Weitem auf das Café aufmerksam. Es ist in dem noch nicht sanierten, alten und wieder neuen Gemeindezentrum der neo-orthodoxen Separatgemeinde eingerichtet und wurde im Jahre 1991 eröffnet. Zu Kaffee, Tee oder Kaltgetränken werden israelische Snacks wie Falafeln, Bagels, Salate und Suppen serviert. Außerdem umfasst das Angebot einige vegetarische Mittagsgerichte.

## Bleibergs

**Schöneberg**
**Nürnberger Straße 45a**
**www.bleibergs.de**

Seit Mai 2004 gibt es das kleine, feine Café Bleibergs, in dem Kaffee, Wein, Kuchen und kleine Snacks angeboten werden. Die koschere Bäckerei Kädtler liefert täglich frisch die Backwaren. Das gemütliche Nichtraucher-Café kann auch für private Anlässe gemietet werden. Der Cateringservice bietet koschere und vegetarische Küche an. Des Weiteren wird abends häufig zu Klezmer-Konzerten eingeladen. Am gleichen Ort können auch Israelreisen im „Manuela Hoffmann Reiseservice" gebucht werden.

## Restaurant Feinberg's

**Schöneberg**
**Fuggerstraße 35**
**www.feinbergs.de**

Der Inhaber Yorai Feinberg kommt ursprünglich aus Jerusalem und war in seinem ersten Leben Balletttänzer. Nach seiner Tanzkarriere und einem Job in der Textilbranche landete er in Berlin, wo er Anfang 2013 sein feines Restaurant eröffnete. Es werden

Spezialitäten der israelisch-sephardischen Küche angeboten. Die Küche ist zwar nicht streng koscher, aber Fleischwaren und Molkereiprodukte werden sowohl beim Koch- als auch beim Essgeschirr getrennt. Nichtkoschere Tiere werden nicht verarbeitet. Die importierten Weine und Biere aus Israel sind zertifiziert koscher. Zu den Hauptspeisen zählen Hähnchensteak, ein marokkanisches Fischgericht, verschiedene Hummus-Gerichte, Shakshuka und eine Falafelplatte.

## MILO Restaurant

Das etwa 50 Plätze zählende Restaurant befindet sich im Erdgeschoss des neuen Gemeinde- und Bildungszentrums von Chabad Lubawitsch und spricht vor allem die Mitglieder und Besucher dieser chassidischen Strömung an. Auf der Karte finden sich typische israelische und auch mediterrane Spezialitäten wie gegrilltes Lachsfilet oder Hummus. Alle Speisen und Getränke sind natürlich streng koscher. Das Ambiente ist zwar recht schlicht und funktional, entschädigt aber durch den Blick in den Garten.

**Wilmersdorf**
**Münstersche Straße 6**
**www.miloinberlin.de**

## Café Schmus

Das Café Schmus im Jüdischen Museum Berlin befindet sich im linken Seitenflügel des Altbaus, dem ehemaligen Kollegienhaus. Es ist zwar nicht streng

**Kreuzberg**
**Lindenstrasse 9–14**

Das Café Schmus im Jüdischen Museum

koscher, aber auf Schweinefleisch, Schalen- und Krustentiere wird verzichtet. Am Vormittag gibt es ein reichhaltiges Frühstück, mittags verschiedene regionale und mediterrane Speisen und am Nachmittag Kaffee, Kuchen und Snacks. Man kann ganzjährig auch im angrenzenden Glashof und bei schönem Wetter im Garten sitzen.

## Restaurant Masel Topf

**Prenzlauer Berg**
**Rykestraße 2**
**www.restaurant-maseltopf.de**

Der Name des Restaurants ist ein Wortspiel mit dem hebräischen Glückwunsch „Masel Tov!". In diesem elegant ausgestatteten Restaurant gleich gegenüber der Synagoge werden modern interpretierte Klassiker der jüdischen Küche angeboten, wie beispielsweise der Eintopf Tscholent, gefilte Fisch oder „Mommes Flaischroullette". Jeden Freitag- und Samstagabend werden die Gäste mit Live-Klaviermusik unterhalten.

## Salomon Bagels

**Charlottenburg**
**Joachimsthaler Straße 13**

**Tiergarten**
**Potsdamer Platz Arkaden, 1. OG, Shop 102**

**Friedrichshain**
**Warschauer Straße 46**
**www.salomon-bagels.de**

Bei Salomon Bagels gibt es, wie der Name schon sagt, vor allem Bagels. Sie werden – in vielen verschiedenen Geschmacksrichtungen – frisch zubereitet. Als Beilage kann man aus einem reichhaltigen Sortiment an Salaten und Pasta wählen.

Die drei Filialen von Salomon Bagels könnten unterschiedlicher kaum sein. Der Laden in der Joachimsthaler Straße liegt in einem Gebäudekomplex mit der Literaturhandlung, einer Synagoge und verschiedenen Gemeindeeinrichtungen. Das erklärt auch die ständige Polizeipräsenz vor dem Haus. Es kommen hier nicht so viele Passanten vorbei, wie die Nähe zum Kurfürstendamm vielleicht erwarten ließe. Der Laden ist recht klein und einfach eingerichtet.

Ganz anders sieht es dagegen in der Filiale in den überdachten Arkaden am Potsdamer Platz aus. In der beliebten Einkaufsmall liegt das Café auf der Empore im ersten Obergeschoss. Das gesamte Mobiliar ist entsprechend der Umgebung gestylt. An einer Theke lockt die breite Palette der Leckereien von Salomon Bagels den ununterbrochen durchfließenden Käuferstrom.

Die kleine, trendy eingerichtete Filiale im Friedrichshain ist erst vor einigen Jahren hinzugekommen. Hier kann man bei schönem Wetter auch draußen sitzen.

## Shiloh Vegetarian Café

**Mitte**
**Torstraße 159**
**www.shilohcafebistro.com**

In dem kleinen, zeitgemäß eingerichteten Café werden vegetarische Spezialitäten der modernen israelischen Küche angeboten. Sehr zu empfehlen ist beispielsweise die Shakshuka, Eier in Tomatensoße mit Feta und Kräutern, die in einer heißen Pfanne serviert wird. Die Chefin, Keren Shahar, kam vor einigen Jahren von Jerusalem nach Berlin und begann mit dem koscheren Catering-Service „Keren's Jewish Kitchen". Interessant sind auch die Kunstwerke an den Wänden und die hebräischen Bücher zum Ausleihen.

## ZULA Hummus Café

**Prenzlauer Berg**
**Husemannstraße 10**
**www.zulaberlin.com**

Hier gibt es nach Meinung eines renommierten Berliner Stadtmagazins „das beste Hummus der Stadt". Der Israeli Ofer Melech hat in Tel Aviv Architektur studiert und lernte Berlin während eines Gastsemesters kennen. Nach dem Abschluss seines Studiums kehrte er nach Berlin zurück, eigentlich, um hier als Architekt zu arbeiten. Nach ausbleibendem Erfolg hängte er seinen Beruf an den Nagel und eröffnete im Jahre 2006 ein Snack-Café, das sich zuerst in der Kastanienallee befand. Im neuen Domizil, das seit März 2010 geöffnet ist, gefällt das zeitgemäß coole Ambiente. Dazu passt auch das riesige Farbfoto an der Wand, das die „Klagemauer" in Jerusalems Altstadt zeigt und von dem Berliner Fotokünstler Daniel Josefsohn stammt.

Zu den vegetarischen Leckereien im koscheren

Stil gehören Hummus mit Tahinasoße, Olivenöl, Zitronensaft, hart gekochtem Ei, Salaten und selbstgebackenem Pitabrot sowie belegte Bagels und Sandwiches, frischgepresste Obst- und Gemüsesäfte, Kaffee und Minztee. Die Rezepte für Hummus und Pitabrot stammen von der marokkanischen Mutter eines Freundes. Es gibt auch Hummus-Gerichte mit Rinderhackfleisch oder gebratener Hühnerbrust, Frühstück und Desserts. Im Winter werden heiße Suppen serviert, und im Sommer kann man draußen sitzen. Für die kleinen Gäste gibt es eine Spielecke. Wie sein Vorgänger ist das ZULA ein beliebter Treffpunkt junger Israelis in Berlin.

# Jüdische Lebensmittel-, Buch- und Ritualiengeschäfte

Kosher Life

## Das jüdische Warenangebot

Zur Infrastruktur einer jüdischen Gemeinde gehören auch koschere Geschäfte. Im Berlin der Vorkriegszeit gab es eine ausreichende Versorgung mit koscheren Lebensmitteln. Damals existierten auch zahlreiche Geschäfte, in denen man hebräische Bücher oder jüdische Ritualien erwerben konnte. Nach der Schoa hat es lange gedauert, bis zumindest wieder eine Grundversorgung für diesen Aspekt jüdischen Lebens erreicht war. Erst in den 1990er-Jahren wurden im Zusammenhang mit dem Anwachsen der Jüdischen Gemeinde fast alle der wenigen Geschäfte eröffnet. Charakteristisch für die meisten Läden ist das überaus breite Verkaufssortiment, das von Lebensmitteln über Kosmetika bis zu Ritualien und Büchern reicht.

## Bäckerei Kädtler

**Prenzlauer Berg**
**Danziger Straße 135**
**www.kaedtler.de**

Die einzige koschere Bäckerei Berlins ist ein alteingesessener Berliner Betrieb. Verschiedene Brote, darunter auch Schabbatbrote (hebräisch *Challot*),

Brötchen und Kuchen werden seit 2002 nach den jüdischen Speisevorschriften hergestellt und verkauft. Bäckermeister Stefan Kädtler hält die Tradition hoch, indem er keine Konservierungsstoffe und bei den Brötchen keine vorgefertigten Rohlinge verwendet. Jüdische Gemeindeeinrichtungen werden ebenso beliefert wie z. B. das Café Bleibergs.

## Daily Markt – Koscher Supermarkt

**Charlottenburg**
**Wilmersdorfer Straße 70**

Seit Ende 2015 gibt es den nach eigener Darstellung größten koscheren Supermarkt in Deutschland, der in der Tat alles anbietet, was observante Juden, aber auch Freunde der jüdischen Küche sich wünschen.

## Kosher Life

**Mitte**
**Brunnenstraße 31a**
**www.kosherlife.de**

In dem kleinen, aber sehr gut sortierten Supermarkt werden koschere Lebensmittel wie Fleisch, Fisch, Milchprodukte, Brot und Gebäck, Salate, Wein, Süßigkeiten sowie israelische und russische Spezialitäten verkauft. Besonders zu empfehlen sind die leckeren Backwaren aus Antwerpen.

## Lampari Vertriebs-GmbH

**Charlottenburg**
**Damaschkestraße 31**
**www.lampari.de**

In dem sehr kleinen Ladengeschäft gibt es ein erstaunlich reiches Sortiment koscherer Lebensmittel, Weine und Spirituosen. Das Unternehmen, das sich auf den europaweiten Handel und Vertrieb koscherer Waren spezialisiert hat, gibt es seit 2005. In Zukunft wird es auch möglich sein, die Waren online einzukaufen.

## Levy's Contor

**Mitte**
**Rosenthaler Straße 40/41**
**www.levyscontor.de**

Im idyllischen Hof Nr. VII der Hackeschen Höfe befindet sich Levy's Contor. Auf etwa zwei Dritteln der Fläche verkauft der Laden ausgesucht gutes Spielzeug, vor allem aus Holz. Ansonsten kann man deutsch- und englischsprachige Bücher von jüdischen Autoren oder zu jüdischen Themen, besonders Titel zur jüdischen Regionalgeschichte, erwerben. Außerdem gibt es Kassetten und CDs mit Synagogalmusik, Klezmer und israelischer Popmusik. Das Angebot an Gesellschaftsspielen umfasst Brettspiele, darunter eine große Auswahl an Backgammon-Brettern, sowie einige Würfelspiele mit biblischen und israelischen Motiven. Auch verschiedene rituelle Kultgegenstände – wie Schabbatkerzenhalter, Kidduschbecher, *Mesusas* und *Kippas* – werden verkauft. Daneben führt das Geschäft ein kleines Sortiment an koscherem Wein und Spirituosen.

**Levy's Contor in den Hackeschen Höfen**

## Literaturhandlung

**Charlottenburg**
**Joachimsthaler Straße 13**
**www.literaturhandlung.de**

Die Literaturhandlung hat sich auf jüdische Autoren und Bücher zu jüdischen Themen spezialisiert. Sie ist in einem hellen und großzügig geschnittenen Laden eingerichtet. Die Polizeipräsenz auf dem Bürgersteig gilt nicht nur dem Geschäft, sondern auch den Gemeindeeinrichtungen, die im gleichen Gebäudekomplex untergebracht sind. Rachel Salamander, die Chefin des Ladens, betreibt auch in München eine jüdische Buchhandlung und gibt einen Katalog mit 7000 Buchtiteln jüdischer Autoren und 32 Sachgebieten heraus. In der ausgezeichnet sortierten Buchhandlung finden sich neben Neuerscheinungen auch alle noch erhältlichen älteren Titel zum Thema. Das in Berlin beispiellos breite Sortiment umfasst Belletristik, altes und modernes Antiquariat, jiddische Literatur, deutsche und englische Fachbücher zur jüdischen Geschichte, Kultur, Kabbala und Philosophie sowie Sprachführer, Wörterbücher, Reiseführer und ausgesuchte religiöse Literatur wie die Bibel, die Mischna, den Talmud und Gebetbücher in hebräischer Sprache. Auch eine kleine Auswahl an CDs und Kassetten mit Synagogalmusik und Klezmer ist im Angebot. Die freundliche und kompetente Buchhändlerin nimmt natürlich auch Bestellungen entgegen.

**Die Literaturhandlung in Charlottenburg**

# Register

## SACHREGISTER

## PERSONENREGISTER

**Abbildungsnachweis**

Archiv für Kunst und Geschichte GmbH: 98
Bildarchiv Preußischer Kulturbesitz: 18, 21, 23, 24, 46, 48, 217
Bundesarchiv: 220 (Bild 183-1987-0413-506 / CC-BY-SA 3.0)
Leo Baeck Institute, New York: 86
Jakob Levy: 231 o.

Alle weiteren aktuellen Fotos: Günter Schneider

Verlag und Fotograf danken der Jüdischen Gemeinde zu Berlin für die freundliche Unterstützung. Besonderer Dank gilt Frau Dvorah Ohayon von der Gemeinde Kahal Adass Jisroel und dem Rabinerseminar zu Berlin e. V.